Historia de Esparta

Una guía apasionante sobre los espartanos y la guerra de Troya

© Copyright 2025

Todos los derechos reservados. Ninguna parte de este libro puede ser reproducida de ninguna forma sin el permiso escrito del autor. Los revisores pueden citar breves pasajes en las reseñas.

Descargo de responsabilidad: Ninguna parte de esta publicación puede ser reproducida o transmitida de ninguna forma o por ningún medio, mecánico o electrónico, incluyendo fotocopias o grabaciones, o por ningún sistema de almacenamiento y recuperación de información, o transmitida por correo electrónico sin permiso escrito del editor.

Si bien se ha hecho todo lo posible por verificar la información proporcionada en esta publicación, ni el autor ni el editor asumen responsabilidad alguna por los errores, omisiones o interpretaciones contrarias al tema aquí tratado.

Este libro es solo para fines de entretenimiento. Las opiniones expresadas son únicamente las del autor y no deben tomarse como instrucciones u órdenes de expertos. El lector es responsable de sus propias acciones.

La adhesión a todas las leyes y regulaciones aplicables, incluyendo las leyes internacionales, federales, estatales y locales que rigen la concesión de licencias profesionales, las prácticas comerciales, la publicidad y todos los demás aspectos de la realización de negocios en los EE. UU., Canadá, Reino Unido o cualquier otra jurisdicción es responsabilidad exclusiva del comprador o del lector.

Ni el autor ni el editor asumen responsabilidad alguna en nombre del comprador o lector de estos materiales. Cualquier desaire percibido de cualquier individuo u organización es puramente involuntario.

Índice

PRIMERA PARTE: ESPARTA 1
  INTRODUCCIÓN 3
  PRIMERA SECCIÓN: EL AUGE DE ESPARTA (1100 A. C. - 500 A. C.) 5
    CAPÍTULO 1 - DEL MITO A LA REALIDAD 7
    CAPÍTULO 2 - LAS REFORMAS DE LICURGO 17
    CAPÍTULO 3 - LAS GUERRAS MESENIAS 25
    CAPÍTULO 4 - LA LIGA DEL PELOPONESO 36
  SEGUNDA SECCIÓN: ESPARTA Y LAS GUERRAS GRECO-PERSAS (499 A. C. - 49 A. C.) 41
    CAPÍTULO 5 - LA ALIANZA HELÉNICA 43
    CAPÍTULO 6 - LA BATALLA DE LAS TERMÓPILAS 54
    CAPÍTULO 7 - LA BATALLA DE PLATEA..................................... 64
  TERCERA SECCIÓN: ESPARTA EN LOS ASUNTOS GRIEGOS (460 A. C. - 222 A. C.) 78
    CAPÍTULO 8 - LA GUERRA DEL PELOPONESO: LA PRIMERA FASE 75
    CAPÍTULO 9 - LA GUERRA DEL PELOPONESO: LA SEGUNDA FASE 84
    CAPÍTULO 10 - LA GUERRA DE CORINTO 95
    CAPÍTULO 11 - LA DECADENCIA DE ESPARTA....................... 103
    CAPÍTULO 12 - INTENTOS DE RESTAURACIÓN Y COLAPSO 114

- CUARTA SECCIÓN: VIDA Y ESTRUCTURA SOCIAL ESPARTANAS 123
  - CAPÍTULO 13 - LA AGOGÉ 125
  - CAPÍTULO 14 - EL GOBIERNO ESPARTANO 133
  - CAPÍTULO 15 - LA GUERRA ESPARTANA 145
  - CAPÍTULO 16 - LAS MUJERES EN ESPARTA 155
  - CAPÍTULO 17 - *LACONIZEIN*: EL ARTE DEL MINIMALISMO 165
- CONCLUSIÓN 173

SEGUNDA PARTE: LA GUERRA DE TROYA 175

- INTRODUCCIÓN 177
- PRIMERA SECCIÓN: ANTES DE LA GUERRA 179
  - CAPÍTULO 1 - ¿QUIÉNES ERAN LOS TROYANOS? 181
  - CAPÍTULO 2 - ¿QUIÉNES ERAN LOS AQUEOS? 187
  - CAPÍTULO 3 - CAUSAS DE LA GUERRA DE TROYA 193
  - CAPÍTULO 4 - REUNIÓN DE LAS FUERZAS AQUEAS 197
- SEGUNDA SECCIÓN: LA GUERRA DE TROYA 203
  - CAPÍTULO 5 - EL COMIENZO DE LA GUERRA 205
  - CAPÍTULO 6 - LA ILÍADA 209
  - CAPÍTULO 7 - LA MUERTE DE PENTESILEA, MEMNÓN Y AQUILES 217
  - CAPÍTULO 8 - LA MUERTE DE ÁYAX Y LAS ÚLTIMAS PROFECÍAS 224
  - CAPÍTULO 9 - EL CABALLO DE TROYA Y EL SAQUEO DE TROYA 230
- TERCERA SECCIÓN: EL IMPACTO DE LA GUERRA DE TROYA 243
  - CAPÍTULO 10 - LA LITERATURA: ANTIGUOS ESCRITORES GRIEGOS SOBRE LA GUERRA DE TROYA 245
  - CAPÍTULO 11 - LA LEYENDA: CÓMO VEÍAN LOS ANTIGUOS GRIEGOS LA GUERRA DE TROYA 255
  - CAPÍTULO 12 - EL LEGADO: HALLAZGOS E INTERPRETACIONES MODERNAS 265
  - CONCLUSIÓN 274

VEA MÁS LIBROS ESCRITOS POR ENTHRALLING HISTORY 276
BIBLIOGRAFÍA 277
FUENTES DE IMÁGENES 283

Primera Parte: Esparta

Una apasionante descripción de los espartanos, su ciudad-estado en la antigua Grecia, las guerras greco-persas, la guerra del Peloponeso y otros conflictos en los que participaron

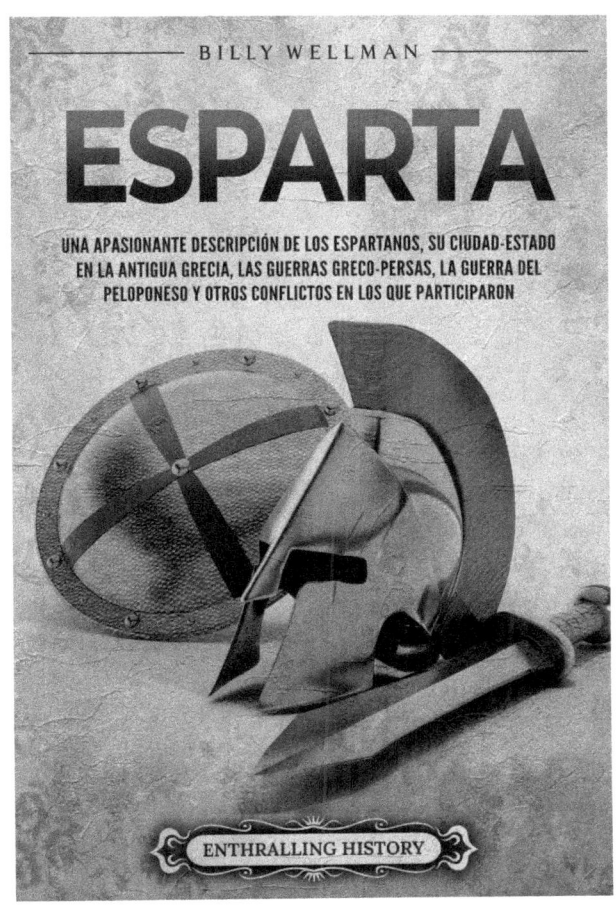

Introducción

Cada unidad de la sociedad está conectada a historias no contadas de hace miles de años. Esto significa que hay mucho conocimiento por descubrir en las páginas de la historia. Este conocimiento nos da una idea más completa de nosotros mismos y de nuestra posición en el mundo.

La historia siempre ha sido algo más que una tediosa materia académica que a veces parece no servir para nada en la vida real. Cada generación de la humanidad ha transmitido sus relatos de existencia y experiencias a la siguiente. Esto ha tomado diversas formas: cuentos, folclore, canciones tradicionales y pinturas, por mencionar sólo algunas. Y los brillantes esfuerzos de los historiadores, tanto antiguos como modernos, le han regalado continuamente a la humanidad descubrimientos del pasado que necesitamos para poder apreciar el presente.

¿Cómo podemos comprender realmente el mundo en que vivimos si no sabemos cómo surgió?

El mundo antiguo fue testigo del surgimiento de muchas civilizaciones, y su impacto aún puede sentirse hoy en día. Si rastreamos esta conexión en lo que respecta a Grecia, nos llevará hasta la época clásica, que es precisamente el periodo en el que tuvieron lugar la mayoría de los acontecimientos clave de este libro.

La era clásica comenzó y terminó en diferentes momentos en distintas partes del mundo antiguo, pero en Grecia tuvo lugar entre los siglos VI y IV a. C.

Eso fue hace mucho tiempo, de hecho, hace unos tres mil años. Para algunos puede ser difícil darse cuenta de que estamos hablando de personas reales que vivieron, respiraron e hicieron estas grandes hazañas, no de un impresionante personaje creado en las páginas de una novela.

¿Quieres saberlo todo? Prepárate para un extraordinario viaje a la antigua Grecia, cuna de algunas de las sociedades más extraordinarias de la historia del mundo.

Nuestro destino principal es Esparta, una ciudad situada en el sureste del Peloponeso. Fue el hogar de algunos de los más grandes guerreros que han pisado la tierra. Se vieron envueltos en más dramas de los que a uno le gustaría pensar. Los espartanos eran un pueblo que presumía de su libertad, ¡y con toda razón!

Este libro documenta todo lo que debes saber sobre Esparta, ya seas un gran aficionado, un entusiasta que quiere aprender más sobre ellos o un principiante que quiere empezar desde cero.

Con palabras claras y directas unidas mediante una narración intrigante y fácil de leer, ¡no encontrarás una historia mejor!

Primera sección:
El auge de Esparta
(1100 a. C. - 500 a. C.)

Capítulo 1 - Del mito a la realidad

Gran parte de la exuberante historia de la antigua Esparta está envuelta en los gloriosos actos de sus legendarios reyes. Sus aclamados triunfos en diferentes batallas, sus enrevesadas historias de amor y sus brillantes hazañas en la política antigua llevaron a la prominencia a una dórica ciudad-estado griega situada en el sureste del Peloponeso.

Mapa de la antigua Esparta[1]

Para comprender el crecimiento de Esparta, es importante examinar sus inicios míticos. Gran parte de lo que leerás en este capítulo se encuentra basado en leyendas, pero muchas de ellas tienen algo de verdad. Por ejemplo, es probable que en la guerra de Troya no hubiera dioses ni diosas en el campo de batalla, pero la gente de la época pensaba que esto era cierto, y es por eso por lo que a menudo ocupan un lugar tan destacado en las historias de la guerra.

En cuanto a sus orígenes, Esparta no siempre se llamó "Esparta". La ciudad-estado era antiguamente conocida como Lacedaemón, y en algunos textos se la denomina Laconia. Los historiadores Heródoto y Tucídides, a menudo, se referían a Esparta como Lacedaemonia en sus obras. Esto se debía a que surgió de la antigua capital lacedemonia del mismo nombre situada en el sur de Grecia.

Alrededor del año 1600 a. C., Lélex, hijo de Poseidón (dios griego del océano), fue el primer rey mítico de Laconia (o Esparta). Mientras que algunas tradiciones antiguas citan a Lélex como vástago del dios del sol, Helios, o de Poseidón, otras creen que Lélex era un autóctono, un mortal formado a partir de la tierra y los árboles. Se casó con una ninfa del río llamada Cleocharia, con quien tuvo muchos hijos, uno de los cuales fue su heredero, Myles.

Myles fue padre de Eurotas, quien no tuvo un heredero varón a quien cederle su reino. Le cedió el reino a Lacedaemón, hijo de Zeus. Él se casó con una de las hijas de Eurotas llamada Esparta, y de ahí proviene el nombre de este reino.

Poco sabía el rey Lacedaemón que el nombre de Esparta sería utilizado para referirse a una de las ciudades-estado más poderosas de toda la antigua Grecia.

El rey Tindáreo

La rebelión de Hipocoonte

Es posible que al leer sobre el famoso Juramento de Tindáreo te hayas topado con la leyenda del rey Tindáreo. Esto sucedió durante su búsqueda política en el matrimonio de su hijastra, Helena, quien más tarde sería conocida como Helena de Troya.

Según la tradición griega, Tindáreo era hijo de Oebalo, rey de Esparta, y de su esposa, Gorgófona. Otras fuentes afirman que era hijo del rey mesenio Perieres y de Gorgófone, su reina. A pesar de las variaciones en la genealogía de Tindáreo, todos coinciden en que tuvo varios hermanos, entre los que destacan Hipocoonte e Ícaro.

Tindáreo fue coronado rey de Esparta, pero Hipocoonte codiciaba el trono. Creía que, al ser el mayor, la corona debía ser suya. En su primer intento, Hipocoonte usurpó el trono de Esparta y envió a su antiguo ocupante, Tindáreo, al exilio, junto con su otro hermano, Ícaro (que se convertiría en el padre de Penélope, la esposa del famoso Odiseo).

Los hermanos exiliados encontraron refugio entre los habitantes de Etolia. Estos habitantes eran los legendarios Curetes, y en aquel momento se encontraban en plena guerra contra sus enemigos, los cazadores calidonios. En otras fuentes, Tindáreo pasó su exilio en una pintoresca ciudad laconia a orillas del río Eurotas, Pellana.

Tindáreo podría haber permanecido en el exilio de no ser por la intervención de Heracles, el famoso hijo de Zeus. Las campañas militares de Heracles en la península del Peloponeso tuvieron como objetivo al soberano de Pilos, el rey Neleo, y a todos sus aliados. Luego de que el rey Neleo y sus hijos fueran derrotados, sus aliados, incluido el reinante Hipocoonte, corrieron la misma suerte. Sin Hipocoonte ni sus hijos, Tindáreo regresó a Esparta y reclamó su trono.

Leda y el cisne

A menudo, los dioses interactuaban con los mortales apareciéndose ante ellos bajo distintas formas. Cuando el rey Tindáreo ascendió al trono de Esparta, su bella reina, Leda de Etolia, le dio cuatro hijos: Clitemnestra, Helena, Pólux y Cástor. Pero no todos eran hijos suyos.

Según fuentes antiguas, Zeus, el dios del cielo, quedó cautivado por la belleza de Leda. Su deseo por ella lo impulsó a descender del Olimpo en forma de cisne, y se acostó con ella la noche en que debía estar con su marido, el rey.

La reina Leda quedó embarazada y dio a luz dos huevos, cada uno de los cuales contenía dos hijos. Dado que Leda también se acostó con su marido esa misma noche, existen versiones contradictorias sobre a quién pertenecían los hijos, si a Zeus o a Tindáreo. En cualquier caso, el rey Tindáreo los crió como si fueran suyos.

En los años veinte, William Butler Yeats compuso un soneto para este encuentro, y la leyenda de Leda y el Cisne fue representada en pinturas, esculturas, murales, poemas épicos y otras formas de arte.

Leda y el cisne, copia del siglo XVI basada en el cuadro de Miguel Ángel hoy perdido: *Juramento de Tindáreo¹*

Se cree que Helena (sí, la famosa Helena de Troya) es una de las hijas de Zeus, el rey de los dioses. Se escribió que era tan encantadora como la reina Leda, aunque muchos dicen que era la mujer más bella del mundo. Su condición de divinidad era cómplice de su irresistible encanto, que atrajo la atención de una horda de solteros codiciados por toda Grecia.

Helena de Troya de Dante Gabriel Rossetti, 1863ª

De joven, Helena fue raptada por Teseo de Atenas (el famoso asesino del Minotauro). Como se creía divino, era justo que se casara con alguien que también lo fuera. Y no hay nada mejor que la hija de Zeus. La escondió con su madre, Aethra, y luego se fue de expedición al inframundo con su amigo.

Su ausencia fue una oportunidad para los hermanos de Helena, Cástor y Pólux. Capturaron Atenas y se llevaron a su hermana de vuelta a Esparta. Como castigo por su afrenta, la ciudad fue saqueada, y su madre fue tomada como esclava.

Cuando Helena alcanzó la mayoría de edad, los pretendientes acudieron en masa al palacio del rey Tindáreo, cada uno pidiendo fervientemente su mano en matrimonio. Odiseo, Áyax el Grande, Menesteo, Patroclo, Menelao y Agamenón (algunas fuentes dicen que Agamenón estaba allí para representar a Menelao) fueron algunos de los muchos hombres que pretendían casarse con Helena.

Todos los pretendientes ofrecieron lujosos regalos a la familia real de Esparta, pero el rey Tindáreo no estaba seguro de a quién elegir. Si no era lo bastante diplomático en la elección, corría el riesgo de ofender a los pretendientes, provocando guerras y conflictos. Los tiempos eran delicados, y la situación, incierta, por lo que la cautela era una necesidad imperiosa para Tindáreo.

Odiseo de Ítaca, uno de los pretendientes, vio la difícil situación del rey espartano y le ofreció una solución. A cambio de la mano de Penélope, la sobrina del rey, Odiseo encontraría una forma diplomática de resolver la situación. El rey Tindáreo aceptó entusiasmado la oferta de Odiseo y, tal y como había prometido, se propuso una solución. Todos los pretendientes firmarían un pacto de no hostilidad hacia el pretendiente elegido, que incluía la promesa de tomar las armas contra cualquiera que supusiera una amenaza para el pretendiente elegido y su esposa.

Los pretendientes aceptaron el juramento, que pasó a conocerse como el Juramento de Tindáreo, ya que los mantendría en la línea por la mano de Helena en caso de que el elegido flaqueara. Menelao, príncipe de Micenas (la Esparta anterior a Doria), fue elegido marido de Helena, y su hermano mayor, el rey Agamenón de Micenas, se casó con Clitemnestra, la hermana de Helena.

Sin embargo, el matrimonio de Helena con Menelao daría un giro inesperado cuando un apuesto príncipe troyano entró en escena.

El rey Menelao

Menelao y su hermano Agamenón nacieron en el fragor de una turbia disputa de poder entre su padre, Atreo, y su tío, Tiestes. La contienda fue tan intensa que su padre murió a manos de su primo, Egisto, y Tieste asumió el trono de Micenas.

Su tiránico tío obligó a Menelao y Agamenón a vivir su juventud en el exilio. Cuando los hermanos exiliados conocieron al rey Tindáreo, hicieron acopio de su fuerza militar y, con su ayuda, recuperaron su patria de manos de Tiestes. Agamenón se convirtió en rey de Micenas y Menelao se casó con Helena, la hijastra del rey Tindáreo.

Poco después de su unión, el rey Tindáreo y su esposa, Leda, renunciaron a sus cargos de rey y reina de Esparta. Menelao y Helena tomaron el relevo y nació Hermione, su primera hija.

La guerra de Troya

El príncipe Paris (también conocido como Alejandro) no había sido uno de los pretendientes que hicieron el Juramento de Tindáreo. Pero tampoco deseaba a Helena, al menos hasta que conoció a la diosa Afrodita. Como recompensa por elegirla la diosa más bella, Afrodita le prometió a Paris que la mujer más bella del mundo sería su esposa.

Tras su encuentro con la diosa, el príncipe de Troya se reunió con su familia y emprendió un viaje diplomático a Esparta, o eso parecía. La verdadera misión de Paris en Esparta era encontrar a Helena y hacerla suya con la bendición de Afrodita. Al descubrir que la reina Helena era tan hermosa como decían los cuentos, el príncipe troyano se enamoró de ella.

Cuando Paris se enteró de que el marido de Helena estaba en la lejana Creta para asistir a un funeral, se fugó con Helena a Troya. Los relatos tradicionales dan distintas versiones sobre la fuga de Helena a Troya. Algunos deducen que fue sacada a la fuerza de su palacio por un Paris ebrio de lujuria, mientras que otros afirman que Helena, por intervención de Afrodita, se enamoró de Paris y abandonó voluntariamente Esparta con él.

La emigración de Helena a Troya, forzada o voluntaria, quedó sellada por el matrimonio con Paris. Ya no era Helena de Esparta, sino Helena de Troya, y esto sentó el precedente de la guerra más legendaria de los anales de Esparta: la guerra de Troya.

Heródoto escribe que no era la primera vez que la esposa de un rey reinante era arrebatada por otro. La fuga de Helena fue uno de los muchos incidentes de este tipo en aquella época, por lo que es probable que Paris previera consecuencias leves o nulas por sus actos.

Por el contrario, el rey Menelao se enfureció al volver a casa y encontrarse con una cama vacía. El acontecimiento sin precedentes también había dejado desanimada a su hija, Hermione.

La Ilíada, el famoso poema griego escrito por Homero que se centra en la guerra de Troya, destaca que la acción inicial del rey Menelao fue encabezar una misión diplomática a Troya para solicitar el regreso de su esposa.

Paris y los troyanos se negaron, avivando las llamas de la furia y la sed de venganza en Menelao. Un príncipe de Troya había insultado al rey de Esparta y, de hecho, a la propia Esparta. A diferencia de otros que se habían salido con la suya tomando a las esposas de otros reyes, el desafío del príncipe Paris no se pasaría por alto.

Menelao reunió a sus hombres y, a través de Agamenón, convocó a todos los pretendientes de Helena que habían hecho el Juramento de Tindáreo para que mantuvieran su pacto. Con los reyes, príncipes y nobles del Peloponeso de su lado, Menelao forjó una formidable alianza. Pudo recurrir a su hermano Agamenón, al astuto Odiseo y al legendario héroe de guerra Aquiles, sólo por nombrar a algunos. Juntos, marcharon hacia Troya, que se cree que está en la actual Turquía, y asediaron su fortaleza en el siglo XII o XI a. C.

En algunas versiones, la guerra de Troya se presenta como una de las formas de Zeus de reducir la población humana en la Tierra. Aunque sabemos que este no fue el motivo de la guerra, es fácil entender por qué la gente de la época pensaba así. Al fin y al cabo, la guerra de Troya causó un gran número de víctimas.

Se cree que la guerra de Troya duró diez años y que miles de personas murieron en combate, mientras que otros cientos desertaron. Los troyanos tenían ventaja sobre sus enemigos, ya que su ciudad estaba protegida por murallas casi impenetrables. También tenían más conocimiento del terreno que sus enemigos.

Sin embargo, los griegos tenían más hombres luchando, pero al morir Aquiles en la batalla, los griegos se dieron cuenta de que necesitaban una estrategia que pusiera fin a la guerra de una vez por todas a su favor.

A Odiseo se le ocurrió otra solución brillante.

A la mañana siguiente, los troyanos se despertaron con la noticia de la rendición de Menelao. Después de asediar las puertas de Troya sin ningún éxito, los griegos habían zarpado de vuelta a casa. La guerra había terminado. Los griegos dejaron un gigantesco caballo de madera en las costas de Troya como ofrenda a Atenea.

Una réplica del Caballo de Troya de la película Troya. ¡Algunos creen que el Caballo de Troya podría haber sido en realidad un barco!"

Los hombres de Troya lo celebraron y trasladaron el monumento a la ciudad como trofeo de su triunfo en la batalla. Parecía que Helena de Troya ya no tendría que volver a Esparta.

Sin que los troyanos lo supieran, el Caballo de Troya era una estratagema de los griegos, y su letal plan se pondría en marcha esa noche. Menelao y los mejores guerreros de Grecia estaban escondidos dentro del Caballo de Troya. Mientras los troyanos dormían, los griegos salieron de su escondite y le abrieron las puertas de la ciudad al resto de sus tropas.

Troya fue saqueada sin piedad y los troyanos masacrados. De hecho, el Caballo de Troya no fue el símbolo de la victoria que los troyanos habían imaginado. Fue un instrumento en la caída de Troya y, en realidad, fue el trofeo de Menelao y sus aliados.

La invasión dórica y el comienzo de la Edad Media griega

Heracles, hijo de Zeus y Alcmena, fue un semidiós griego y el progenitor de los Heracleidos (o Heráclidas).

El rey Euristeo, último rey micénico de la dinastía Perseida, era enemigo acérrimo de Heracles, y su odio se extendía a los descendientes de éste. Según las antiguas tradiciones griegas, Euristeo los expulsó a todos de sus tierras en el Peloponeso.

Los Heráclidas desterrados fueron recibidos por el rey Egimio de Doris, y se integraron en la comunidad dórica. Doris era una pequeña región del centro de Grecia y sus habitantes hablaban dórico, uno de los principales dialectos del griego clásico.

A diferencia de las ciudades griegas aqueas vecinas, con su elaborado estilo de vida cultural y sus magníficas estructuras, los dorios preferían la vida sencilla y comunal de los pastores. Trabajaban el campo como agricultores y pastores, y sus hombres eran hábiles en la guerra.

Muchas generaciones después, los descendientes de Heracles, ya plenamente dorios, regresaron al Peloponeso para reclamar su tierra natal. Este acto es históricamente conocido como la invasión doria, y tuvo lugar a principios del siglo XI.

El término "invasión" describe la migración de los dorios a la Grecia micénica, y no fue una guerra típica. Sin embargo, el calificativo se adoptó debido a la violenta naturaleza de la ocupación doria de Grecia.

Como venganza por su exilio, los dorios, armados con espadas, asaltaron la ciudad de Micenas, que era el epicentro de la naciente civilización griega, y destruyeron sus edificios. También tomaron Laconia, Argólida y Mesenia, y se adentraron en el sur de las islas del Egeo. Los antiguos ocupantes de las ciudades griegas capturadas huyeron a las montañas de Arcadia, y otros buscaron asilo en Asia Menor y el Ática.

Los dorios llevaron su campaña de asentamiento más allá de las costas de Grecia, a partes de Italia y el norte de África, mientras se mantenían firmes en Esparta, Argos y Corinto. La repentina conquista de una tribu rural casi desconocida puso fin potencialmente a la era micénica en Grecia y anunció una época de rápido declive cultural.

Los detalles de estos tiempos han permanecido en la oscuridad porque los registros históricos escritos durante la época micénica se perdieron durante la invasión doria. Por eso los historiadores la llaman la "Edad Oscura".

Una vez que los dorios se convirtieron en la clase dominante del Peloponeso, su lengua, el dórico, pasó a ser el dialecto dominante en todo el territorio.

Con la población de griegos ampliamente disminuida y las estructuras culturales desmanteladas, la riqueza de la Grecia pre-dórica sufriría un gran declive. Los documentos históricos escritos se extraviaron, los sistemas comerciales y socioeconómicos se derrumbaron y la gloria de la Edad de Bronce quedó sepultada bajo los escombros de palacios y templos destruidos.

El fin de la Grecia micénica dio protagonismo a Esparta como sede del poder político. Los heráclidas (o heracleidas) del siglo VII, justificados por su condición de únicos descendientes de Zeus, tomaron las riendas de los asuntos políticos.

En medio del caos de la Edad Media griega, surgió un nuevo gobierno. Dos dinastías gobernantes surgirían de entre los descendientes de Zeus: las Agíadas y los Euripóntidas. Dos reyes gobernarían Esparta.

Esta era una de las disposiciones de la nueva Constitución Espartana, la Gran Rhetra, formulada por un sabio legislador que respondía al nombre de Licurgo.

Capítulo 2 - Las reformas de Licurgo

Licurgo de Esparta

El biógrafo e historiador griego Plutarco, en su obra titulada "La vida de Licurgo", ofrece el relato más detallado que existe de la vida de Licurgo, estadista espartano del siglo IX. A Licurgo se le atribuye la fundación del orden político espartano postdórico, que sacó a Esparta de la turbulenta Edad Media griega.

Poco se sabe sobre el linaje o la existencia real de Licurgo, pero algunas leyendas sostienen que pudo ser la manifestación humana del dios Apolo. Sin embargo, esto contradice el relato de Plutarco, en el que Licurgo realiza sacrificios a Apolo en algún momento de su vida. Plutarco afirma que Licurgo era descendiente de Heracles y príncipe de una de las dos casas gobernantes de Esparta.

Sin embargo, los historiadores coinciden en que el camino de Licurgo hacia la fama comenzó con la muerte de su hermano mayor, Polidectes de Esparta. Polidectes dejó a su hijo, Charilao, al cuidado de Licurgo. Licurgo nombró rey al niño, y la noticia de su hazaña se extendió por toda Esparta.

Cuanto más famoso se hacía Licurgo por su humildad y su fe en la justicia, más lo detestaba la reina, madre de Carilao. Estaba convencida de que la generosidad de Licurgo era una fachada y que secretamente deseaba hacerse con el trono.

Licurgo fue incapaz de convencer a la reina y a su pueblo de su sinceridad hacia Carilao, por lo que decidió abandonar Esparta. Emprendió un largo viaje que lo alejó del joven rey hasta que éste tuvo edad suficiente para engendrar un heredero.

El viaje

Tras perder una elevada posición política en Esparta, la primera parada de Licurgo fue Creta, una ciudad-estado griega que también había sido conquistada durante la invasión doria.

Creta se estaba recuperando rápidamente del tumulto de la Edad Media. Había sido gobernada por el rey Minos, hijo de Zeus y Europa. Minos era un excelente legislador, y Licurgo inspiraría sus reformas en la obra de Minos.

Tales, músico y poeta lírico, era conocido de Licurgo en Creta. Tales sabía hacer música hermosa y relajante, y sus interpretaciones tenían un efecto casi mágico en la gente. Supuestamente, cada vez que Tales actuaba en una sala de banquetes, sus oyentes dejaban de lado sus diferencias y se comprometían a ser personas virtuosas. Licurgo consideró que la influencia de la música de Tales podía ser útil para preparar los corazones de su pueblo para las reformas que llevaría a Esparta.

A continuación, Licurgo visitó Jonia. Para su fascinación, su estilo de vida variaba profundamente del de los dorios. Los jonios, una de las cuatro principales tribus étnicas de la antigua Grecia, eran culturalmente sofisticados. Su arte y filosofía habían avanzado considerablemente, dejando atrás a los austeros dorios. En Jonia, Licurgo conoció la obra de Homero, que estudió y popularizó ampliamente. Plutarco destaca que Licurgo hizo también una rápida parada en Egipto, donde adquirió refinados conocimientos militares. También llegó a España y la India, donde observó los elementos únicos de su sociedad y política.

La exposición de Licurgo a culturas y civilizaciones extranjeras acrecentó su pasión por reformar los fundamentos políticos de Esparta. No había mejor momento para recibir una nota escrita del pueblo de Esparta suplicando su regreso.

"Rey de la Bienvenida"

Licurgo fue recibido en Esparta con una gran celebración. Al parecer, la admiración del pueblo por él no había hecho más que aumentar desde su partida. Su sobrino, el rey Carilao, se aterrorizó ante la noticia de su regreso, temiendo que Licurgo hubiera venido a usurpar el trono de Esparta.

Afortunadamente, Licurgo tenía peces más gordos que freír. Se dirigió al templo de Apolo, donde se encontraba Pitia, la gran sacerdotisa y oráculo de Delfos. Allí se entregó al dios, buscando su consejo y bendición para su misión de reformar Esparta.

El Oráculo respaldó a Licurgo, y esto se tradujo en un enorme apoyo para Licurgo, ya que el Oráculo era muy venerado entre el pueblo. Los seguidores de Licurgo aumentaron en toda Esparta, y sus reformas forjarían la ciudad-estado más famosa de Grecia.

Dibujo de Licurgo de Esparta[5]

Las reformas de Licurgo

Una Esparta políticamente atrofiada necesitaba urgentemente un nuevo conjunto de leyes en las que basarse. Tras recibir las bendiciones del Oráculo, Licurgo se inspiró para formular un cuerpo de leyes conocido como la Gran Rhetra. Supuestamente, Licurgo dijo que no habría una constitución escrita, por lo que se cree que la Gran Rhetra se transmitió oralmente. Sin embargo, es posible que en algún momento se redactara por escrito, ya que conocemos gran parte de su contenido.

Bajo la nueva constitución, Esparta sería gobernada por dos reyes en lugar de uno, y el poder se repartiría a partes iguales.

La Gerousia

La Gerousia era un consejo de ancianos, compuesto por treinta hombres en total: veintiocho hombres y los dos reyes de Esparta. Según la Gran Rhetra, los miembros de la Gerousia se denominaban *gerontes* y debían tener al menos sesenta años.

Una vez elegidos, los miembros de la Gerousia, excluidos los reyes, formaban parte del consejo de por vida. Los candidatos solían ser elegidos entre la aristocracia y votados por los ciudadanos espartanos. La votación se realizaba a viva voz y, a pesar de sus muchos defectos, se mantuvo en uso en la antigua Esparta durante muchas generaciones.

Colectivamente, la Gerousia ejercía un inmenso poder judicial, incluido el poder de veto sobre la Asamblea Espartana (la Apella). En palabras de Plutarco, la creación de la Gerousia supuso una ruptura con la anarquía y la tiranía que habían caracterizado la mayor parte de la Edad Media griega. El poder de los reyes podía entonces controlarse, y los ciudadanos podían ser realmente escuchados.

La redistribución

> "Porque había una desigualdad extrema entre ellos, y su estado estaba sobrecargado con una multitud de personas indigentes y necesitadas, mientras que toda su riqueza se había centrado en muy pocos. Por lo tanto, con el fin de expulsar del estado la arrogancia y la envidia, el lujo y el crimen, y esas enfermedades aún más inveteradas de la necesidad y la superfluidad, obtuvo de ellos que renunciaran a sus propiedades, y que consintieran en una nueva división de la tierra, y que todos vivieran juntos en igualdad de condiciones; el mérito sería su único camino hacia la eminencia".

Estas palabras de Plutarco resumen el trasfondo de las reformas agrarias de Licurgo en Esparta. La totalidad de la tierra de Esparta fue dividida en partes iguales y devuelta al pueblo. Con ello se puso fin a la plaga de la propiedad hegemónica de la tierra por parte de la codiciosa élite.

A continuación, Licurgo abordó el sistema de acuñación de moneda de Esparta. La nación estaba plagada de riquezas en manos de unos pocos (los ciudadanos de pleno derecho de Esparta, conocidos como los espartiatas) y de corrupción explotadora.

En su sabiduría, Licurgo creía que una medida directa contra la riqueza acaparada por la élite minoritaria acabaría con la relativa estabilidad de Esparta. En su lugar, se centró en el sistema de acuñación de moneda existente, la fuente de su riqueza mal habida. Por orden suya, se prohibió la posesión de oro y plata. La nueva moneda de Esparta estaba hecha de hierro y recubierta de vinagre, lo que la hacía frágil y sin valor para los comerciantes extranjeros.

¿De qué servía una moneda que no podía gastarse en otros estados de Grecia? Las relaciones comerciales pronto disminuyeron, al igual que la riqueza de la élite corrupta. Sin acceso a los lujos, había pocas ganas de enriquecerse por medios ilícitos, tal y como había predicho Licurgo.

Y lo que es más importante para Esparta, el pueblo empezó a depender de los bienes internos. Esto significa que Esparta no tuvo que interactuar tanto con potencias extranjeras, lo cual le permitió a la sociedad ser autosuficiente en casi todo.

La institución de los comedores

En Esparta, los comedores públicos sólo eran frecuentados por los miembros más humildes de la sociedad. Los ricos preferían cenar cerdos cebados, servidos en fuentes bañadas en oro, en la comodidad de sus lujosas casas. Comían las frutas más raras y exóticas y el mejor vino. Estaban obsesionados con la exhibición privada y llamativa de vajillas brillantes de plata y oro.

Licurgo introdujo su tercera reforma, que ordenaba que todos los hombres de Esparta, independientemente de su estatus social, comieran en los comedores públicos. Este sistema se denominó syssitia.

Los ricos, incluso los reyes de Esparta, ya no cenarían extravagantemente o en privado con sus esposas, sino que seguirían una dieta sencilla.

La carne que se compartía en los comedores procedía de los sacrificios de animales que se hacían a los dioses, ya que una parte del sacrificio se guardaba para el comedor. La carne también procedía de las cacerías, ya que los hombres debían enviar parte del animal para estas comidas comunes. Eran pocas las circunstancias que permitían a los hombres ausentarse de la mesa.

Reformas militares y legado

Licurgo era un ferviente creyente en la disciplina militar y la buena forma física, por lo que incorporó a la estructura espartana elementos de los conocimientos adquiridos durante su estadía en Egipto y otras naciones.

Antes de las reformas, el ejército espartano estaba formado por hombres de guerra duros y valientes. Licurgo previó la importancia de entrenar la mente y el cuerpo de los jóvenes espartanos para que pudieran dar gloria a Esparta. Los hombres jóvenes necesitaban ser absorbidos por el arte de la guerra, y las mujeres jóvenes tenían que entrenar sus cuerpos para producir hombres espartanos fuertes.

Para los hombres, se introdujo un programa de educación militar llamado agogé. Una vez que los niños espartanos cumplían siete años, eran apartados de sus familias para someterse a un riguroso entrenamiento. Al principio, Licurgo entrenaba a los niños. A medida que el sistema evolucionaba, se incorporaron más entrenadores calificados.

Licurgo creía que el proceso, similar a la fabricación de oro de la mejor calidad, sólo sería superado por los mejores hombres espartanos. Los muchachos eran enseñados, castigados y puestos a prueba en las condiciones más duras y examinados minuciosamente por los ancianos de Esparta.

La agogé era altamente competitiva e inculcaba a los jóvenes espartanos una disciplina bruta y una vigilancia sin igual. Se creía que estos valores eran los principios básicos de un verdadero guerrero, y el mayor honor para un joven en Esparta era completar su entrenamiento y estar listo para la batalla.

Bajo la tutela de Licurgo, las mujeres de Esparta no quedaron al margen de las actividades físicas. Luchaban, boxeaban y participaban en otros deportes para mantenerse en plena forma para la maternidad. Creían que, de este modo, sus cuerpos sólo podrían engendrar hijos que no estuvieran mal formados ni enfermos.

Licurgo sabía que un enemigo de Esparta podía dominar todas sus estrategias militares durante una batalla prolongada. De ahí que desaconsejara la guerra repetida contra los mismos enemigos. Las técnicas militares de Esparta no podían llegar a ser de dominio público, pues de lo contrario Esparta corría el riesgo de sufrir una aplastante derrota.

Algunas fuentes históricas atribuyen a Licurgo ciertas reformas matrimoniales, todas ellas centradas en la templanza y la moderación sexual. Sin duda, Licurgo anhelaba una Esparta desprovista de corrupción, glotonería y libertinaje, ya se tratara de hombres o mujeres, ricos o pobres.

Los anales de Esparta describen a Licurgo como un líder visionario que priorizaba la prosperidad colectiva del pueblo sobre las ganancias personales egocéntricas. Era muy pragmático en su enfoque de la política espartana y, con el respaldo del Oráculo de Delfos, se ganó el corazón de muchos espartanos.

John Lewis Gaddis, historiador del siglo XXI, utiliza la expresión "un zorro con brújula" para describir la astuta personalidad de Licurgo. Al elegir abandonar Esparta para que reinara la paz en lugar de matar a su sobrino y a la reina, Licurgo se consagró como un hombre reacio a la codicia. A este rasgo dedicó su vida, ya que trató de inculcarlo a sus semejantes.

Por supuesto, hay algunos críticos. Algunos relatos históricos acusan a Licurgo de ser un fascista obsesionado con la perfección que abogaba por la temida práctica de arrojar a los niños enfermos a Kaiadas, una cueva. Al parecer, bajo el mandato de Licurgo, los espartanos no veían ninguna utilidad para esos niños en las agogé ni en otros entrenamientos patrocinados por el Estado. Los arqueólogos que excavaron Kaiadas han refutado esta afirmación, declarando que no se encontraron restos de bebés en la fosa. Sin embargo, dado que esta leyenda ha llegado hasta nuestros días, podría haber algo de cierto en ella; después de todo, otras sociedades de todo el mundo abandonaban a los bebés si no podían cuidarlos adecuadamente. Es posible que Esparta también lo hiciera, aunque no fuera por la necesidad de purgar a sus bebés para crear una sociedad espartana perfecta.

El final del camino

La vida de Licurgo está impregnada de leyendas. Una de ellas cuenta que, tras haber cumplido su aspiración de sentar los precedentes de la sociedad espartana contemporánea, Licurgo fue apedreado en el mercado por los nobles y vituperado por sus medidas para lograr un pueblo más igualitario.

Licurgo huyó del mercado y Alcandro, uno de los nobles, lo persiguió. Atacó a Licurgo y lo golpeó en el ojo, dejándolo ciego.

Los otros nobles encontraron a los dos y se quedaron estupefactos ante lo ocurrido. Conmovidos por la culpa de haber maltratado a Licurgo, los espartanos entregaron a Alcandro a este último.

Licurgo se llevó al joven y despidió al pueblo, pero en lugar de vengarse de él, perdonó a Alcandro. Acogió al joven y lo educó para que alcanzara la grandeza. La noticia de este acto se extendió por toda Esparta, y el pueblo admiró a Licurgo más que nunca.

Un día, Licurgo reunió al pueblo de Esparta, tanto amigos como enemigos, para una ocasión importante. Ante el creciente malestar en Esparta por su administración, había decidido hacer algo, lo mismo que había hecho cuando se lo acusó de ser una amenaza para su sobrino Charilao.

Licurgo abandonaría Esparta.

Antes de su partida, Licurgo les hizo jurar a los espartanos que respetarían sus reformas. Les había mostrado su gracia al no permitir que se escribiera la Gran Rhetra, dándoles margen para modificarla.

Una vez que los espartanos juraron cumplir sus leyes, Licurgo se marchó y nunca más se supo de él. La vida y muerte posteriores de Licurgo están tan envueltas en el misterio que algunas fuentes de la mitología griega clásica lo describen como una "desaparición de la historia". Otros afirman que se murió de hambre para sellar el juramento de los espartanos.

Los numerosos seguidores de Licurgo formaron un culto de héroe en su honor y, durante muchas generaciones, se lo consideró un faro de los ideales de Esparta. Muchos le atribuyen a Licurgo el mérito de haber llevado a Esparta a las páginas de la historia.

Después de todo, la ciudad de Esparta nunca volvería a ser la misma tras las reformas de Licurgo.

Capítulo 3 - Las guerras mesenias

Tras la invasión doria de Grecia, Esparta trató de ampliar el control político, el dominio cultural y la propiedad de la tierra de los dorios. Naturalmente, la primera etapa de esta expansión fue hacia las ciudades-estado cercanas de la península del Peloponeso: Argos al noreste y Mesenia al oeste.

Mesenia albergaba hermosos y fértiles campos que rápidamente captaron el deseo de los dorios (espartanos). La tierra era una gran medida de la riqueza de cualquier nación, y un pueblo tan pastoril como los dorios lo sabía muy bien. Es cierto que habían tomado la mayor parte de Mesenia durante su invasión, pero el poder político de la región seguía en manos de los aqueos. En consecuencia, los espartanos crearon un mandato para apoderarse de ella.

La búsqueda espartana de anexionar Mesenia, así como las reacciones históricas provocadas en el curso de esta búsqueda, fue documentada por Pausanias como las guerras Mesenias.

Los catalizadores

Las guerras rara vez estallan por impulso. Normalmente, las tensiones se acumulan, a veces durante generaciones, y se elevan como magma volcánico caliente para estallar al menor detonante. Según el antiguo viajero griego Pausanias, este fue el caso de las guerras mesenias, una serie de batallas entre Esparta y su vecina Mesenia.

La saga de reyes

La base del desacuerdo entre estas dos ciudades-estado griegas eran sus contrastadas disposiciones étnicas. Los aqueos no podían aceptar la imposición de un comandante dórico, Cresfontes, como nuevo rey de Mesenia. Al fin y al cabo, pertenecía al "poco sofisticado" clan heráclida que había expulsado a muchos griegos de sus tierras durante la invasión doria.

La posición de Cresfontes como rey no fue aceptada hasta que tomó la mano de Mérope en matrimonio. Mérope era una princesa arcadia, hija del rey aqueo Cipselo. Los aqueos eran vecinos amistosos de los arcadios. Obviamente, el matrimonio fue un intento diplomático de consolidar el poder de Cresfontes.

¿Funcionó?

No, no realmente. Parecía como si los aqueos pudieran ver a través del rey, y el matrimonio de conveniencia no fue suficiente para apaciguarlos para siempre. A los ojos de los aqueos, Cresfontes seguía siendo una amenaza para la supremacía política aquea en Mesenia.

Finalmente, los nobles aqueos urdieron y ejecutaron un sangriento golpe de estado que supuso la muerte del rey Cresfontes y de todos sus hijos excepto uno: el joven príncipe Aepito.

El príncipe Aepito se salvó porque se había asimilado socialmente a la cultura aquea. Había sido educado en Arcadia. Pensaba, actuaba y hablaba como un Arcadio. Esencialmente, el joven príncipe sólo era dórico de sangre.

Al subir al trono, Aepito se convirtió en el primer rey de una nueva dinastía mesenia conocida como los Aepítidas.

Los dorios que ocupaban partes de Mesenia estaban furiosos por la "aqueanización" del único heredero que le quedaba al rey Cresfontes, pero eran una minoría en la región. Poco podían hacer.

Por ello, pidieron ayuda a su madre, Esparta. Para entonces, si bien la campaña expansionista espartana en Argos había tenido éxito, Mesenia aún no había sido sometida.

Las vírgenes del templo de Artemisa

Veinticinco años antes del estallido de la Primera Guerra de Mesenia, se produjo un suceso en un templo de Artemisa que actuó como otro catalizador de la guerra.

Artemisa, hija de Zeus y hermana gemela de Apolo, era venerada en Grecia como diosa de la caza, la luna y la castidad. Su templo era sagrado y prohibía cualquier forma de violencia contra el hombre o la mujer.

Un día, durante el reinado de Fintas, se celebró una gran fiesta en el templo de Artemisa, situado en la frontera entre Mesenia y Laconia.

A la fiesta asistieron destacados mesenios y espartanos, entre ellos el rey Teleklos de Esparta. De algún modo, aquel día estalló una terrible violencia. Pausanias cuenta dos versiones de la historia, que proceden tanto de los registros históricos espartanos como de los mesenios.

La tradición espartana afirma que los mesenios asistentes atacaron indebidamente a las vírgenes que adoraban en el templo de Artemisa y las violaron. Los mesenios también asesinaron al rey Teleklos de Esparta, desafiando lo que era terreno sagrado.

Por otro lado, la versión mesenia afirma que se trató de un contraataque contra Teleklos, que había disfrazado a jóvenes armados de vírgenes. Supuestamente, se trataba de una estrategia para acceder al templo. Así podrían atacar y masacrar más fácilmente a la nobleza mesenia.

Se desconoce la verdad, pero el día acabó igual. El rey Teleklos y su ejército de vírgenes u hombres mal disfrazados fueron atacados y asesinados por los mesenios en la morada sagrada de Artemisa.

El fuego de la guerra entre Esparta y Mesenia llevaba tiempo avivándose; sólo faltaba la chispa final.

Esta creciente animosidad sobreviviría a toda una generación y se transmitiría a la siguiente.

El disparador

Cuando Polícrates, un atleta de Mesenia, ganó la carrera del *stadion* ("estadio") y fue nombrado campeón de los Juegos Olímpicos de 764 a. C., su fama se extendió por toda Grecia. No debía saber que se vería envuelto en la escaramuza que desencadenaría una guerra entre vecinos rivales.

Euaifnos, un espartano, le prestó unas tierras de pastoreo al campeón olímpico. Esto significaba que Polícrates podía utilizar las tierras para cultivar y criar ganado a cambio de un pago a Euaifnos.

Un día, sin su consentimiento, Euaifnos vendió el ganado de Polícrates a unos mercaderes y se quedó con el dinero. Cuando se enfrentó a

Polícrates, Euaifnos dijo que había habido una incursión de piratas, que se llevaron el ganado.

Por desgracia para Euaifnos, sus mentiras quedaron al descubierto cuando uno de los pastores de Polícrates, que había escapado por los pelos de una mala experiencia con los mercaderes, le contó la verdad a su amo. Repugnado por su deshonestidad, Polícrates se enfrentó de nuevo a Euaifnos. Euaifnos se disculpó al instante. Le pidió que enviara a su hijo a recuperar el dinero obtenido ilícitamente de la venta de ganado. Polícrates accedió, pensando que Euaifnos estaba dispuesto a arreglar las cosas.

Sin embargo, Euaifnos traicionó de nuevo la confianza de Polícrates asesinando a su hijo cuando se encontraban fuera de las fronteras de Esparta. Euaifnos no tenía intención de devolver el dinero.

Cuando Polícrates se enteró del asesinato de su hijo, juró vengarse, no sólo del espartano que le había hecho daño, sino de todos los espartanos que pudiera encontrar. Pidió justicia al gobierno espartano. Pero tardó demasiado. Polícrates decidió hacer justicia por su cuenta y se embarcó en una oleada de asesinatos.

El gobierno espartano entró en acción y exigió la extradición de Polícrates por el asesinato de espartanos. El gobierno de Mesenia apoyó a Polícrates, exigiendo primero el castigo para Euaifnos.

Los intentos de una resolución diplomática se vieron frustrados por un conflicto interno entre los dos reyes de Mesenia: Androcles y Antíoco. Los reyes y sus partidarios fueron incapaces de ponerse de acuerdo sobre la extradición de Polícrates. El rey Androcles, que estaba a favor de la extradición, fue asesinado por los partidarios de Antíoco, que estaban en contra de la extradición.

Cuando su hijo, Eufrasio, se convirtió en rey de Mesenia, el rey Alcímenes de Esparta le declaró la guerra.

Primera guerra mesenia (743 a. C. - 724 a. C.)

La guerra es el lugar en el que las mejores estrategias, la fuerza bruta y las más sofisticadas armas de destrucción se unen para determinar quién es el vencedor y quién el vencido. Un ataque sin precedentes desde el bando espartano fue el primer acto de guerra, y puede que la Primera Guerra Mesenia ya tuviera a su vencedor coronado en sus inicios.

El rey espartano Alcmenes, hijo del asesinado rey Teleklos, emprendió una campaña para apoderarse de Anfea en un ataque nocturno por sorpresa.

Anfea era una ciudad mesenia que se creía situada en las colinas de la frontera espartana. Era la base militar perfecta para Alcmenes y sus tropas. Así que, al amparo de la noche, los espartanos se colaron por las puertas abiertas y desprotegidas de Anfea y saquearon la ciudad sin piedad, despertando a los adormilados nativos para que se encontraran con su destino.

Conmocionados y desprevenidos, los habitantes de Anfea huyeron para salvar sus vidas. Algunos se refugiaron en los templos, mientras que otros huyeron a las puertas de la ciudad para escapar de la ira de los espartanos. A los desafortunados que no pudieron escapar, les esperaba una dura vida de esclavitud o una muerte brutal.

Los espartanos se sintieron como en casa en su nueva base. Desde Anfea seguirían avanzando hacia otras partes de Mesenia. No se detendrían hasta que toda la ciudad-estado reconociera el dominio espartano.

Las noticias llegaron rápidamente al rey Eufrasio, que residía en la capital de Mesenia, Stenykleros. Eufrasio se apresuró a informar a su pueblo de la grave situación. Su enemigo, Esparta, había dado el primer paso, y Anfea había caído cautiva por negligencia e insolidaridad, un error que no podía repetirse.

El rey Eufrasio movilizó a mesenios de todas partes para fortificar sus ciudades. Los ciudadanos fueron adiestrados a fondo en el arte de empuñar las armas y otras tácticas defensivas.

La estrategia de Eufrasio era simple: evitar lanzar una ofensiva contra las fuerzas espartanas. Los mesenios tenían la ventaja geográfica como ocupantes de la tierra invadida. Podían permanecer a salvo tras las murallas de su ciudad guarnecida hasta que los espartanos se rindieran y se marcharan.

Desgraciadamente, el ejército espartano continuó durante dos años, asaltando partes de Mesenia y llevándose dinero y grano a su base en Anfea. Los mesenios se equivocaron al suponer que los espartanos no estaban en su tierra para quedarse.

Con el tiempo, el pueblo se dio cuenta de que la estrategia defensiva del rey Eufrasio no iba a funcionar. Los espartanos eran implacables en su campaña y se habían apoderado de la mayor parte de la campiña mesenia.

Ser prisioneros en su propia tierra durante años perturbó a los mesenios. Con unos suministros limitados y que se agotaban rápidamente, se dieron cuenta de que no podían esconderse tras las murallas de la ciudad para siempre, sobre todo porque sus tierras de cultivo estaban bajo la autoridad espartana. El rey Eufrasio decidió que había llegado el momento de enfrentarse a los invasores espartanos de una vez por todas.

No cabe duda de que los espartanos eran temibles hombres de guerra, aunque aún no habían alcanzado la cima de su destreza militar. Aun así, las tropas mesenias habían pasado todos esos años afilando sus espadas y sus habilidades para la batalla. De hecho, tenían alguna posibilidad contra los obstinados invasores.

En el año 739 a. C., un ejército de élite mesenio salió de la capital en nombre del rey Eufrasio. Se dirigieron hacia Anfea, ocupada por los espartanos.

A pocos kilómetros de su destino, los mesenios acamparon. Las superiores tácticas bélicas del rey Eufrasio fueron decisivas para el éxito en el ataque de las tropas espartanas, que les tendieron una emboscada mientras cruzaban hacia las montañas de Ítome.

¿Cambiaría esta pequeña victoria el curso de la guerra? El tiempo lo diría.

El rey Eufrasio, avanzado en edad, cedió a Cleonnis el mando de las tropas mesenias. El rey Alcímenes de Esparta moriría por la misma época, y su hijo, Polidoro, ocuparía el trono.

Un día histórico, los mesenios se enfrentaron a los espartanos en las tierras bajas de Tegeto, cerca de Anfea.

Pausanias considera que las estrategias militares y las formaciones de batalla de los espartanos eran más organizadas que las de los mesenios. Los espartanos utilizaban una formación llamada falange, que era una formación rectangular formada por infantería pesada que utilizaba lanzas y otras armas similares y escudos.

Ilustración de una formación tipo falange[6]

Los mesenios cargaron, sin tener en cuenta la formación, pero en su primer intento no pudieron romper las líneas espartanas ni conquistarlas. Ni en el segundo. Ni en el tercero, ni en los muchos intentos posteriores.

Parecía como si los espartanos fueran impenetrables.

Finalmente, los mesenios se retiraron, buscando refugio en la fortaleza natural del monte Ithome. Sabían que estaban perdiendo la guerra, así que acudieron a los dioses en busca de ayuda. Consultaron al venerado Oráculo de Delfos, quien les reveló que una virgen real debía ser sacrificada para asegurar su triunfo sobre el enemigo.

Aristodemo, un héroe de guerra mesenio, se ofreció a sacrificar a su hija virgen. El sacrificio real supuestamente mantuvo a raya a las fuerzas espartanas durante varios años más.

Al oír las palabras del Oráculo de Delfos, los espartanos suspendieron su incursión en Mesenia. Con el tiempo, sin embargo, se cansaron y continuaron. Los espartanos marcharon de nuevo sobre Mesenia y consiguieron matar al rey Eufrasio. Aristodemo fue coronado como nuevo gobernante.

Los espartanos fueron tan despiadados que Aristodemo, abrumado por la vergüenza y la humillación, se quitó la vida junto a la tumba de su hija, y los mesenios vencidos se vieron sumidos en la esclavitud o encontraron la forma de huir.

Segunda guerra Mesenia (684 a. C. - 650 a. C.)

Como ya sabrás, una característica distintiva de las sociedades antiguas era la desigualdad humana. No todos los hombres y mujeres nacían y se mantenían libres. La guerra determinaba el destino de casi todos, desde los nacidos libres hasta los esclavos y la realeza.

Tras la primera guerra mesenia, los mesenios vencidos iban a sufrir una caída de su estatus social bajo el nuevo dominio de los espartanos. Pasarían de ser ciudadanos libres a esclavos.

Algunos testimonios clásicos sugieren que los primeros helotas de la historia fueron los laconios del Peloponeso colonizados por los espartanos, a los que pronto se unieron los mesenios capturados.

Ahora que los mesenios estaban bajo dominio espartano, los helotas mesenios apenas eran mejores que los esclavos. Sin embargo, a diferencia de los esclavos, los helotas no eran propiedad de un individuo. Eran propiedad del Estado y cada helota era asignado a una casa para realizar tareas domésticas, administrativas, económicas y militares. Durante la guerra, los helotas sirvieron a los espartanos como combatientes y remeros en los barcos de guerra.

Sin embargo, aunque los helotas se destacaran en el campo de batalla, era raro que obtuvieran la libertad. En algunas ocasiones, un helota podía comprar su libertad, pero eso no ocurría a menudo. Los helotas eran libres de tener sus propias familias y practicar su religión, pero esto no era suficiente para los mesenios, que anhelaban su libertad.

Como los espartanos estaban muy comprometidos con sus esfuerzos militares, los hombres de Esparta estaban bastante tiempo fuera de casa, demostrando su valía en el campo de batalla en su afán por expandir Esparta. Como consecuencia de ello, hubo menos nacimientos espartanos que de la población helota de Mesenia.

Posteriormente, los espartanos no pudieron ignorar la idea de que cuantos más helotas hubiera, mayores serían las posibilidades de una rebelión.

De forma preventiva, los líderes espartanos elegidos, conocidos como éforos, utilizaron medios brutales para mantener a raya a los helotas, como masacres rutinarias para "recortar" la población. Sus objetivos eran sobre todo los helotas que intentaban desafiar la autoridad espartana.

En el relato histórico del autor griego Mirón de Priene, se describe la difícil situación de los reprimidos helotas mesenios:

> "Asignan a los helotas todas las tareas vergonzosas que conducen a la desgracia. Pues ordenaron que cada uno de ellos debía llevar un gorro de piel de perro y envolverse en pieles y recibir un número estipulado de palizas cada año, independientemente de cualquier fechoría, para que nunca olvidaran que eran esclavos. Además, si alguno excedía el vigor propio de la condición de esclavo, establecían la pena de muerte, y asignaban un castigo a quienes los controlaban si fallaban".

Durante cuarenta años, los helotas de Mesenia soportaron las penurias del dominio espartano, hasta que un día el mayor temor de Esparta asomó su horrible cabeza.

La batalla de Deres y un héroe mesenio

Los helotas estaban hartos de los malos tratos de los espartanos. Superaban ampliamente en número a sus señores y, según Jenofonte de Atenas, odiaban tanto a sus amos que con gusto se comerían su carne.

El odio y la malicia provocaron disturbios desorganizados y un aumento de los intentos de escapar del cautiverio. Cuando la causa rebelde de los mesenios encontró un defensor en un hombre llamado Aristómenes, se inició una nueva guerra.

Conscientes de que sus temores por fin se habían materializado, los espartanos se movilizaron para sofocar la revuelta de los helotas con la batalla de Deres en 684 a. C. El combate terminó sin un claro vencedor, pero los mesenios habían dado a conocer su desafío al dominio espartano.

Animados por el resultado de su primera batalla, los mesenios ofrecieron la corona a su líder, Aristómenes. Éste era descendiente de la casa real de Aepito, antiguo rey de Mesenia. Al parecer, rechazó la corona pero aceptó el título de comandante en jefe.

Pronto, las noticias de la revuelta mesenia se extendieron a Arcadia y Argos, lo que les permitió aliarse con los pueblos allí reprimidos: todos estaban unidos contra Esparta.

La batalla de la Tumba del Jabalí

Aristómenes tomó el mando de las tropas mesenias. Durante el reinado de los reyes Anaxandro y Anaxidamo de Esparta, Aristómenes atrajo a las tropas espartanas a una emboscada en un lugar llamado la Tumba del Jabalí, que se encontraba en la capital de Mesenia.

El ejército espartano, que contaba con tropas de Corinto y Lépreo, así como mercenarios de Creta, persiguió a los mesenios, pero sólo encontró la derrota en la Tumba del Jabalí.

La leyenda cuenta que la victoria de Aristómenes y sus hombres había sido predicha por un vidente mesenio llamado Teóclito. Para asegurarse la victoria, Aristómenes fue advertido de que no podía pasar más allá de un peral en la llanura donde lucharon contra los espartanos.

La advertencia del oráculo resistió la prueba del tiempo, ya que un ligero incumplimiento estuvo a punto de costar la victoria a los mesenios. En la euforia de su éxito, Aristómenes y sus hombres asaltaron pequeñas partes de Laconia y aterrorizaron a los espartanos en su avance.

Aristómenes luchó sin piedad en el campo de batalla, diezmando sin ayuda al ejército enemigo. Los mesenios lo llamaban el azote de los espartanos.

La batalla de la Gran Fosa

El fuego de la guerra entre los protestantes helotas mesenios y sus amos espartanos, que pretendían someterlos, se mantuvo encendido durante muchos años. Los mesenios, liderados por Aristómenes, fueron implacables en su búsqueda de la libertad, pero su determinación encontró rival en los espartanos, que eran valientes hombres de guerra y maestros de la estrategia.

En la batalla de la Gran Trinchera (también conocida como la batalla del Gran Foso), Mesenia reunió a varios aliados, entre ellos los arcadios, liderados por su astuto rey, Aristócrates.

Sin que los pobres helotas lo supieran, Aristócrates había sido sobornado por los espartanos para que retirara sus tropas en mitad de la batalla. Los mesenios se sorprendieron de la repentina retirada de los arcadios. Más tarde, Aristócrates pagaría con su vida la traición, pero el hecho ya estaba consumado. Los espartanos se aprovecharon de su confusión. Se ensañaron con los desconcertados mesenios, persiguiendo a Aristómenes y sus hombres hasta las montañas.

El monte Eira era un refugio para los mesenios, pero no era su hogar. Aristómenes y lo que quedaba de sus tropas permanecieron en una ciudad de allí, asaltando de vez en cuando pequeñas ciudades bajo dominio espartano. Un día, en los últimos años de la guerra, Aristómenes fue capturado por los espartanos. Iba a ser asesinado como ejemplo para cualquiera que se atreviera a desafiar el dominio de Esparta.

Sin embargo, parece que el destino tenía otros planes. Con la ayuda de una sirvienta mesenia en Esparta, Aristómenes escapó de su cautiverio y regresó a Eira. Fue recibido con gran júbilo, y durante once años, los mesenios, ya fueran hombres, mujeres o niños, se unieron contra Esparta.

Se acercaba el día de la embestida final, y no habría ni retirada ni concesión por parte de Esparta. Invadieron el monte Eira, como habían hecho con el monte Ithome durante la Primera guerra de Mesenia, y una vez más derrotaron a los mesenios.

Antes de esta campaña final, los espartanos pidieron consejo al Oráculo de Delfos y se les dijo que designaran a un general de Atenas. Un compositor marcial y poeta llamado Tirteo fue designado para llevar a las tropas espartanas a la victoria. Les recordó a los espartanos que luchaban por su patria y sus familias y que se trataba esencialmente de una lucha a muerte.

Vigorizados, los espartanos asolaron el monte Eira, y muchos rebeldes mesenios fueron capturados. En cuanto a su campeón, Aristómenes, la leyenda cuenta que fue arrebatado del peligro por los dioses. Al final, Aristómenes encontró refugio en una ciudad de Rodas, Ialisos, donde vivió el resto de sus días.

Al igual que tras la primera guerra mesenia, los intentos de un nuevo levantamiento de los mesenios fueron aplastados. Los mesenios se pusieron de rodillas ante la supremacía espartana y volvieron a asumir su condición de helotas.

Esparta resurgió como el estado griego político y militar más poderoso del Peloponeso. Sin embargo, su poder pronto volvería a ser puesto a prueba por un formidable enemigo.

Capítulo 4 - La Liga del Peloponeso

Bases para su fundación

Una vez doblegados sus rebeldes adversarios, los espartanos del siglo VI se dieron cuenta más que nunca de la importancia de consolidar su poder político y militar. La sublevación de los helotas no era más que un anticipo de los males que le aguardaban a Esparta si no lograba superar el desafío.

Argos y Arcadia, vecinos de Esparta, empezaron a suponer una amenaza considerable para la supremacía espartana. Era un problema que exigía una acción urgente. Además, Esparta necesitaba más tierras y recursos para su creciente ciudad-estado.

Había llegado el momento de invadir Arcadia una vez más.

Heródoto cuenta que antes de su campaña contra Arcadia, el Oráculo de Delfos les había asegurado a los espartanos su victoria sobre muchas partes de la región. Por desgracia, los espartanos habían malinterpretado el mensaje del Oráculo. Tegea, una provincia arcadia, no formaba parte de las regiones de Arcadia de las que había hablado el Oráculo. Ignorante, Esparta marchó sobre Tegea en torno al año 550 a. C., llevando grilletes para atar a los arcadios una vez derrotados. Los condenados arcadios se unirían a los mesenios en tareas de helotage, y la noticia del poderío de Esparta se extendería al resto de sus enemigos en el Peloponeso.

En un giro épico, los guerreros de Esparta sufrieron una aplastante derrota a manos de los arcadios y fueron atados con los mismos grilletes que habían traído consigo. Durante varios siglos, los grilletes de los espartanos estuvieron expuestos en el templo de Atenea en Tegea.

Esta fue una gran lección para Esparta. No toda Arcadia iba a ser conquistada fácilmente. Quizá había llegado el momento de abandonar las viejas formas de ejercer la influencia espartana en la península del Peloponeso y explorar nuevos métodos.

La batalla entre Esparta y Tegea -la batalla de los Grilletes- fue el comienzo de un pacto histórico entre vencedores y vencidos. Tegea no podía arriesgarse a otra campaña contra Esparta, ya que apenas había ganado la batalla de los Grilletes. Además, dado que Esparta era sin duda el gigante emergente de Grecia, era mejor permanecer siempre de su lado para protegerse de la agresiva Argos. Estos sentimientos eran compartidos por los habitantes de Corinto y Elis.

Grecia pronto entraría en una era de división política: por un lado, estaba Esparta, y por el otro, Argos.

La pugna por el dominio del Peloponeso continuó, estallando a veces en pequeñas guerras. Pero una vez que Tegea se unió al bloque espartano, Esparta obtuvo ventaja sobre Argos, al menos según Heródoto.

Esparta vio una rara oportunidad de unificar a sus aliados bajo una confederación. Sería una liga de ciudades-estado como ninguna otra.

La Liga del Peloponeso

¿Amigo o enemigo?
"La liga fue fundada para que Esparta pudiera protegerse tanto de un posible levantamiento de los helotas de Esparta como de Argos, su rival regional".

Estas palabras de Tucídides en su obra titulada *Historia de la Guerra del Peloponeso* resumen las razones de la formación de la Liga del Peloponeso.

De hecho, la formación de la liga confirmó la difícil situación de los helotas mesenios. Sus posibles aliados se aliaban ahora con Esparta, y los argivos no eran mejores que los espartanos; podrían haber sido incluso peores.

Con cada vez más ciudades-estado del lado de Esparta, Argos sabía que sus días como una de las potencias estaban contados.

Cerca del año 519 a. C., el rey Cleómenes I ascendió al trono de Esparta. Su brillante política desplazó definitivamente a Argos, dejando a Esparta como dueña indiscutible del Peloponeso. Los aliados de Esparta - Elis, Corinto, Tegea, Citera, Mantinea, Pilos, Melos, Beocia, Lefkada, Ambracia y Epidauro- se convirtieron en pioneros de la Liga del Peloponeso.

A pesar de haber sido derrotada por los espartanos en la batalla, Argos se negó a formar parte de la Liga del Peloponeso. Esparta no la presionó; lo único que importaba era que los argivos ya no eran una amenaza.

Los historiadores coinciden en la singularidad de la Liga del Peloponeso liderada por los espartanos. No era una "liga" en el sentido real de la palabra, como tampoco era puramente "peloponesa". Colectivamente, los antiguos griegos se referían a la liga como los lacedemonios (espartanos) y sus aliados, infiriendo que la liga se centraba en Esparta.

Esto no estaba lejos de la verdad, teniendo en cuenta que Esparta no estaba obligada a corresponder su lealtad a sus aliados. Por otra parte, los miembros de la liga juraban lealtad a Esparta a cambio de protección. No estaban obligados a pagar tributo, pero tenían la misión de aportar contingentes militares a Esparta en tiempos de guerra. Este ejército podía estar comandado por uno de los dos reyes espartanos o por un general espartano.

Lo más interesante es que esta obligación militar no era estrictamente vinculante para los miembros de alto rango de la liga, como Corinto. De hecho, los corintios gozaban de más libertad que cualquier otro miembro de la Liga del Peloponeso. Esto se debía a sus vastas reservas militares y a su reputación de ciudad-estado rica.

Los espartanos eran conscientes de los recursos de que disponía Corinto, así como de la importancia de mantener cerca a los corintios. Es muy probable que esto explicara por qué Esparta no se percató de que Corinto estaba librando una guerra contra otro miembro de la liga, Mantinea, tal y como señala Tucídides.

A pesar de sus obligaciones políticas y sociales para con Esparta, los miembros de la Liga del Peloponeso podían gestionar los asuntos religiosos sin ninguna interferencia.

Otro rasgo distintivo de la Liga del Peloponeso era su atípico órgano legislativo, aunque las reuniones celebradas entre Esparta y los demás miembros de la liga eran poco frecuentes. Sólo Esparta se reservaba la autoridad para convocar este congreso, y eran los espartanos quienes lo presidían. Los miembros de la liga podían enviar representantes para asistir a él.

Este congreso, conocido como el Congreso de la Liga, tomaba las decisiones basándose en un sistema de votación. Cada estado tenía un voto; sin embargo, los votos no eran el factor decisivo en última instancia, sino la resolución de Esparta.

La historia implica además que, en lugar de ejercer esta autoridad descaradamente y hacer que los votos fueran inútiles, los espartanos influían en algunos miembros de la Liga, normalmente las pequeñas ciudades-estado, para que votaran a su favor en los asuntos. En el improbable caso de que el voto de la mayoría difiriera de lo que Esparta quería, Esparta no estaba obligada a seguir la decisión del congreso.

La Liga del Peloponeso prosperaría, ya que todos sus miembros se mantenían fieles a su juramento de lealtad y fidelidad, pero ¿qué ocurría con Esparta, que no juraba ni lo uno ni lo otro?

El declive de la Liga del Peloponeso (que se remonta al siglo V a. C.) tardaría mucho tiempo en producirse. Esparta era un enemigo amenazador, y separarse de la liga equivalía a declararle la guerra: era un camino que había que recorrer con cautela, si es que había que hacerlo.

La mayoría de los historiadores coinciden en que la Liga del Peloponeso sobrevivió a la guerra del Peloponeso, pero cuando Atenas, que se vio obligada a unirse a la liga ampliada (conocida como la Liga Helénica), empezó a rebelarse contra la hegemonía espartana, el muro de solidaridad se resquebrajó.

La Liga del Peloponeso se enfrentaría a la Liga Délica liderada por Atenas en una serie de guerras denominadas la guerra del Peloponeso.

Mapa de la Liga del Peloponeso durante la guerra del Peloponeso
*Map_Peloponnesian_War_431_BC-fr.svg: Marsyasderivative work: Aeonx, CC BY-SA 2.5
<https://creativecommons.org/licenses/by-sa/2.5>, via Wikimedia Commons*
https://commons.wikimedia.org/wiki/File:Map_Peloponnesian_War_431_BC-en.svg

Pero antes de que esto ocurriera, toda Grecia se consumiría en la lucha contra un ejército de extranjeros del antiguo Irán.

Segunda sección:
Esparta y las guerras greco-persas (499 a. C. - 49 a. C.)

Capítulo 5 - La Alianza Helénica

La elección de Esparta

El término "Alianza Helénica" sirve para describir la coalición de ciudades-estado de Grecia contra los invasores persas durante las guerras Greco-Persas, que sacudieron la Grecia del siglo V.

Esta alianza fue efímera, pero demostró que, después de todo, toda Grecia podía unirse por una causa común. Los acontecimientos que condujeron a estos conflictos son intrincados pero increíblemente fascinantes. En el centro de todo estaba Esparta, cuyas acciones e inacciones marcarían para siempre la historia del nuevo siglo.

En el año 500 a. C., la fama y el poderío de Esparta eran indiscutibles. Un diminuto reino laconio fundado por el legendario rey Lélex se había convertido en una feroz ciudad-estado griega a través de guerras, conquistas y diplomacia. Los orgullosos espartanos hablarían bien de su patria a sus hijos, transmitiéndoles su fuerza y dedicación para preservar la buena fortuna de Esparta.

En la historia, la forja de un imperio (o, en este caso, de una ciudad-estado) nunca es gloriosa en sus inicios, ya que hacen falta años de expansión para que una potencia pueda considerarse poderosa. Sin embargo, con la expansión llegan retos adicionales, como mantener contentos a los habitantes de territorios lejanos. No obstante, los espartanos eran un pueblo de guerra y tacto. Consideraban que la Liga del Peloponeso era un arma poderosa que, si se manejaba con precisión, podía mantener a las ciudades-estado de Grecia y de más allá bajo control espartano. Como tal, los conflictos internos eran inevitables, pero ninguno podría superar a Esparta ni desplazarla como superpotencia en el Peloponeso.

Otro accesorio importante para el dominio de Esparta era el conocimiento del pueblo de qué batallas le correspondía librar. A pesar de exigir y recibir la lealtad de sus estados aliados para luchar por Esparta y "heredar" a todos sus enemigos, los espartanos no hacían tal juramento a ninguno de sus aliados a cambio. Esto era una ventaja por ser la ciudad-estado más poderosa del Peloponeso. Esparta sólo iría a la guerra si se alineaba con sus intereses.

El primer gran conflicto en el que Esparta no se involucraría fue la revuelta jónica, que estalló en los albores del siglo V a. C.

La revuelta jónica

Los jonios, al igual que los dorios de Esparta, constituían una importante división étnica en la Grecia clásica. Mientras que los dorios se hicieron con el poder en Esparta y lo extendieron a otras ciudades-estado de la península del Peloponeso, los jonios fueron subyugados por los persas hacia el 540 a. C.

Durante el reinado de Ciro el Grande, las regiones jónicas de Grecia se vieron obligadas a formar parte del Imperio persa (también conocido como Imperio aqueménida). Los persas, un pueblo culturalmente sofisticado, trabajaban en la construcción del mayor imperio del mundo. Tras conquistar Jonia y otras partes de Asia Menor, los persas empezaron a oír hablar de los famosos espartanos y quisieron para sí la creciente ciudad-estado.

Los persas, hambrientos de poder, quizá nunca hubieran encontrado el pretexto perfecto para enfrentarse a los espartanos e invadir su territorio si no fuera por las decisiones de Atenas, el estado hermano de Esparta.

Para contar bien la historia, debemos retroceder un poco en el tiempo. La Edad Media griega que siguió a la invasión doria vio la migración masiva de jonios a algunas ciudades costeras de Caria y Lidia. Estos colonos fundaron doce ciudades jónicas e intentaron vivir sus vidas independientemente del control extranjero.

Estas ciudades-estado pactaron entre sí, pero su independencia no duraría para siempre. En el año 560 a. C., el rey Creso de Lidia invadió y conquistó las ciudades jónicas para extender su poder. Sin embargo, esta victoria le sería arrebatada de las manos por el rey Ciro el Grande en la batalla de Thymbra, ocurrida hacia el año 547 a. C.

Tras la toma de la capital lidia, Sardis, las demás ciudades jónicas fueron cayendo una tras otra, pasando a formar parte del régimen persa. Los persas fueron despiadados e implacables, pero esto se debió principalmente a que no había ningún grupo de élite que se aliara con los persas para ayudarlos a gobernar las ciudades-estado griegas. Los jonios se habían negado a apoyar a Ciro el Grande contra los lidios durante la batalla de Thymbra, y como castigo, sufrirían ser gobernados bajo los términos de Persia.

Los persas nombraron tiranos, uno en cada ciudad jónica, para imponer el dominio persa. Estos tiranos eran jonios, pero sólo eran leales al Imperio persa y odiados por sus parientes por ello.

Uno de estos tiranos provocó la revuelta jónica. Unos treinta años más tarde, durante el reinado de Darío el Grande, un tirano jonio llamado Aristágoras fue puesto al mando de Mileto. Quería afianzar su posición y demostrar su lealtad a Persia, pero le salió el tiro por la culata. Para salvar su pellejo, incitó una revuelta contra las autoridades persas. Heródoto subraya que este acto fue un medio para protegerse de las consecuencias de su fallida campaña, ya que había prometido que ayudaría a expandir el Imperio persa, pero no lo cumplió. Afortunadamente para Aristágoras, los jonios habían guardado rencor contra sus señores persas durante tanto tiempo que no tuvo que hacer mucho para provocar una insurrección.

En un acto de guerra, Aristágoras reunió astutamente a sus parientes, anunció que dimitía como tirano y declaró a Mileto estado democrático independiente. Aristágoras era muy consciente de que Mileto carecía de los recursos militares y financieros necesarios para una batalla contra los persas, pero de todos modos avivó el fuego.

Se cree que la revolución se extendió por todas las ciudades-estado jónicas. Sabiendo que la guerra era inminente, Aristágoras desafió el duro invierno y se embarcó a través del Egeo en busca de ayuda de un digno oponente: Esparta.

Corría el año 499 a. C. y el rey Cleómenes I era un anfitrión muy hospitalario. Recibió a Aristágoras y escuchó su petición. Esparta y sus aliados de la Liga del Peloponeso podían igualar la ira de los persas, pero no era la primera vez que el rey Cleómenes había escuchado tales peticiones de ayuda. Apenas dos décadas antes, el rey Maendrio de Samos, otra ciudad jónica, había acudido a solicitar la ayuda de Esparta para defenderse de los persas.

El rey Cleómenes I sabía que lo que afectaba a Jonia no afectaba a Esparta, al menos no directamente. Y si los persas llegaban al Peloponeso, las ciudades-estado se unirían para combatirlos. Así pues, su respuesta fue la misma que había dado al rey de Samos: No. Esparta no participaría en la revuelta jónica.

Aristágoras sabía que su revuelta estaría condenada al fracaso si volvía a casa sin un aliado poderoso, pero el rey Cleómenes ya había tomado una decisión. Peor aún, su decisión había sido apoyada por los éforos espartanos. Aristágoras no tenía ninguna posibilidad de convencer a los espartanos, así que se dirigió a los atenienses, que ya mantenían una agria relación política con los persas. Aristágoras fue mejor recibido allí, y como su reino, Mileto, se había identificado como un estado democrático (al igual que Atenas), los atenienses se sintieron movidos a apoyar la revuelta.

Los habitantes de Eretria se unieron poco después por dos razones. En primer lugar, hacía tiempo que consideraban que Persia era un obstáculo para el control por parte de Eretria de las rutas comerciales del Egeo. Unir fuerzas con los jonios podría aumentar las posibilidades de éxito de una revuelta, librando a los eritreos de los problemáticos persas de una vez por todas. Otra razón destacada por Heródoto era que Eritrea debía favores de lealtad a Atenas y Mileto porque ambos estados habían ayudado a Eretria en pasadas contiendas bélicas.

Habiendo tenido éxito en su búsqueda, Aristágoras pudo navegar con confianza de vuelta a casa y prepararse para la guerra. Como estaba acordado, Atenas y Eretria estuvieron a la altura de las circunstancias y ofrecieron ayuda naval a la causa jónica. En un gran gesto, Atenas aportó una flota de veinte barcos, mientras que Eretria aportó cinco.

Sin embargo, la guerra contra Persia acabaría en derrota y tendría consecuencias no sólo para Atenas, sino también para toda Grecia. Aún no se sabe si el resultado habría sido diferente si Aristágoras hubiera conseguido el apoyo de Esparta en aquel día de invierno.

Mapa de la revuelta jónica[7]

La batalla del Maratón

Seguro que has oído hablar del término "maratón" para describir una carrera de larga distancia, normalmente de más de treinta kilómetros. Pero, ¿conoces su origen?

En pocas palabras, Maratón fue el escenario histórico del combate decisivo de la primera guerra Greco-Persa.

Al fracasar la revuelta jónica, el rey Darío de Persia consiguió por fin la tan ansiada justificación para atacar Grecia. Enmascaró la invasión persa como una venganza por el apoyo que Atenas había prestado a Mileto durante la revuelta jónica. Supuestamente, les ordenó a sus sirvientes que le recordaran cada noche durante la cena que pensara en los atenienses. Esto mantendría encendida su ambición hasta que entrara en guerra con Grecia.

Para tener éxito en Atenas y el resto de Grecia era necesario un portero traidor que entregara a los persas las llaves de la ciudad. Los persas lo encontraron en Hipias, un antiguo tirano ateniense que había sido destronado y exiliado. Hipias había huido a Persia, donde fue bien recibido.

Evidentemente, Hipias seguía sintiendo rencor por sus compatriotas y por los espartanos, que habían invadido Atenas en 510 y lo habían expulsado. ¿Qué mejor manera de vengarse de ellos que dándoles la mano a los invasores persas mientras veían arder Grecia?

La "llave" de la ciudad de Atenas entregada por Hipias fue su consejo sobre la mejor manera de penetrar en la ciudad. El rey Darío de Persia utilizaría las quejas de Hipias para expandir su gran imperio. En el año 492 a. C., las fuerzas persas, dirigidas por el yerno de Darío, Mardonio, volvieron a subyugar Tracia (sureste de Europa) y Macedonia.

Al año siguiente, Darío intentó un acercamiento más diplomático. Aunque la mayoría de las ciudades-estado cedieron a las exigencias persas, Atenas se negó, llegando incluso a matar a los diplomáticos. Mientras tanto, Esparta sufría una crisis interna que acabó con la vida de Cleómenes. Le sucedió Leónidas, su hermanastro.

Darío se dio cuenta de que era el momento perfecto para vengarse de Atenas y Eretria. En su camino, los persas atacaron ciudades-estado que aún no se habían sometido. En 490, Eretria cayó.

Esto condujo a la primera gran batalla de las guerras Greco-Persas, y sería la que pondría fin a esta primera invasión. Los persas navegaron por la costa del Ática y desembarcaron en Maratón, a unas veinticinco millas de la ciudad de Atenas.

Milcíades, un general ateniense, asumió el reto de impedir que los persas llegaran a la ciudad. Había dirigido expediciones contra los persas en el pasado y había aprendido algunos trucos. Sin embargo, los atenienses sabían que sus posibilidades serían mucho mejores si contaban con gente experimentada en el campo de batalla. Sabían que necesitaban a los espartanos.

Milcíades y los suyos tuvieron que enviar un mensaje a Esparta para pedir refuerzos lo antes posible. Sólo podían detener a las tropas persas por poco tiempo, ya que los persas los superaban en número casi dos a uno. Un corredor de fondo llamado Filípides fue enviado a recorrer 240 kilómetros desde Atenas hasta Esparta. Tardaría dos días en hacerlo.

Este acto suscita algunas preguntas en los debates contemporáneos. ¿Por qué sólo enviaron a un hombre? ¿Por qué los atenienses no enviaron un grupo de jinetes? Parece una tontería enviar un solo hombre a pie a Esparta, ¿no?

En primer lugar, ningún caballo en Atenas podría soportar el viaje de dos días a Esparta. Grecia era (y sigue siendo) una de las regiones más montañosas de Europa. Los terrenos no tenían nada para que los caballos se alimentaran, y con una misión tan urgente, los caballos necesitarían esa resistencia extra.

En segundo lugar estaba el problema de la confianza. Enviar a varios mensajeros con un mensaje tan delicado no haría ningún bien a los atenienses, teniendo en cuenta que el soborno y la traición eran habituales en aquella época. Como Milcíades había combatido con los persas en el pasado, sabía que eran capaces de comprar hombres poco fiables.

Los atletas de la antigua Grecia eran conocidos por su dieta única: aceitunas, carne seca, higos y una pequeña planta llamada espino amarillo. Se creía que aumentaban el vigor y la resistencia. Filípides debió de llevarse más de un puñado para su viaje especial.

Durante dos días, corrió hacia Esparta.

Estatua de Filípides en el camino de Maratón'

A su llegada a Esparta, a principios del otoño, Filípides encontró a los espartanos disfrutando de una fiesta en honor del dios Apolo Karneios. Era Carneia, una fiesta tradicional del Peloponeso. Los hombres y mujeres espartanos no estaban de humor para la guerra. Además, la ley establecía que Esparta no podía hacer la guerra durante Carneia hasta la siguiente luna llena.

Los espartanos tuvieron que despedir a Filípides con la misma respuesta que dieron a Aristágoras: No. Esparta volvería a adoptar una postura neutral y no participaría en la batalla de Maratón.

Filípides correría de vuelta a Atenas. Luego, correría al campo de batalla de Maratón, donde presenciaría el resultado de la batalla. A continuación, corrió de regreso a Atenas, donde supuestamente murió de agotamiento. Por supuesto, esta historia es cuestionada hoy en día porque tiene una cualidad excesivamente romántica. Pero en cualquier caso, nuestro maratón actual tiene su origen en la distancia que recorrió de Atenas a Maratón.

Los atenienses quedaron desconcertados cuando recibieron la noticia de que Esparta se negaba a unirse a ellos en la batalla. Otros relatos históricos sugieren que no fue una negativa rotunda. En su lugar, los espartanos prometieron que acudirían más tarde, después de sus festividades, lo que significa que no llegarían hasta dentro de diez días. En cualquier caso, parecía que las probabilidades, más que nunca, estaban a favor de los persas.

Un día, los centinelas atenienses vieron una enorme nube de polvo que venía del norte. Los persas venían a destruirlos. Alarmadas, las tropas atenienses se reunieron, armadas y dispuestas a defender su patria hasta la muerte.

Sorprendentemente, los hombres que llegaban no eran persas. Eran tropas de Platea, otra ciudad-estado griega, que habían venido a luchar para proteger a Grecia. Platea había enviado mil hombres, que fueron recibidos con gratitud por los atenienses.

Los plataeos habían acudido cuando más se los necesitaba, y Atenas estaría eternamente en deuda con ellos. Sin embargo, los persas seguían superando en número a los griegos en una proporción de al menos dos a uno. El rey Darío contaba con fuerzas de infantería y caballería tan numerosas que era casi imposible que los griegos pudieran ganar.

Los primeros cinco días de guerra acabaron en tablas. Ni griegos ni persas estaban dispuestos a sacrificar a sus hombres.

Con el tiempo, Milcíades tomó la iniciativa y los griegos lanzaron una despiadada ofensiva contra los desprevenidos persas mientras su caballería estaba lejos del campo de batalla. Esta audaz afrenta aturdió a los persas, y en el tiempo que tardaron en formar filas, los griegos los habían atrapado por ambos flancos.

Los persas, escasamente acorazados, sufrieron una gran embestida y se vieron obligados a retirarse. Miles de persas murieron aquel día, mientras que los griegos sólo perdieron unos doscientos. Esta victoria, a pesar de la no participación de Esparta, fue una señal de que vencer a los persas era una posibilidad.

Los triunfantes griegos se sintieron vigorizados y volvieron a casa para elaborar estrategias. Sabían que los persas volverían y con más furia que la última vez. Se hizo imperativo que los griegos dejaran de lado sus diferencias y se unieran.

La reunión del istmo

Un istmo es una estrecha franja de tierra bordeada por agua a ambos lados; es un accidente geográfico común en Grecia. Había uno cerca de la próspera ciudad de Corinto. El istmo de Corinto fue escenario de un famoso momento de la historia griega, pues el rey Leónidas de Esparta creyó que era el lugar perfecto para un encuentro.

Aquel año, 481 a. C., se avecinaba una segunda invasión persa y los griegos querían asegurarse la victoria.

Desde las puertas de Esparta se enviaron invitaciones a todas las ciudades-estado de Grecia. En primavera debía celebrarse una reunión en el istmo de Corinto para discutir asuntos urgentes.

Ubicación del istmo de Corinto*

De unas setecientas ciudades-estado griegas, sólo setenta asistieron al congreso presidido por Esparta. El asunto en cuestión era obvio: cómo librar definitivamente a Grecia de los persas.

Se acordó de mutuo acuerdo que Esparta tomaría el mando de las tropas y flotas de Grecia; sin embargo, en una reunión de ciudades-estado tan prominentes, era inevitable que se produjera un juego de poder. Atenas fue la primera en intentarlo. Los atenienses no podían limitarse a dejar el control de todos los ejércitos de Grecia en manos de los espartanos. Querían un reparto equitativo del mando; al fin y al cabo, Atenas era tan famosa como Esparta.

Esto suscitó algunas discusiones durante el congreso, pero posteriormente, Atenas, que estaba representada por un brillante político y estratega de guerra llamado Temístocles, aceptó someterse al mando de Esparta. La decisión de Temístocles, aunque inicialmente criticada por los miembros del consejo ateniense, fue finalmente aceptada. Era necesario en aquel momento. Atenas también aceptó suspender el conflicto por el dominio marítimo que mantenía con su vecina Egina.

El rey Gelón de Siracusa y Gela declaró su apoyo ofreciendo su enorme flota de barcos y miles de hombres a cambio del más alto mando de las tropas griegas. Fue una oferta tan ridícula que algunos relatos históricos griegos dan a entender que se hizo a propósito. Al parecer, el rey Gelón era consciente de que sería rechazado, pero quiso utilizarla para justificar su retirada de la alianza griega y centrarse en los cartagineses que asolaban su país.

Durante el congreso se alcanzaron otros consensos, pero los griegos asistentes no pudieron evitar notar la ausencia de los demás estados, concretamente Tebas. Era necesario que todos se pusieran manos a la obra para lograr el objetivo de un verdadero frente unido contra Persia. Además, siempre existía la posibilidad de que las ciudades-estado ausentes se unieran a los persas. Por ejemplo, Argos acabó aliándose con Persia. Y algunas ciudades-estado, como Creta, se negaron a unirse a la guerra.

Sin embargo, un gran grupo de ciudades-estado se unió. Este grupo fue conocido como la Liga Helénica. Esta liga representaría a Grecia en una legendaria batalla contra los persas.

Capítulo 6 - La batalla de las Termópilas

El antecedente

Las Termópilas ocupan un lugar importante en la historia griega como escenario de una épica batalla contra los persas. Las Termópilas, un paso estrecho y montañoso en la costa oriental de Grecia central, tiene muchos sobrenombres, el más común de los cuales es "las puertas calientes" o "las puertas de fuego". Estos nombres surgieron debido a los manantiales de azufre caliente de las Termópilas.

Existen muchas explicaciones para el "calor" de las aguas de las Termópilas. Algunas tradiciones griegas afirman que se debe a que el paso era uno de los muchos portales al Hades, el averno de la mitología griega. Otra tradición afirma que durante los Trabajos de

Las termas de las Termópilas[10]

Heracles (o el romanizado Hércules), Heracles se bañó en las aguas de las Termópilas para limpiarse del veneno de un monstruo serpiente llamado Hidra. Este baño dejó calientes las aguas costeras de las Termópilas.

Aunque ninguno de los dos relatos es lógicamente exacto, ¿qué importa? No le quita importancia a las Termópilas como lugar estratégico y punto más brillante para hacer frente a los persas.

Para recapitular los acontecimientos que ya habían ocurrido, en el año 491 a. C., el rey Darío I de Persia envió emisarios a Grecia para exigir su sumisión a la autoridad persa. Esparta dio un escarmiento a los mensajeros del rey Darío y arrojó a sus enviados a un pozo, donde encontraron la muerte. Atenas respondió de forma similar e hizo ejecutar a los enviados persas. Cualquier ciudad-estado que desafiara a Persia sabía que, en esencia, estaba declarando la guerra.

En el año 490 a. C., los persas asaltaron parte de Grecia y destruyeron Eretria. A esto siguió la batalla de Maratón, en la que Atenas llevó a los griegos a la victoria. Los persas volvieron a casa tras su derrota en Maratón, y el rey Darío tendría que dedicar el resto de su vida (cuatro años) a preparar otra invasión.

No volvería a enfrentarse a Grecia. Más bien, su hijo, Jerjes, subió al trono persa y continuó el legado de su padre de hacer que toda Grecia se inclinara ante la supremacía persa.

Sin embargo, como el rey Jerjes estaba a punto de descubrir, se enfrentaba a un formidable enemigo.

Por mar y por tierra

La guerra estaba a punto de llegar y los griegos nunca habían oído hablar de un ejército tan grande.

Se ha especulado con que el ejército de Jerjes tenía entre cien mil y tres millones de hombres, un testimonio de la inmensidad del Imperio persa. Parece probable que los persas llevaran entre 200.000 y 500.000, lo que no deja de ser una fuerza formidable. Se cree que los griegos sólo contaban con unos 150.000 hombres durante esta segunda invasión persa.

Después de ver cómo su padre sufría la humillación de los orgullosos griegos en Maratón, Jerjes debía de estar decidido a no escatimar hombres ni barcos en su intento de apoderarse de sus tierras. Los persas atacarían Grecia por tierra y mar simultáneamente, y no se detendrían hasta que todas y cada una de las ciudades-estado griegas se convirtieran en vasallos persas. Jerjes esperaba que los griegos, al enterarse del poderío de su ejército, temblaran ante su inminente perdición y se rindieran. De hecho, en el año 481, envió enviados a las ciudades-estado griegas para ver si pagaban tributo; Atenas y Esparta fueron excluidas.

Mientras tanto, en Grecia, se había formado la Liga Helénica y el general ateniense Temístocles había ofrecido un brillante plan de guerra. Los aliados de la Grecia unida se dividirían en dos: la mitad se enfrentaría a los persas en el mar y la otra mitad en tierra.

Temístocles dirigiría la campaña naval, al mando de una flota griega aliada de 271 navíos de guerra contra la armada de 1.200 navíos de Jerjes en el cabo de Artemisio. Esto impediría a los persas pasar las Termópilas por mar.

Al mismo tiempo, los griegos bloquearían el paso de las Termópilas, que era la única forma que tenían los persas de llegar al sur de Grecia (el Peloponeso). El rey Leónidas de Esparta tomó el mando aquí.

Los griegos sabían que los persas tenían ventaja numérica. Sin embargo, Persia estaba llevando la guerra a suelo griego, lo que significaba que los griegos tenían la ventaja geográfica. El terreno griego podía convertirse en un arma contra los persas y sus enormes números, y no había mejor lugar para hacerlo que el paso de las Termópilas.

Los números persas no significarían nada si pudieran ser atraídos al estrecho paso. Sólo un puñado de soldados entraría a la vez, dando a los griegos cierta ventaja.

Los persas avanzaron lentamente desde el norte. Pero había un problema. Los espartanos estaban de nuevo celebrando Carneia, lo que significa que los espartanos no podían luchar. También se estaban celebrando los Juegos Olímpicos, durante los cuales estaba prohibida la actividad militar. Esta prohibición militar se conocía como la tregua olímpica, y estaba pensada para proteger de los ataques a los atletas que viajaban y a los espectadores.

Sin embargo, esta vez, incluso los éforos estaban de acuerdo en que Esparta no podía quedarse de brazos cruzados viendo cómo Jerjes reducía Grecia a ruinas.

En reverencia a la tregua olímpica y a Carneia, el rey Leónidas decidió llevar sólo a trescientos hombres, los mejores soldados de toda Esparta. Por el camino, intentarían reclutar a otros griegos para que se les unieran.

Trescientos hombres contra los cientos de miles de soldados de Jerjes parecen una locura. Era una misión suicida, pero para los espartanos no había mayor gloria que morir en defensa de Grecia.

Además, los trescientos espartanos estaban convencidos de que podrían detener a los persas el tiempo suficiente para que terminaran las fiestas en casa y se les unieran refuerzos. También pensaban que era posible que Jerjes se quedara sin suministros para sus hombres.

En el camino a las Termópilas, a los valientes espartanos se les unieron 6.700 griegos patriotas. Los ánimos de los espartanos se levantaron ante sus crecientes posibilidades de victoria. Juntos, los griegos unidos se dirigieron a las Termópilas. Los errantes persas iban a recibir su merecido.

Una derrota gloriosa

A mediados del año 480 a. C., las tropas de la Grecia unida llegaron al paso de las Termópilas y esperaron a los persas. El rey Leónidas y sus siete mil hombres se fortificaron y acamparon en la "puerta central", la parte más estrecha del paso. Cuando Leónidas se enteró de que había otro camino que rodeaba las Termópilas, envió allí algunas fuerzas, pero mantuvo al grueso de sus hombres en las Termópilas.

Finalmente, en una hermosa mañana de agosto, los griegos vieron a los persas. Algunos griegos argumentaron que debían retirarse y dirigirse al istmo de Corinto. Leónidas rechazó esas ideas.

Jerjes envió un persa a los griegos, pero no era un soldado. Era un emisario con una nota escrita por el propio Jerjes. Su contenido era similar al mensaje del rey Darío a los griegos una década antes: "Entreguen sus armas".

Leónidas y sus hombres listos para la batalla debieron reírse de esto. La legendaria respuesta del rey espartano fue igual de breve: "Vengan y tómenlas".

Heródoto relata que la ira de Jerjes se desató cuatro días después, marcando el inicio de una batalla eterna.

Arqueros e inmortales

El ejército de Jerjes contaba con soldados procedentes de todos los rincones de su imperio, como la India, Egipto, Media, Elam, Libia, Capadocia, Macedonia, Tracia, Etiopía y la Península Arábiga. Esto le permitía el lujo de enviar contingentes de ejército de uno en uno para luchar contra las tropas griegas más pequeñas.

En su primera ofensiva, Jerjes envió un ejército de cinco mil arqueros persas para hacer llover flechas sobre los griegos. Los griegos apenas sufrieron daños, gracias a sus cascos de bronce y sus áspides (grandes escudos de madera recubiertos de bronce).

No habría otro intento de lanzar flechas. En su lugar, Jerjes ordenó un ataque con todas sus fuerzas, enviando oleadas de diez mil hombres para destruir a los griegos.

Leónidas se movió rápidamente para contraatacar, ordenando a sus hombres su formación característica, la legendaria falange griega. Con sus escudos levantados y superpuestos y sus afiladas lanzas sobresaliendo de cada escudo, los griegos lucharon contra las tropas persas, cuyas lanzas y escudos no eran rivales. La estrechez del camino ayudó en gran medida a los griegos, ya que no tenían que comprometer a todos sus hombres a la vez.

Representación de la batalla de las Termópilas realizada en el siglo XIX por John Steeple Davis[11]

Los griegos masacraron a los persas. Jerjes, que observaba desde su elevado trono, temblaba de rabia. Se supone que se levantó tres veces debido a su indignación.

Ese mismo día, el agraviado rey de Persia liberó a su unidad de infantería de élite, que también hacía las veces de guardaespaldas imperial del rey: los Inmortales. Los Inmortales eran temidos en todo el mundo conocido por ser feroces hombres de batalla, y siempre eran diez mil. Cualquier soldado Inmortal muerto, enfermo o herido debía ser reemplazado inmediatamente para preservar la fuerza de la infantería, lo que explica el nombre de "inmortales".

Los Inmortales eran hábiles en el combate cuerpo a cuerpo, el tiro con arco y el uso de sus lanzas. Cada Inmortal había sido arrebatado a sus padres a la edad de cinco años y construido con un único propósito: destruir a los enemigos de Persia en la batalla.

Los griegos debieron estremecerse al ver avanzar a los Inmortales. Y después de una acalorada batalla, los griegos se retiraron. Los Inmortales los persiguieron más allá del paso; sabían que ningún griego se salvaría.

La victoria de Jerjes estaba por fin al alcance de la mano, y disfrutó de la euforia de ver caer a Leónidas, hasta que todo se desvaneció en el olvido. Desde el principio, la retirada de los griegos había sido una farsa; sólo era un intento de atraer a los inmortales a su perdición, y habían caído en la trampa.

Para disgusto de Jerjes, los Inmortales no pudieron doblegar a los griegos. Al final del día, las líneas griegas se mantuvieron firmes.

Lograrlo o morir

Al amanecer del día siguiente, los soldados persas se despertaron con un decreto del rey Jerjes el Grande. Cualquier soldado persa que se atreviera a retirarse sufriría la pena de una muerte dolorosa y vergonzosa.

Jerjes procedió rápidamente a enviar una nueva oleada de ataques. Supuso que, dado que los griegos habían pasado el día anterior defendiéndose de sus interminables tropas, estarían heridos y/o demasiado cansados para soportar otra ronda de batalla.

Pero estaba equivocado. Muy equivocado.

Cuando la siguiente oleada de infantería persa se abalanzó sobre ellos, los griegos se mantuvieron preparados. Cuanto más luchaban, más fuertes e invencibles parecían volverse. En parte, esto se debía al hecho de que los griegos en el frente se intercambiaban con regularidad, lo que permitía a los hombres cansados descansar antes de saltar de nuevo a la batalla.

Jerjes volvería a ser testigo del valor de los hombres de Grecia. La realidad debió golpearlo. El paso de las Termópilas era la fortaleza de los griegos. Mientras permanecieran allí, el tamaño de su ejército no contaría para nada.

Sin embargo, no había vuelta atrás. ¿Quién iba a creer que el gran rey de Persia se había acobardado ante los hombres griegos de menor número?

El segundo día no terminó muy distinto del primero. Los persas dieron la retirada y Jerjes se retiró a su campamento, consumido por una ira desesperada. Los griegos lloraron a sus pocos muertos y celebraron la victoria de otro día.

Aquella noche, el aire apestaba a la sangre de los miles de persas que habían caído. Pero también olía a algo más.

El olor de la traición

El rey Jerjes no podía dormir. ¿Cómo podía cerrar los ojos cuando los griegos diezmaban sus tropas lenta pero inexorablemente? ¿Qué clase de hombres eran los griegos? Cada aliento que Leónidas de Esparta y sus hombres seguían respirando era una indignidad para la grandeza de Jerjes, y él no lo permitiría.

Más tarde, en el segundo día, el bálsamo para el orgullo herido de Jerjes entró en su campamento. Era un hombre griego de Traquis.

Su nombre era Efialtes, y era un pastor local. Pidió ser llevado ante el rey de Persia, ya que tenía información importante que podría asegurar la victoria de los persas.

Jerjes le concedió una audiencia inmediata, y Efialtes expresó su deseo de recibir una gran recompensa a cambio de esta información vital. Jerjes era uno de los reyes más ricos del mundo y le prometió al griego todas las riquezas que pudiera soñar.

Efialtes le reveló que había un pequeño sendero de montaña que rodeaba el paso de las Termópilas llamado el Sendero de Anopaia. Si los persas tomaban esta ruta, podrían situarse detrás de la línea defensiva de Leónidas y sus hombres y atacar por la retaguardia.

Jerjes se alegró por esta noticia y envió un contingente esa misma tarde, que estaba dirigido por uno de sus mejores comandantes, Hidarnes el Joven.

El rey Leónidas lo había previsto; éste era el camino que había enviado a vigilar antes de que comenzara la batalla. Los focianos lo custodiaban, y sólo eran unos mil. En la mañana del tercer día, los persas se toparon con los focianos, que huyeron a una colina cercana para defenderse. Sin embargo, los persas tenían un único objetivo y no iban a dejarse distraer por los focianos. Lanzaron una andanada de flechas y continuaron su camino.

Cuando Leónidas recibió la noticia de que Grecia se había vendido y que los persas avanzaban rápidamente, convocó un consejo. Tal y como estaban las cosas, su línea defensiva había quedado inutilizada y la derrota era inevitable.

Por su traición, el nombre de Efialtes se convertiría en sinónimo de traición. Llegó a significar "pesadilla".

La última batalla

Leónidas de Esparta es una monumental figura de la historia griega, y ello se debe a su despliegue de valor y abnegación por su patria. Había abandonado su reino, a su reina Gorgo y al hijo de ambos, sabiendo que le esperaba una gloriosa victoria en la batalla, eso o una gloriosa muerte.

Tras pequeñas victorias contra el enemigo, las acciones de un solo hombre habían cambiado repentinamente la suerte de los griegos. Sin embargo, Leónidas había jurado proteger a Grecia de la destrucción. Si ordenaba a todos sus hombres que se retiraran, Grecia ardería con toda seguridad. Por otro lado, si les ordenaba a todos los soldados griegos que se levantaran y lucharan, los persas los rodearían y los matarían a todos.

Leónidas no tenía tiempo para vacilar en su decisión. Tenía que decidir qué sería lo mejor para Grecia y sus hombres. Por eso convocó el consejo.

Existen dos versiones históricas de los acontecimientos que siguieron. La primera versión cuenta cómo muchos de los aliados griegos entraron en pánico y huyeron, dejando atrás a Leónidas y al general tespio Demófilo con sus hombres para enfrentarse a los persas. Otra versión explica que fue Leónidas quien dio la orden a la mayoría de las tropas griegas de regresar a sus hogares. No se juzgaría a los que se fueran, pero los que se quedaran lucharían hasta la muerte para detener a los persas.

Pasara lo que pasara, el rey Leónidas y sus trescientos hombres se mantuvieron firmes. También había novecientos helotas, setecientos tespios y cuatrocientos tebanos (se cree que la mayoría de los tebanos se rindieron a los persas en algún momento de la batalla). Heródoto describió célebremente que los griegos desplegaron "las mejores fuerzas que tenían contra los bárbaros, luchando temeraria y desesperadamente".

Leónidas tomó a estos hombres y se dirigió a enfrentarse a los persas en la batalla, esta vez en una parte más amplia del paso. En la intensidad de la batalla, el rey Leónidas cayó muerto.

Desarrollo de la batalla[12]

Una bella muerte

Los persas se agolpaban en número, acercándose a los cansados espartanos por todos lados para apoderarse del cadáver de Leónidas. Los griegos pudieron retener el cuerpo. Los griegos que quedaban huyeron a una colina cercana, pero allí no estaban a salvo. Los persas rodearon la colina y dispararon flechas a los griegos hasta que todos cayeron muertos.

Los persas se apoderaron del cuerpo de Leónidas y Jerjes, vengativo, ordenó que lo decapitaran y lo clavaran en una estaca. Su cadáver no volvería a Grecia durante cuarenta años.

Según Heródoto, la victoria de Jerjes en las Termópilas había costado más de veinte mil soldados. Lo más probable es que los griegos perdieran unos dos mil de sus siete mil hombres originales, la mayoría de los cuales murieron en el último día de batalla.

Para ellos, una muerte en defensa de Grecia era el mayor honor. Por eso, la derrota de los griegos en las Termópilas puede considerarse en la historia como una conquista en sí misma. El sacrificio de Leónidas y de los valientes griegos, especialmente los espartanos, sería relatado durante generaciones.

Las noticias llegaron a Artemisio y los griegos lamentaron la pérdida de sus hermanos. Con las Termópilas destruidas, no tenía sentido bloquear a los persas en Artemisio. Además, aunque los griegos habían resistido en Artemisio, los números no estaban de su lado. Temístocles ordenó la retirada de la armada griega a Salamina, donde la fortuna aguardaba a los griegos.

Ebrio de su victoria, Jerjes se encargó de destruir Tespias, Platea y Atenas. En su relato, Heródoto describe que los persas saquearon el templo de Atenea, profanaron las estatuas sagradas y arrasaron la Acrópolis.

Antes de que los persas asaltaran Atenas, muchos atenienses habían sido evacuados de la ciudad a Salamina con la ayuda de Temístocles y sus hombres. Otros escaparon por poco, pero no por mucho tiempo. Finalmente, fueron capturados y condenados a muerte o, peor aún, encadenados.

Afortunadamente, los griegos pudieron guarnecer el istmo de Corinto, cuna de la Liga Helénica y puerta de entrada al resto del Peloponeso. Con esto, los persas no pudieron avanzar más.

Sin que Jerjes lo supiera, la batalla de las Termópilas no fue el acontecimiento definitorio de las guerras Greco-Persas. Sólo el tiempo diría que la victoria podría ser tan fugaz como la derrota.

Capítulo 7 - La batalla de Platea

Mardonio de Persia

Tras las Termópilas, la Liga Helénica se desintegró. Los aliados griegos de Ática, Beocia, Fócida y Eubea fueron conquistados y obligados a desertar al lado persa. Se enfrentarían a sus compatriotas griegos, liderados por Temístocles, en un épico conflicto naval llamado la batalla de Salamina.

En contra de los pedidos de Artemesia, la reina de Halicarnaso, para que las tropas persas se retiraran, Jerjes siguió el consejo de su general de confianza Mardonio de perseguir a los griegos hasta Salamina. Esto se debió en parte a que el consejo de este último era más atractivo para las ambiciones de Jerjes y en parte a que el general Mardonio de Persia no era un hombre corriente. Su padre, Gobryas, había sido un destacado noble en la corte del rey Darío. Como su padre había servido al rey Darío, Mardonio sirvió al rey Jerjes.

Mardonio había liderado la expedición contra Grecia en el campo de batalla como comandante, y Jerjes lo tenía en alta estima como su consejero, general y cuñado. Juntos habían arrasado una Atenas desierta.

Mardonio también era consciente de que nada le importaba más al rey de Persia que el ateniense Temístocles corriera la misma suerte que Leónidas.

En Salamina, sin embargo, el rey Jerjes y sus aliados sufrieron una aplastante derrota a pesar de contar con tres veces más barcos de guerra que los griegos. Resultó que las geniales estrategias de guerra de Temístocles eran superiores a la amenazadora armada persa.

Jerjes había visto suficiente, y regresó a Asia con la mayoría de sus hombres. Al parecer, le preocupaba que los griegos avanzaran hacia el norte, hacia el Helesponto, donde había erigido puentes de pontones que habían ayudado a su gran ejército a desplazarse de Asia a Europa. Si los griegos destruían esos puentes, sus tropas quedarían atrapadas en Europa y diezmadas por la guerra o el hambre.

Dado que Mardonio había impulsado la batalla de Salamina en primer lugar, Jerjes lo puso a cargo de completar la campaña contra Grecia. También, en calidad de sátrapa (gobernador), se le había encomendado administrar los estados griegos conquistados por los persas.

Mardonio, un hombre descrito por Heródoto como "travieso", tenía en sus manos el poder, la riqueza y, sobre todo, el orgullo de Persia. La batalla de Platea decidiría qué ocurriría con todo ello.

Pausanias de Esparta

La muerte del rey Leónidas dejó un vacío en uno de los tronos de Esparta: uno que el hijo de Leónidas, Pleistarco, era demasiado joven para llenar. La reina Gorgo sabía que tendría que conservar el trono mediante una regencia hasta que su hijo alcanzara la mayoría de edad. Gorgo, que tenía fama de ejercer influencia en las altas esferas de Esparta, trató de seleccionar a un hombre al que pudiera encomendarle la regencia.

El sobrino del rey Leónidas, Pausanias, fue elegido para el cargo (no, no es el mismo Pausanias que documentó la primera guerra Mesenia). Pausanias asumió el cargo durante una de las épocas más caóticas de los anales de Esparta. En el año 479 a. C., los obstinados persas seguían en suelo griego y pretendían conquistarlo para Jerjes.

Como espartano y descendiente de los Agíades, no cabía duda de que Pausanias era un gran hombre en el campo de batalla. Demostraría su temple contra Mardonio y conduciría a Grecia a otra victoria.

Pero primero, tenía que reparar la Liga Helénica.

Gran parte de Grecia se había convertido en vasalla de Persia, pero con el rey Jerjes y la mayoría de sus tropas ausentes, Mardonio sólo podía controlar un número limitado de estados. Por ejemplo, el pueblo de Atenas había recuperado su ciudad cuando Mardonio se retiró a Tesalia para pasar el invierno.

Pausanias se aprovechó de ello y se esforzó por reunir al mayor número posible de ciudades-estado griegas para expulsar a los extranjeros que habían abusado de su hospitalidad.

El mundo griego durante las guerras persas[18]

Guerra de Platea

Las tensiones internas

Los atenienses se dedicaron a reconstruir su ciudad, pero se mantuvieron alerta. Mardonio y sus tropas podrían volver algún día y obligarlos a revivir el horror de ver arder su amada ciudad.

Atenas les había pedido ayuda a los demás aliados helenos para combatir a los persas de una vez por todas, pero ninguno de ellos respondió, a pesar de saber que Atenas era la más vulnerable a otro ataque persa.

Al igual que los persas, la Grecia "unida" permaneció estancada durante el resto del invierno. Con la primavera surgió cierta actividad. Atenas recibió a un invitado especial, el rey Alejandro I de Macedonia, que era vasallo persa. Alejandro había sido enviado por Mardonio con una interesante oferta para los atenienses. En efecto, el general persa se había enterado de cómo los atenienses estaban siendo desatendidos por sus compatriotas griegos y pretendía aprovecharse de ello.

Mardonio, a través de su mensajero, les ofreció a los atenienses una mano de amistad a cambio de convertirse en vasallos de Persia. Por tentadora que pareciera la súplica, un experimentado estadista ateniense como Arístides el Justo no se dejaría engañar. Apoyado por una delegación de Esparta, la respuesta de Arístides fue meridianamente clara: "Mientras el sol mantenga su curso actual, nunca llegaremos a un acuerdo con Jerjes".

Mardonio se sintió muy ofendido por el rechazo de los atenienses a su diplomacia, y sólo le quedaba otra opción: la guerra. Así, los persas volvieron a sitiar Atenas, que nuevamente fue evacuada de antemano. Heródoto señala que Mardonio causó más estragos que la primera vez, diciendo: "Mardonio quemó Atenas, y derribó y demolió por completo cualquier muralla o casa que quedara en pie".

Luego del enfrentamiento de Platea, Temístocles dirigiría los esfuerzos de reconstrucción.

El llamado a la acción

Los atenienses estaban hartos de la agresión persa y de la indiferencia de sus supuestos aliados. A pesar del pacto alcanzado en la reunión del istmo de Corinto, Atenas había sido ignorada en su momento de necesidad y abandonada a merced de los despiadados persas.

Durante la segunda destrucción de Atenas, muchos ciudadanos huyeron a Salamina. Mardonio sabía dónde encontrarlos, pero en lugar de atacar, envió un mensaje a los atenienses supervivientes, tendiéndoles una mano de amistad.

Los atenienses estaban desesperados. ¿De qué servían sus aliados griegos si no acudían en su ayuda? Les parecía que todos sus esfuerzos por alertar a sus aliados del peligro que corrían habían sido en vano.

Tal vez una amenaza sería suficiente.

Los atenienses enviaron una delegación, a la que se unieron hombres de Platea y Megara, a Esparta. Si las fuerzas aliadas griegas permanecían impasibles ante su difícil situación, Atenas se aliaría con Persia.

Quienquiera que pensara en esta idea como medio para sacar a los demás griegos de su despreocupación, estaba en lo cierto. En cuestión de semanas, Pausanias de Esparta se puso a la altura de las circunstancias y dirigió una tropa de élite de cinco mil espartanos hacia los persas. En total, sin embargo, se cree que toda la fuerza espartana contaba con unos cuarenta y cinco mil soldados, entre los que había helotas y hoplitas de otras partes de la península.

De vuelta en la Atenas demolida, Mardonio se enteró de que los espartanos estaban moviendo sus fichas. Acabó rápidamente con lo que quedaba de Atenas y se dirigió a Tebas, uno de los estados griegos pro-persas bajo su gobierno. Desde allí se dirigió a Platea, donde construyó una enorme base militar. Como Pausanias y sus tropas avanzaban hacia ellos, Mardonio pensó que podría atraer a los griegos cerca de la base persa, donde tendrían ventaja.

Pausanias se acercaba, y cada día, más hombres se unían a las fuerzas aliadas griegas. Arístides se unió con sus ocho mil hombres, y el creciente ejército griego marchó hacia las llanuras de Platea. Otros aliados griegos, como Corinto y Mégara, entre otros, se unieron a espartanos y atenienses en la batalla de Platea.

En conjunto, se cree que había unos ochenta mil griegos. Era el mayor ejército que los griegos habían reunido desde el inicio de las guerras Greco-Persas. Sin embargo, el gran ejército persa los superaba en número. Se cree que tenían alrededor de 100.000 hombres.

El juego de la espera

En una época dominada por frecuentes guerras y escaramuzas, resultaba irónico que ambos bandos quisieran el mínimo derramamiento de sangre. El plan de Mardonio para atraer a los griegos a su territorio no dio los resultados deseados. Los griegos establecieron su campamento a pocas millas de donde él quería y en un terreno que favorecía las técnicas de batalla griegas.

Era de esperar, teniendo en cuenta que los griegos siempre habían hecho gala de una superioridad estratégica. Aun así, el ejército griego estaba en inferioridad numérica y, a diferencia de los persas, los griegos no tenían caballería. Una ofensiva les costaría la vida de más hombres de los que podían permitirse perder.

Mardonio y sus hombres compartían sentimientos similares. Durante las últimas décadas de guerra, habían sido testigos de primera mano de la excelencia de la defensa griega. La batalla de las Termópilas había sido una lección para no atacar nunca a los griegos cuando el terreno los favoreciera.

Por lo tanto, se produjo un juego de espera.

Los persas no salían de su territorio para atacar a los griegos y viceversa. Algunos historiadores creen que otra razón de la reticencia de Mardonio era que, en el fondo, lo único que deseaba era que la alianza griega se rompiera. Las grietas ya estaban ahí, y sólo era cuestión de tiempo que surgiera otro conflicto interno. Entonces, podría conseguir que una poderosa ciudad-estado griega como Atenas se pusiera del lado persa, y el resto de Grecia caería de una vez por todas.

Los griegos, por su parte, contaban con que los persas los hostigarían primero. En anteriores enfrentamientos militares, los persas solían tomar la ofensiva. Esta vez, sin embargo, Mardonio y sus hombres parecían estar esperando algo.

Según algunos relatos históricos, Mardonio envió a su caballería a atacar a los griegos cuando llegaron, pero los arqueros atenienses los abatieron. Tras infligir algunas bajas a las fuerzas griegas, Mardonio perdió al líder de la caballería, Masistio. Los griegos avanzaron gracias a su victoria.

Pero ambos bandos seguían negándose a avanzar sobre el otro. Pasó una semana entera sin que el campamento persa dijera ni pío, hasta que un día los hombres de Mardonio abrieron una brecha en el flanco derecho del campamento griego y capturaron sus suministros. Parece que la gran estrategia de Mardonio consistía en cortar las líneas de suministro griegas y obligarlas a salir de su posición.

Esta asfixia dio resultados en pocos días; los griegos finalmente hicieron un movimiento, que consistió en retirarse a una mejor posición cerca de Platea.

La persecución salvaje

Mardonio se despertó con la noticia de la retirada griega. Ahora podía perseguir a los griegos y poner fin a la guerra.

Los griegos habían planeado retirarse antes del amanecer, pero por la mañana, los atenienses, espartanos y tegeos aún no habían partido, ya que estaban protegiendo la retaguardia de la retirada. Cuando fueron enviados a unirse al resto de las fuerzas que se retiraban, no siguieron las instrucciones lo suficiente y se separaron. Los atenienses fueron atacados por tropas de Tebas, una de las ciudades-estado griegas pro-persas. Los espartanos y los tegeos, que se habían adentrado en las colinas de Platea, se dieron cuenta de que no podían dejar atrás a la caballería liderada por Mardonio.

Los persas alcanzaron a espartanos y tegeos cerca del templo de Deméter y comenzó la batalla.

Pausanias había ofrecido sacrificios y plegarias a los dioses por una victoria griega, pero a los pocos minutos de la batalla, los persas los estaban destruyendo. De forma característica, los persas lanzaron miles de flechas sobre sus enemigos.

Como los números no estaban a su favor, los griegos supieron confiar en la superioridad de sus armas y en la legendaria formación de falange. Tras formar un muro de escudos para protegerse de las furiosas flechas persas, los griegos cruzaron rápidamente un pequeño río, con los persas pisándoles los talones.

La batalla empezó a torcerse lentamente. Los griegos retrocedían y avanzaban lenta pero inexorablemente. Los espartanos se acercaban.

Mardonio montaba su caballo blanco, rodeado de mil guardaespaldas, haciendo todo lo posible por gritar órdenes. Instó a los cansados persas a seguir luchando y les levantó la moral, cada vez más baja.

Plutarco cuenta que un soldado espartano llamado Arimnestus agarró una piedra pesada. La arrojó contra Mardonio, quien cayó del caballo y murió.

El ejército persa se dio cuenta de que su campeón había caído y huyó del campo. A los griegos les tocó perseguirlos y no se detuvieron hasta haber matado a todos los persas que atraparon, incluido el grupo de seguridad de Mardonio.

En la batalla entre atenienses y tebanos, los atenienses vencieron pero no pudieron perseguir a sus enemigos. Esto se debió a que tenían que alcanzar a los espartanos y tegeos.

Con Mardonio y su ejército fuera del camino, los griegos se unieron a las fuerzas aliadas restantes y asaltaron el campamento persa. Los persas que quedaron en el campamento opusieron una débil resistencia al ejército griego. Se cree que los griegos mataron a casi todos los soldados persas del campamento. Supuestamente, sólo a unos pocos miles de persas se les permitió vivir. Esto se hizo probablemente para que los hombres pudieran contar las historias de la ira de los griegos en la batalla y para mostrarle a Jerjes que sus planes de conquistar Grecia nunca verían la luz del día.

Retribución

Cuando las guerras a gran escala, como la segunda guerra Greco-Persa, llegan a su fin, el bando vencedor suele tomar medidas para asegurarse de que el vencido no pueda volver a hacerle la guerra. Esto explica por qué los griegos no se dejaron llevar por las celebraciones tras asaltar la base militar persa. Aún quedaba mucho por hacer para librar su suelo de los "bárbaros".

El mismo día de la batalla de Platea (al menos según Heródoto), el rey espartano Leótides había navegado hasta Samos. Allí, los barcos persas vararon debido al mal estado de sus naves.

Los griegos se encontraron con una fuerza de unos sesenta mil soldados persas que habían sido destinados a vigilar la zona, pero su número no contó para nada cuando los griegos atacaron. Aquella tarde, los persas fueron aniquilados y sus barcos quedaron reducidos a cenizas.

La campaña del rey Jerjes había terminado. Los persas habían perdido la batalla en tierra y mar.

Artabazo, el general persa ahora al mando, huyó rápidamente a Asia Menor por tierra, ya que sus barcos habían sido quemados. Perdió muchos hombres, pero consiguió llegar a un lugar seguro en Bizancio.

Ahora que los persas se habían ido, al menos en su mayor parte, el ejército aliado griego se volvió contra Tebas, la ciudad-estado griega que había elegido el bando de Persia. Pasarían tres décadas más hasta que las guerras Greco-Persas finalmente llegaran a su fin. Pero esta vez, los griegos estarían a la ofensiva.

Tercera sección:
Esparta en los asuntos griegos
(460 a. C. - 222 a. C.)

Capítulo 8 - La guerra del Peloponeso: La primera fase

Tras la derrota de los persas en las batallas de Platea y Mícala, los aliados griegos navegaron hasta Sestos y Bizancio para liberar a las ciudades griegas jónicas de la dominación persa.

En el año 478, surgieron acusaciones contra Pausanias después de que supuestamente liberara a algunos prisioneros de guerra para ganarse el favor de Jerjes. Pausanias refutó estas acusaciones, afirmando que no había tenido nada que ver con la forma en que los prisioneros habían escapado de su cautiverio, pero los atenienses y otros aliados de Grecia no le creyeron. Los rumores sobre la nueva alianza de Pausanias con los persas se extendieron como la pólvora, y sólo se sofocaron cuando Pausanias fue retirado del mando griego.

Poco después de su destitución, quedó claro que los espartanos no querían continuar la lucha. Estaban más preocupados por el creciente poder de Atenas.

Así que, ahora que los griegos se habían quitado de encima a los persas, ¿permanecerían unidos o retomarían sus conflictos tribales desde donde los habían dejado?

La Liga de Delos

Aparte de Temístocles, hubo otro comandante ateniense que había desempeñado un destacado papel en las guerras Greco-Persas, especialmente en la batalla de Mícala. Se llamaba Xanthippus, y un día se enteró de una noticia trascendental.

El rey Leotíquidas de Esparta había tenido una idea para liberar de una vez por todas a las ciudades-estado jónicas que quedaban bajo las garras del Imperio persa. Debían emigrar a Europa.

Según Leotíquidas, si los griegos jónicos de Asia Menor emigraban a Europa, estarían más seguros y protegidos. Entonces, las ciudades-estado griegas aliadas podrían volver a gestionar sus asuntos internos soberanamente, tal y como habían hecho antes.

Pero Xanthippus consideraba esta idea absurda. Las ciudades-estado jónicas habían estado bajo dominio ateniense, y aceptar una medida como ésta podría significar que cayeran bajo el control de Esparta. Su trabajo era proteger a los jonios. Así que, en nombre de Atenas y de algunos aliados griegos, Xanthippus rechazó la propuesta del rey espartano.

Con la conquista de Bizancio completada, parecía que Esparta no seguiría adelante con la campaña contra Persia. Atenas se apresuró a asumir el papel de líder.

Sin que los espartanos lo supieran, su retirada les costaría la lealtad de algunos miembros de la Liga Helénica. Se convocó un congreso urgente en la isla sagrada de Delos, donde se creía que habían nacido el dios Apolo y Artemisa, su hermana gemela.

Esparta no estaba invitada, pero sí casi todas las ciudades-estado de la Grecia jónica. Atenas presidió la reunión. En Delos se formó una nueva liga: la Liga de Delos.

La Liga de Delos pretendía vengarse del Imperio persa por haber aterrorizado y asolado Grecia durante las guerras Greco-Persas.

Aunque la Liga de Delos tardó en crecer tanto, el mapa da una buena idea del número de aliados a los que Atenas podía recurrir[14]

Los miembros juraron ser enemigos de los enemigos de los demás y tener los mismos aliados entre sí, al igual que la Liga del Peloponeso. Las reuniones se celebrarían periódicamente en Delos, y cada miembro tendría el poder de un voto para la toma de decisiones.

Atenas ostentaba la mayor parte del poder. Como parte de las obligaciones de los miembros, cada uno pagaba cuotas y tributos a Atenas. Estos fondos se utilizarían para ampliar la armada de la liga, que estaba bajo el control de Atenas, así como para patrocinar expediciones militares en caso de necesidad. Mientras reconstruían las murallas de su ciudad, los atenienses ampliaron su poder naval gracias a los tributos pagados por los aliados de Delos.

Aunque parecía que la Liga de Delos se había creado para hacer pagar a Persia por la invasión de Grecia, las ambiciones imperialistas de Atenas brillarían con luz propia en los años venideros.

Tercera guerra Mesenia

Los espartanos se dieron cuenta de que Atenas se estaba posicionando estratégicamente para dominar la Grecia del Peloponeso. La Liga de Delos se erigió como oponente de la Liga Peloponesia de Esparta, que se volvió a reunir tras el final de la segunda guerra Greco-Persa. Con el tiempo, algunas ciudades-estado, como Mégara, desertaron de la Liga del Peloponeso para unirse a la nueva liga liderada por Atenas.

Si fuertes aliados de la Liga del Peloponeso como Corinto se daban la mano con Atenas, Esparta sería derrocada. Esparta necesitaba mantener a raya el creciente poderío ateniense, pero tenía un problema mayor entre manos: la tercera guerra Mesenia.

Temblores y sacudidas

Un buen día del año 464 a. C., los habitantes de Esparta se dedicaban a sus quehaceres cotidianos. Los chicos de la agogé luchaban en el suelo y las chicas estaban en la escuela. De repente, el suelo empezó a temblar. Los espartanos debían de estar preocupados, pero lo único que podían hacer era esperar.

El temblor aumentó, sacudiendo los cimientos de Esparta y otras ciudades-estado cercanas hasta la médula. Era un terremoto. Fue uno de los más destructivos de la antigüedad, y no era algo que los espartanos pudieran combatir con lanzas.

Los desastres naturales no siempre se podían predecir, por lo que es poco probable que los espartanos estuvieran preparados para ello. Lucharon por sus vidas mientras el suelo se resquebrajaba y se partía, convirtiendo los muros en polvo. Templos, estatuas, monumentos, ayuntamientos y casas particulares quedaron reducidos a ruinas, atrapando a miles de personas. Fue un duro golpe para la población de Esparta. Se cree que unas veinte mil personas murieron en el terremoto.

En medio de todo el caos, cierto grupo de personas vio una oportunidad: la casta inferior reprimida de la sociedad espartana, también conocida como los helotas.

Los helotas nunca habían visto a sus orgullosos amos espartanos en tal estado de pánico. Para un pueblo que había sido completamente humillado y derrotado en la primera y segunda guerras Mesenias, parecía como si la propia Madre Naturaleza les hubiera presentado la oportunidad de su vida: un estrecho camino hacia la libertad duradera.

Rápidamente, los helotas se unieron y desenvainaron sus espadas, indicando una sangrienta revuelta. No desaprovecharían esta oportunidad por nada del mundo. Cargaron contra sus perplejos amos, vadeando y arrastrándose entre trozos de muros caídos y estatuas decapitadas.

Los espartanos vieron que se avecinaba otra revuelta y que su confusión alimentaba a los alborotadores. Inmediatamente, enviaron un mensaje a las ciudades-estado griegas vecinas, solicitando refuerzos militares y ayuda para sofocar la rebelión.

Pero los rebeldes mesenios eran imparables. Se abrieron paso fuera de Esparta y se dirigieron a la fortaleza del monte Ithome, donde sus antepasados habían rechazado a las fuerzas espartanas en el pasado. Los helotas creían que la histórica fortaleza los protegería de la ira de los espartanos y les daría la victoria.

Mientras tanto, en Esparta, sus aliados habían respondido rápidamente a la llamada de auxilio. Las tropas llegaron a las puertas de la devastada ciudad de Esparta para unirse al sometimiento de los helotas errantes. Entre ellos había un contingente de cuatro mil hombres de Atenas, que ofrecieron una mano de ayuda, pero los espartanos la rechazaron.

De hecho, las tensiones entre Esparta y Atenas se habían congelado durante las guerras Greco-Persas, pero el nuevo experimento de poder de Atenas con la Liga Delos había disgustado a los espartanos. No podían librarse de sus sospechas de que Atenas tenía intenciones traicioneras de ponerse del lado de los rebeldes mesenios. Así que rechazaron a las tropas atenienses, lo que supuso un grave insulto para Atenas.

Este acontecimiento acabaría con la fachada de paz entre Esparta y Atenas y allanaría el camino para lo inevitable: una guerra para determinar de una vez por todas quién era la verdadera potencia de Grecia.

Los primeros rounds

El experimento ateniense

Cimón, el general ateniense que había conducido a los cuatro mil soldados a Esparta pero fue rechazado, pagó esta humillación con su carrera. Fue apartado de la política ateniense y sustituido por su rival, Efialtes, pero esto no fue suficiente castigo. Sabían que los espartanos tendrían que pagar por su insolencia.

Teniendo en cuenta la competencia militar de Esparta, los atenienses sabían que no debían declararle la guerra temerariamente. Necesitaban aliados formidables con rencores similares contra Esparta para tener una oportunidad de victoria.

Afortunadamente, la Liga de Delos estaba a la altura. Todo lo que Atenas tenía que hacer era conseguir más estados de su lado.

Así, durante los diez años que los espartanos estuvieron inmersos en la tercera guerra Mesenia, los atenienses se embarcaron en una búsqueda para conseguir aliados por toda Grecia. En primer lugar, se dirigieron a Argos, la archienemiga de Esparta, que no dudó en apoyar la causa. Después, se aliaron con Tesalia y Mégara.

Megara había pertenecido a la Liga del Peloponeso, pero en el año 459 a. C. se vio consumida por los conflictos contra otro miembro, Corinto. Atenas ofreció ayuda a Mégara y, juntos, hicieron retroceder a los poderosos corintios del istmo fronterizo que antes controlaban.

Este acto convirtió a Atenas en enemiga directa de los corintios, y éstos responderían reforzando su alianza con Esparta y los demás miembros de la Liga del Peloponeso. La primera guerra del Peloponeso había comenzado.

La batalla de Tanagra

Luego de que los persas, ebrios por su victoria contra Leónidas y sus valientes hombres en el paso de las Termópilas, destruyeran Atenas, la ciudad de Atenas fue reconstruida. Esta vez, los atenienses construirían las Murallas Largas. Estas murallas rodearían la ciudad y estarían directamente unidas a los puertos marítimos atenienses.

Temístocles creía que las murallas fortificarían mejor Atenas contra futuros ataques y servirían como vías de escape al mar en caso de asedio. Las Murallas Largas también asegurarían un acceso más rápido a la flota ateniense en caso de guerra.

Cuando los espartanos se enteraron de que se estaban construyendo las Murallas Largas en Atenas, hicieron sutiles intentos de disuadir a los atenienses del proyecto, pero fueron rechazados. Los historiadores creen que esto confirma las creencias de los espartanos sobre las ambiciones de poder de Atenas, lo que generó desconfianza y llevó a los espartanos a rechazar la ayuda de Atenas durante la tercera guerra Mesenia.

Sin inmutarse por la aversión de Esparta, los atenienses prosiguieron con la construcción de las Murallas Largas, que fue financiada por el tesoro común de la Liga de Delos. Además, la alianza con Mégara otorgó a los atenienses el control del mar y del golfo de Corinto. Una vez confirmada esta alianza, las Murallas Largas se construyeron también en

Corinto y Megara.

En el año 457 a. C., los focianos le declararon la guerra a Doris, de donde eran originarios los griegos dóricos. Esparta envió 1.500 soldados en ayuda de la ciudad, a los que se unieron otros diez mil hombres. Se enfrentaron a Fócida y vencieron.

Atenas se enteró del avance de los espartanos y salió a tenderles una emboscada en Beocia. Se les unieron mil hombres de Argos, y se cree que su número total rondaba los catorce mil hombres.

Las tropas de Atenas y Esparta se encontraron en la llanura de Tanagra y se produjo una batalla épica. Con los espartanos sólo ligeramente superados en número, fue un combate intenso que terminó con numerosas bajas en ambos bandos.

No obstante, los grandes guerreros de Esparta hicieron retroceder a las tropas aliadas atenienses y pudieron regresar a casa a través del istmo de Corinto. Los atenienses y sus aliados, derrotados, se retiraron para recuperar sus pérdidas. Sin embargo, la guerra estaba lejos de terminar. Al cabo de dos meses, Atenas regresaría vigorizada y se apoderaría de Beocia en la batalla de Oenofita.

La tregua

En la cumbre

A pesar de su victoria contra Atenas en la batalla de Tanagra, los espartanos supieron no avanzar más. Los atenienses lamentarían no haber seguido el ejemplo de los espartanos tras su victoria en la batalla de Oenofita.

Tras poner de rodillas a Beocia, Atenas llevó la guerra a su vieja enemiga Egina, una isla cercana a Atenas, donde los atenienses obtuvieron una nueva victoria. Estas victorias animaron a los atenienses a invadir la costa del Peloponeso. Tolmides, un general ateniense, dirigió esta campaña en el año 455 a. C. con cuatro mil hombres y una flota ateniense de élite compuesta por más de cincuenta barcos.

En primer lugar, sitiaron una pequeña aldea mesenia bajo control espartano llamada Metone, pero los espartanos no lo permitieron. Un destacamento de infantería espartano fue enviado urgentemente a Metone, y los atenienses se vieron obligados a retirarse.

A continuación, los atenienses invadieron y arrasaron el puerto espartano de Giteion. Continuaron hacia el golfo de Corinto y se apoderaron de Calcis, una colonia corintia. Los atenienses querían provocar algún tipo de reacción por parte de Corinto y, por extensión, de Esparta.

Sin embargo, los espartanos se mantuvieron inmóviles. Seguían ocupados con la guerra contra los helotas rebeldes, que se había prolongado durante diez años tras el devastador terremoto. En 454 a. C., los espartanos habían derrotado a los últimos helotas. Muchos rebeldes habían perdido la vida en la guerra, y los pocos supervivientes que lograron escapar huyeron a Naupacto, cerca del golfo de Corinto. Allí fueron bien recibidos por Tolmides.

Para cumplir el objetivo principal de la Liga de Delos, que era vengarse de Persia, los atenienses llevaron a sus aliados a la guerra contra Egipto, uno de los vasallos de Persia. Los atenienses intentaron aprovecharse de los levantamientos en Egipto, pero fueron aplastados por los persas.

Los atenienses tardarían años en recuperarse de esta humillante derrota. La reputación de Atenas en el Egeo sufrió un ligero declive, lo que impulsó a los pueblos sometidos de Beocia a exigir la independencia del control ateniense.

En respuesta, Tolmides y sus hombres se dirigieron a Beocia para poner en su sitio a los vasallos díscolos en la batalla de Coronea, en el año 447 a. C. Allí, Atenas fue derrotada una vez más, y el círculo vicioso de la rebelión de los vasallos atenienses se acentuó. Megara, Eubea y Egina se rebelaron contra la supremacía ateniense.

Ahora que Esparta era políticamente estable, avanzó contra Atenas invadiendo Ática y otras colonias atenienses. Atenas quedó destrozada por la guerra, y su reputación como potencia emergente de la antigua Grecia pendía de un delgado hilo.

Los atenienses sufrieron muchas derrotas y se cansaron de la caótica serie de guerras contra Esparta y sus aliados. Una Grecia unida bajo control ateniense exigía más de lo que podían permitirse.

Un día de invierno de 446 o 445 a. C., Esparta recibió una invitación de Atenas para firmar un tratado de paz: una propuesta de treinta años de paz entre las dos ciudades-estado.

Una de las condiciones del tratado era que Atenas mantuviera sus territorios originales y cediera el control de los territorios espartanos en su poder. Los estados neutrales serían libres de alinearse con Esparta o Atenas, lo que daría el mismo reconocimiento a las Ligas del Peloponeso y de Delos.

Los espartanos no vieron razón alguna para discrepar, ya que las condiciones eran mutuamente favorables. Esparta cumpliría su parte del acuerdo. ¿Pero haría Atenas lo mismo?

Capítulo 9 - La guerra del Peloponeso: La segunda fase

Esparta y Atenas siempre habían sido política y culturalmente divergentes. A los atenienses les costaría mucho darle la mano a una nación tan abiertamente contraria a la democracia y a todos sus principios.

Por algún milagro cósmico, estas dos poderosas ciudades-estado griegas llegaron a un acuerdo de paz, que supuestamente duraría treinta años. Este periodo marcó el fin de las escaramuzas aparentemente interminables entre atenienses y espartanos, así como entre sus aliados.

Sin embargo, la paz sólo duraría quince años. E incluso durante esos quince años, Grecia no pudo estar en paz.

El dictador

La Liga del Peloponeso era una institución militarista, ya que permitía a los Estados miembros dirigir sus asuntos internos sin interrupciones. Esta libertad no fue respetada en la Liga de Delos. Con el paso de los años, Atenas interfirió cada vez más en la política de sus miembros, imponiéndoles el modelo de gobierno ateniense -la democracia- y obligándolos a convertirse en vasallos.

Peor aún, Pericles, general ateniense y colega de Tolmides, ordenó hace tiempo que el tesoro común de la Liga fuera trasladado de Delos a Atenas. Esto generó resentimiento entre los miembros de la liga, ya que consideraban que la decisión de Pericles era bastante turbia.

Pronto, la Liga de Delos estuvo plagada de sospechas acerca de que los recursos aportados por los miembros estaban siendo desviados para patrocinar los intereses imperialistas de Atenas. No mucho después, Atenas, como líder de la alianza, promulgó un nuevo método de pago de tributos. Los miembros sólo podían hacer aportes monetarios en lugar de tropas, barcos o armas.

Este anuncio acentuó la desconfianza de los miembros. Tucídides resume la naturaleza de la relación de Atenas con sus aliados de la siguiente manera:

> "De todas las causas de deserción, la principal fue la relacionada con los atrasos en el pago de tributos y navíos, y con la falta de servicio; pues los atenienses eran muy severos y exigentes, y se mostraban ofensivos aplicando el tornillo de la necesidad a hombres que no estaban acostumbrados y, de hecho, no estaban dispuestos a ningún trabajo continuado. En algunos otros aspectos, los atenienses no eran los antiguos gobernantes populares que habían sido en un principio; y si tenían más servicio del que les correspondía, les resultaba correspondientemente fácil reducir a cualquiera que intentara abandonar la confederación. Los atenienses también se las arreglaron para que los otros miembros de la liga pagaran su parte de los gastos en dinero en lugar de en barcos y hombres, y por esto, las ciudades-estado sometidas tuvieron que culparse a sí mismas, ya que su deseo de no prestar servicio hizo que la mayoría abandonara sus hogares. Así, mientras Atenas aumentaba su armada con los fondos que aportaban, una revuelta siempre se encontraba sin suficientes recursos ni líderes experimentados para la guerra".

Atenas no tardó en verse envuelta en guerras internas, sobre todo en la guerra Samia, en el año 440, contra Samos, ardiente aliada de Atenas.

Los espartanos vieron cómo la alianza entre Atenas y sus aliados se debilitaba. Corinto y otros miembros de la Liga del Peloponeso, tentados de atacar a una Atenas vulnerable y devastada por la guerra, votaron en contra de entrar en guerra.

Al final, Atenas extinguiría todas las revueltas y pondría en orden los asuntos de su pequeño imperio.

Viejos rencores: Las batallas de Síbota y Potidea

Corría el año 433 a. C. y Corinto, el aliado más rico de Esparta, y una pequeña isla del mar Jónico llamada Córcira no se llevaban nada bien. Córcira era una antigua colonia de Corinto, y la animosidad entre ambas había existido durante bastante tiempo.

Córcira envió emisarios a Atenas solicitando una alianza. Los atenienses acudieron en su ayuda y enviaron una flota de 10 navíos de guerra para unirse a los 110 barcos de los corcirenses.

Para Esparta, esta alianza era demasiado peligrosa. Advirtió a Atenas que su flota no debía involucrarse a menos que Corinto invadiera realmente Córcira. Esparta no se involucró directamente en esta batalla, pero fue informada de lo que sucedía.

Corinto y Córcira se enfrentaron en una de las mayores batallas navales griegas de la época. Los atenienses también lucharon, aunque la batalla en sí no tuvo lugar en Córcira. Tuvo lugar cerca de Síbota, que estaba cerca de Córcira pero no lo suficiente como para violar el tratado.

La batalla fue devastadora para ambos bandos, que acabaron alzándose con la victoria. Un año después de aquella batalla naval, los atenienses volvieron a provocar a los corintios.

Potidea era una pequeña pero estratégica ciudad situada en la península Calcídica. Aunque era una colonia de Corinto, Potidea era miembro de la Liga de Delos, lo que significaba que pagaba tributo a Atenas pero no estaba bajo su control político.

Sabiendo que Corinto tomaría represalias por su papel durante la batalla de Síbota, los atenienses se lanzaron a la acción utilizando Potidea. Como cabeza de la Liga de Delos, Atenas exigió que Potidea renunciara a su alianza política con Corinto y desterrara a los administradores corintios de la ciudad. También exigieron la demolición de una parte de la muralla de Potidea y que los potidanos enviaran rehenes a Atenas para demostrar su lealtad.

Potidea creía, con razón, que se trataba de un intento de Atenas de reducir el estado a la condición de vasallo, convirtiéndolo en una extensión del imperio ateniense. Sin embargo, se podría argumentar que Atenas temía que Corinto incitara a Potidea a la rebelión, al igual que Macedonia estaba haciendo con los vasallos atenienses en Tracia.

Así pues, el gobierno ateniense concedió a un hombre llamado Arquestato el mando de mil soldados y treinta barcos para una expedición. Primero iría a Macedonia y a continuación a Potidea para instar a los potidanos a decidirse a favor de Atenas.

Al darse cuenta de que la neutralidad les había fallado, los potidanos decidieron tomar partido de una vez por todas. Las exigencias atenienses eran ridículas, pero el peligro de negarse era demasiado grande. Los potidanos enviaron una delegación diplomática a Atenas para negociar unas condiciones más favorables, pero los atenienses se mantuvieron inflexibles.

Los potidanos estaban acorralados, pero había otro estado al que podían recurrir: Esparta.

Esparta ratificó la protección de Potidea por parte de Corinto frente a la agresión ateniense nombrando a un general corintio llamado Aristeo para comandar las tropas de Corinto, que contaban con unos dos mil hombres.

Atenas estaba finalmente en guerra con Corinto, y para asegurarse la victoria, los atenienses enviaron refuerzos dirigidos por Calias, que era uno de los hombres más ricos de Atenas.

Las tropas y barcos atenienses superaban en número a los de Corinto, y cuando se enfrentaron en Potidea en el año 432 a. C., los atenienses diezmaron a las tropas corintias y obligaron a Aristeo a retirarse.

El desafío

Los espartanos se enteraron del gran fiasco de Corinto durante un consejo de guerra de la Liga del Peloponeso. Muchos estados miembros guardaban rencor a los atenienses. Por ejemplo, Mégara, que ahora estaba realineada con la Liga del Peloponeso, luchaba contra las sanciones comerciales impuestas por Atenas. Los miembros de la liga expresaron su descontento por la tibieza de Esparta ante las recientes actividades de Atenas. Corinto, en particular, recordó a Esparta su deber de proteger a los miembros de la liga e instó a los espartanos a tomar medidas.

Si una ciudad tan importante como Corinto se sentía tan amenazada por los atenienses, los espartanos sabían que había que hacer algo. Les preocupaba perder la fuerza naval de Corinto o, peor aún, su lealtad.

A mitad de la reunión, entró una delegación de visitantes. Eran mensajeros de Atenas.

No habían sido invitados a la reunión, por lo que resultaba totalmente inesperado, pero habían llegado con un mensaje para Esparta, Corinto y los demás miembros de la Liga del Peloponeso: una advertencia para que no se atrevieran a contemplar la posibilidad de entrar en guerra con Atenas.

En sus palabras, Atenas había continuado la lucha contra los persas mientras Esparta se mantenía al margen. Los atenienses exhortaron condescendientemente a Esparta y a sus aliados a que recordaran cuál era su lugar.

Los espartanos sabían que no se trataba de una simple advertencia. Era un desafío. Una vez que los descarados atenienses se fueron, los espartanos y otros estados aliados debieron de decir entre ellos: "Ya hemos ocupado un lugar secundario durante demasiado tiempo. Ahora, nos unimos a la guerra y dar a estos impetuosos atenienses una porción de brutalidad espartana".

Esto anunció el final prematuro de la Paz de los Treinta Años y un segundo estallido de la guerra del Peloponeso.

¿Por qué tanto conflicto?

Para contextualizar, Esparta y Atenas tenían estrategias de guerra diferentes. Los atenienses comandaban una vasta flota naval y contaban con los mejores comandantes navales de Grecia, como Temístocles, que desafió a la gran armada persa en el cabo de Artemisio.

Los espartanos, en cambio, destacaban en las batallas terrestres. Mientras Temístocles había comandado la flota griega durante la segunda guerra Greco-Persa, el rey Leónidas de Esparta había dirigido a sus trescientos hombres y a otros griegos contra un enemigo persa mucho mayor por tierra.

Tras cincuenta años de luchar hombro con hombro contra un enemigo común, Atenas y Esparta se habían vuelto la una contra la otra.

Esparta declaró su justificación para invadir Atenas: liberar a las ciudades-estado griegas que llevaban mucho tiempo oprimidas por los atenienses mientras éstos expandían su imperio. Esto le valió a Esparta el apoyo popular, pero lo más importante es que la guerra contra Atenas era un medio para reinstaurar a Esparta como la única y verdadera dueña de la Grecia del Peloponeso.

La segunda fase de las guerras del Peloponeso fue una serie de batallas marítimas y terrestres entre antiguos aliados convertidos en beligerantes. Los espartanos ganaron la mayoría de las batallas terrestres, pero sólo unas pocas en el mar, ya que los atenienses seguían dominando en ese terreno.

La guerra Arquidámica

Esta guerra, que debe su nombre al rey Arquidamo II de Esparta, duró desde el año 431 hasta el 421 a. C. Fue la primera fase de la segunda guerra del Peloponeso (normalmente se hace referencia a la segunda guerra del Peloponeso como la guerra del Peloponeso, muy probablemente porque fue la más decisiva de las dos guerras).

La estrategia de Esparta de rodear el campo de Atenas y bloquear las tierras de cultivo y las rutas de suministro obligó a los atenienses a refugiarse tras las Murallas Largas.

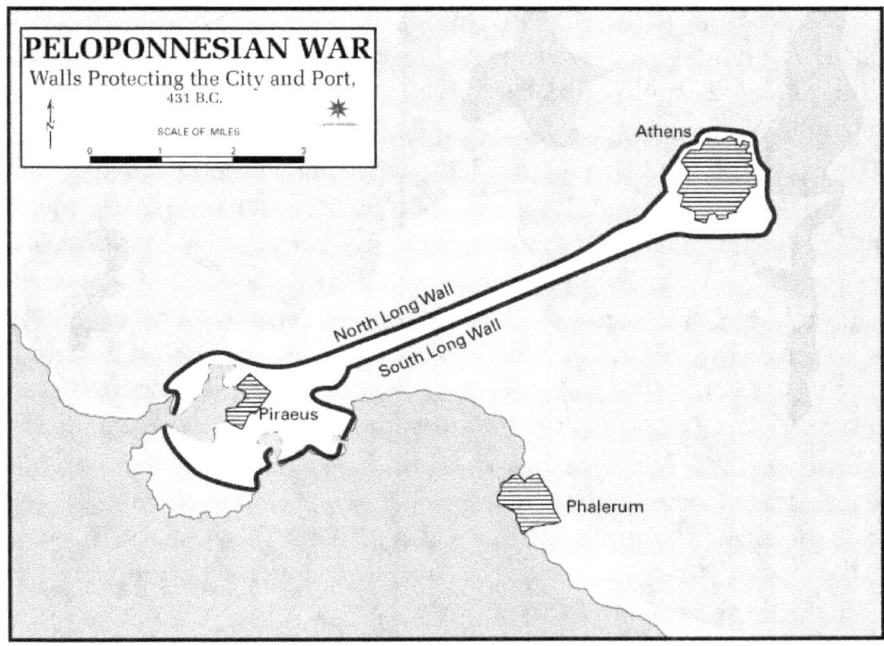

El probable aspecto de las Murallas Largas[15]

A instancias de Pericles, estadista y general de guerra, los atenienses se negaron a abandonar las murallas de su ciudad y enfrentarse a los espartanos en una batalla abierta. Pericles había ideado la participación de Atenas en la batalla de Síbota, así como la imposición de sanciones comerciales a Mégara, catalizadores que pusieron fin a la Paz de los Treinta Años y desencadenaron la segunda guerra del Peloponeso.

Por la supervivencia de Atenas, Pericles convenció a los atenienses de que evitaran una batalla terrestre contra los espartanos a menos que fuera absolutamente necesario. En su lugar, se prepararían para una ofensiva naval en el golfo de Corinto.

Con el tiempo, los espartanos se dieron cuenta de que su asedio al campo era ineficaz, ya que los atenienses aún conservaban el acceso al mar y a las rutas marítimas gracias a las Largas Murallas. Si Esparta quería una guerra de verdad, necesitaba una nueva estrategia o un milagro.

Acabaría siendo un milagro: un milagro horrible y mortal que sacudiría la ciudad de Atenas desde dentro.

En el año 430 a. C., el puerto del Pireo, principal fuente de alimentos y otros suministros de Atenas, les regaló a los atenienses una epidemia mortal. A esta horrible plaga no le importaba el estatus de las personas; incluso murieron Pericles y sus hijos. Entre uno y dos tercios de la población ateniense perecieron, y la plaga se extendió por todo el Mediterráneo, asolando todas las ciudades a su paso.

Mientras tanto, los atenienses estaban atrapados detrás de sus propios muros, propagando la enfermedad más rápidamente debido a sus estrechos alojamientos. A los espartanos no les entusiasmaba la idea de contraer la enfermedad, así que abandonaron sus planes y volvieron a casa.

Sin embargo, sin Pericles, los atenienses pudieron adoptar un enfoque más agresivo. En 429 a. C., Atenas salió victoriosa de las batallas navales consecutivas de Rhium y Naupacto. Los atenienses siguieron causando estragos en el Peloponeso, adentrándose en zonas como Beocia y Etolia.

En el año 425 a. C., Atenas descubrió una península llamada Pilos. Demóstenes, el comandante ateniense, descubrió que era una posición estratégica, desde la que podían atacar a Esparta. Los espartanos sabían que había que hacer algo antes de que los atenienses continuaran por tierra para apoderarse de más territorio.

Los espartanos enviaron sesenta barcos a Pilos, superando en número a los atenienses por muy poco. Pero no fue suficiente. Los atenienses destruyeron dieciocho barcos enemigos mientras que los espartanos sólo consiguieron destruir ocho naves atenienses.

Los atenienses también consiguieron atrapar a un gran número de hoplitas espartanos, probablemente cerca de unos cuatrocientos, en la isla de Esfacteria. Alrededor de cien de estos hoplitas eran ciudadanos espartanos de pleno derecho, lo que provocó la reacción del gobierno espartano.

Los espartanos intentaron encontrar una solución diplomática con los atenienses, pero fracasaron. Siguió la batalla de Esfacteria. Para esta batalla terrestre, Demóstenes se unió a Cleón, un general ateniense radicalmente matón que había asumido esencialmente el papel de Pericles. Juntos, dirigieron a más de tres mil soldados atenienses contra los pocos centenares de espartanos.

Los espartanos se vieron obligados a rendirse. Se cree que fue la primera vez en la historia que Esparta se rindió en lugar de luchar hasta la muerte. Esta monumental derrota y humillación supuso un duro golpe para la reputación espartana. Y se necesitaría algo más que la victoria en la batalla de Anfípolis para que se recuperaran.

Brásidas de Esparta

Brásidas era un talentoso guerrero. Había sobrevivido a duras penas a la batalla de Pilos y, poco después, fue enviado a capturar Anfípolis, una colonia ateniense en Tracia, como venganza por la ocupación ateniense de Pilos.

En lugar de saquear la ciudad y masacrar a todos sus habitantes, Brásidas propuso una tregua. Los habitantes de Anfípolis podrían quedarse o marcharse en paz siempre que se rindieran. El tiempo no estaba de parte de Brásidas, ya que Tucídides (sí, el historiador, aunque en ese momento era general) se dirigía a la ciudad. Anfípolis decidió aceptar la oferta de Brásidas. Hizo la misma oferta a otras ciudades de Tracia, intentando ir un paso por delante de Tucídides. Hablando de Tucídides, no le fue bien en todo esto. Muchos lo culparon por la caída de Anfípolis, y fue llamado de vuelta a Atenas, donde fue condenado al exilio.

Atenas temía lo que podría ocurrir si todas sus ciudades se volvían en su contra, por lo que en el año 423 a. C. firmó una tregua con Esparta. Atenas quería ganar tiempo, mientras que los espartanos esperaban el regreso de sus prisioneros, capturados durante la batalla de Esfacteria.

Sin embargo, la paz no llegó. Brásidas tomó Escione y se negó a devolverla, incluso después de enterarse del armisticio. Cleón se dispuso a recuperarla, dando inicio a la segunda batalla de Anfípolis en el 422 a. C.

Esparta ganó esta batalla e incluso consiguió asestar otro golpe decisivo al matar a Cleón. Sin embargo, Brásidas también murió a causa de las heridas recibidas. Al menos vivió lo suficiente para escuchar la buena noticia de que habían ganado. Tras su muerte, fue enterrado en la ciudad de Anfípolis, donde sería venerado como héroe y fundador de la ciudad.

La batalla de Anfípolis fue un acontecimiento decisivo en la guerra del Peloponeso. Esparta sufrió supuestamente siete bajas; los atenienses, unas seiscientas. Sin embargo, ambos bandos ansiaban un respiro.

El rey Pleistoanax de Esparta y Nicias, el comandante en jefe ateniense, entablaron negociaciones de paz y, en marzo de 421 a. C., se firmó la Paz de Nicias.

Esto marcó el final de la guerra Arquidámica, que duró una década.

La batalla de Egospótamos

No es de extrañar que la Paz de Nicias no durara mucho. Apenas dos años después del tratado, Esparta y Atenas se enfrentaron en la batalla terrestre más épica de la Grecia clásica.

Ocurrió en una pequeña ciudad arcadia llamada Mantinea en el año 418 a. C. Parte de Arcadia y toda Argos apoyaron a Atenas, que contaba con un formidable ejército de ocho mil hombres. Se enfrentaron a Esparta y sus aliados, que contaban con unos nueve mil. Los espartanos derrotaron a las tropas atenienses y obligaron a Argos a retirar su apoyo a Atenas.

Esta victoria fue celebrada en Esparta como una señal. A pesar de la desmoralizante serie de derrotas sufridas a lo largo de los años, los espartanos no habían perdido su temple después de todo. La tendencia continuó en las batallas navales de Symi y Notio; los espartanos aplastaron a los atenienses sin piedad y arrasaron sus barcos de guerra.

En el año 406 a. C., los atenienses lograron una pequeña remontada en la batalla naval de Arginusas, en la que los espartanos perdieron setenta barcos y a su comandante, Calicraditdas. Atenas, sin embargo, perdió casi treinta naves, y la ciudad estalló en luchas internas como consecuencia de las pérdidas. Seis comandantes navales atenienses fueron condenados a muerte por su ineptitud, ya que muchos hombres murieron a consecuencia de la batalla, aunque parte de esta culpa podría achacarse a la tormenta que tuvo lugar. Es probable que Atenas sintiera la presión y necesitara culpar a alguien.

El ataque final

De vuelta en Esparta, Lisandro, que había liderado la victoria en la batalla de Notio en el 406 a. C., fue restituido como segundo comandante de la armada espartana.

Por ley, Aracos era el superior de Lisandro; sin embargo, Lisandro estaba prácticamente al mando. Como Lisandro ya había ocupado una vez el cargo de comandante en jefe de la armada (conocido como navarca), no podía volver a ocupar ese puesto. Sin embargo, Esparta necesitaba del talento de Lisandro para acabar con los desmoralizados atenienses.

En algún momento del año 407 a. C., antes de la batalla de Notio, Lisandro había conseguido por sí solo una alianza con un conocido de lo más inverosímil: Persia. Parece una locura que estos dos países lucharan en el mismo bando. Pero los tiempos hacían de enemigos improbables aliados. Así, Lisandro de Esparta entabló amistad con Ciro el Joven, príncipe de Persia, a finales del siglo IV a. C. Y Persia, que estaba dirigida por Darío II, prestó ayuda naval a Lisandro para la batalla de Notio.

Persia volvería a hacerlo en el último combate de la guerra del Peloponeso: la batalla de Egospótamo.

Al momento de Egospótamo, Atenas estaba destrozada. La esperanza menguaba entre la élite. La pobreza y el hambre habían convertido al pueblo en un espantapájaros y los recursos de la Liga de Delos estaban casi agotados. Lo peor de todo es que sus tropas navales y terrestres habían perdido todo valor para seguir adelante con la conquista de Esparta.

Para aplastar de verdad a Atenas, Lisandro sabía que tendría que golpear a Atenas donde más se sintiera. Atenas dependía de la importación de grano y suministros militares de Asia a través del estrecho del Bósforo. El primer objetivo de Lisandro era capturar la importante ciudad de Lámpsaco.

Lámpsaco era un miembro de la Liga de Delos que pagaba tributos y una ciudad estratégica en la ruta de suministros de Atenas. Lisandro y sus tropas navales ocuparon la ciudad, así como Sestos, que era otra ciudad importante para Atenas. Los espartanos también asaltaron Salamina, Egina y partes del Ática.

Los atenienses se angustiaron al saber que sus bases navales habían sido tomadas por las tropas espartanas y que sus rutas de suministro estaban acordonadas. Un general ateniense llamado Conón llevó unos 180 barcos y más de 35.000 hombres al estrecho de Egospótamo, cerca del Helesponto, donde Lisandro y su armada se enfrentaron a ellos en un combate final.

Tras un largo y duro combate, sólo nueve naves atenienses y un puñado de hombres sobrevivieron a la ira de los espartanos. El historiador ateniense Jenofonte describe el estado de ánimo de Atenas al recibir la noticia de esta aplastante derrota. "Desde el Pireo, a través de las Murallas Largas, hasta la ciudad, corría un rumor de lamentos, transmitiéndose unos a otros la noticia; y durante aquella noche nadie durmió, todos de luto, no sólo por los perdidos, sino mucho más por sí mismos".

Los atenienses tenían razón al temer.

Los espartanos derribaron las murallas de Atenas y expulsaron a su gobierno democrático, sustituyéndolo por la oligarquía que tanto detestaban los atenienses. La edad de oro de Atenas había llegado a su fin, y la que fuera cuna de la democracia y las artes iniciaba un cambio sísmico en la política, la economía y la cultura.

Lisandro y sus hombres volvieron a casa victoriosos, y Esparta enloqueció de júbilo con la noticia de la rendición de Atenas en 404 a. C.

La Liga de Delos había terminado, y todos los rincones del antiguo Imperio ateniense saludarían el amanecer de una nueva era, en la que Esparta -y sólo Esparta- ostentaría el máximo poder de la antigua Grecia.

Capítulo 10 - La guerra de Corinto

Antecedentes

A la luz de los grandes acontecimientos de la historia, especialmente de la guerra, descubrirás que no hay amigos ni enemigos permanentes. En un momento, puedes estar tratando con un enemigo; al siguiente, es tu aliado más importante.

Esparta, la vencedora de la guerra del Peloponeso, había sido aliada de Atenas durante las guerras Greco-Persas, pero Persia, el enemigo común en aquel momento, se convirtió más tarde en aliado de Esparta. Estas ironías continuarían después de la guerra del Peloponeso, ya que los espartanos, ebrios de victoria, cometerían errores fatales que agriarían las relaciones con un aliado de toda la vida, como Corinto.

Corría el año 400 a. C., y los aliados de Esparta en toda Grecia continental no se resignaban a la flagrante ingratitud de los espartanos hacia sus contribuciones en la guerra del Peloponeso. En lugar de compartir el botín de guerra con sus aliados, Esparta se lo había quedado todo, a pesar de que estos aliados habían aportado barcos y hombres para ayudar a su causa. Esparta también acaparó los tributos pagados por los vasallos del antiguo imperio ateniense, así como otros beneficios, para disgusto de sus aliados.

Esparta había iniciado este absurdo camino apenas siete años después de la guerra del Peloponeso. Como favor personal, el héroe de guerra Lisandro ayudó a su amigo, el príncipe Ciro, a ascender al trono de Persia, utilizando para ello los recursos militares y navales de Esparta que tenía a su disposición, en el año 401 AEC. Sin embargo, estos esfuerzos fracasaron y Ciro murió en el conflicto. La participación de Esparta en la entronización de Ciro nunca sería olvidada por su hermano, Artajerjes II, que conservó el trono.

Los aliados de Esparta vieron cómo la riqueza que habían puesto a disposición de Esparta en colaboración se gastaba en frivolidades mientras ellos permanecían distanciados.

En 402 a. C., Esparta se había vuelto contra uno de sus aliados y miembro de la Liga del Peloponeso, Elis. Elis se vio obligada a convertirse en un estado vasallo de Esparta, lo que supuso un incumplimiento de la promesa de Esparta de no interferir nunca en los asuntos internos de sus aliados.

El resto de los aliados de Esparta, sobre todo Corinto y Tebas, temían desde entonces que Esparta se estuviera convirtiendo en una pesadilla imperialista, que pretendiera arrodillar a toda Grecia en servidumbre, una espantosa similitud con Atenas y la Liga de Delos.

La invasión de Jónica por Esparta en el 398 a. C. confirmó sus especulaciones. Era evidente que Esparta tenía como objetivo a sus aliados más débiles en su búsqueda de expansión territorial. Sólo era cuestión de tiempo antes de que aliados más grandes como Tebas y Corinto se encontraran con la ira de los espartanos.

Había que detener a Esparta.

El primer ataque

En algún momento alrededor del año 396 a. C., Persia envió a un gobernador llamado Timócrates a las principales ciudades de Grecia, incluidas Atenas, Corinto y Tebas. El rey Agesilao II de Esparta había estado realizando incursiones en Persia. Su invasión, además de la ayuda de Esparta para poner a Ciro el Joven en el trono persa, debió de molestar al rey persa. Timócrates fue enviado con oro para convencer a estas ciudades de que se unieran a Persia para derrotar a Esparta.

Al parecer, Tebas carecía de medios para desafiar abiertamente a Esparta, por lo que convenció astutamente a su vecina Locros para que asaltara Fócida, firme aliada de los espartanos. Como Tebas era aliada de Locros, tuvo que intervenir. Los efectos se extendieron según lo previsto, y Esparta le declaró la guerra a Tebas en el 395 a. C., lo que desembocó en la batalla de Haliarto.

Este conflicto fue sólo el preludio de otra guerra que pondría a prueba el poderío de Esparta: la guerra de Corinto.

Lisandro y otro comandante llamado Pausanias fueron los encargados de hacer frente a los tebanos. A cada comandante se le asignaron tropas, pero Lisandro y los suyos llegaron varios días antes.

Las murallas de la ciudad de Haliarto no eran ningún desafío. Lisandro no vio ninguna razón para esperar a Pausanias, quien lo había menoscabado en el pasado. Lisandro ordenó un asalto frontal y sus hombres cargaron contra las murallas, dispuestos a derribarlas.

Sin que los espartanos lo supieran, el ejército tebano estaba al acecho fuera de las murallas. Cuando se lanzó la ofensiva espartana, los tebanos salieron de sus escondites y destruyeron a las tropas espartanas.

Lisandro murió en combate y las tropas restantes sufrieron pérdidas considerables. Pausanias sería castigado con el exilio por llegar tarde al campo de batalla y entregar Beocia durante las negociaciones con los tebanos.

Esparta había perdido este asalto, junto con dos grandes hombres. ¿Era el rey Agesilao un líder lo bastante fuerte como para conducir a Esparta a través de la inminente tormenta?

El rey Agesilao II de Esparta

Tras el controvertido ascenso de Agesilao al trono espartano hacia el año 400 a. C., en el que acusó de ilegítimo a un heredero legítimo, éste puso sus ojos en Asia Menor. Plutarco y Jenofonte creen que el rey espartano tenía grandes planes para poner todo el Imperio persa bajo control espartano.

Éfeso, una ciudad griega jónica, se convirtió en la base militar de Agesilao. Allí reclutó a mercenarios que habían luchado para el difunto príncipe Ciro a fin de que se unieran a sus tropas en la guerra contra Persia. Estos mercenarios eran leales a Lisandro, y al rey espartano le preocupaba quedar marginado.

Por ello, humillaba con frecuencia a Lisandro delante de los hombres para recordarle su lugar y, posiblemente,

Rey Agesilao de Esparta[16]

obligarlo a abandonar el ejército. Este acto de inseguridad demostrado por un rey espartano repugnaba a Lisandro. Lisandro le concedió al rey lo que desesperadamente anhelaba y abandonó el ejército del rey.

El rey Agesilao, convencido de que realmente estaba al mando, navegó hacia Anatolia (la actual Turquía), donde se encontraban algunos de los vasallos más valiosos del Imperio persa. La misión del rey Agesilao era volver a los vasallos contra Persia y destruir el imperio desde dentro.

Tras numerosas victorias, Agesilao se dirigió a Sardes, donde se encontró con su nuevo gobernador provincial, Titraustes. El astuto rey espartano encontró en Titraustes a su rival, quien lo sobornó para librarse de los compromisos con Esparta y redirigió a Agesilao hacia el norte.

Se cree que el rey Agesilao era un brillante táctico de guerra, pero un mal diplomático. Su incursión en Asia se vio interrumpida cuando, en el año 395 a. C., recibió noticias urgentes de que su amigo Lisandro había muerto y que los aliados de Esparta se habían convertido en enemigos.

Un año más tarde, el rey Agesilao volvería a dirigirse a Esparta y conquistaría a todos los delincuentes que se interpusieran en su camino, incluidos los principales de Corinto, Tebas y Argos, en la batalla de Coronea.

Batalla de Coronea

El rey Agesilao llegó al Peloponeso en el año 394 a. C. Ese mismo año, los espartanos habían ganado la batalla de Nemea. Las tropas de la coalición formada por Tebas, Corinto, Argos y Atenas contaban con una fuerza de veinticuatro mil hoplitas, pero fueron arrollados por los dieciocho mil hombres de Esparta.

Jenofonte recuerda que los tebanos arruinaron la formación por su falta de cooperación, poniendo en peligro a los demás griegos. Aunque los espartanos ganaron la batalla, la coalición consiguió impedir que los espartanos invadieran Corinto y avanzaran hasta el corazón de Grecia.

Tal revés no era nuevo para Atenas, dada su experiencia durante la guerra del Peloponeso. Argos y Corinto, por su parte, estaban desmoralizados. Los griegos aliados se reagruparon y empujaron a los tebanos hacia adelante para liderar el siguiente intento contra Esparta.

No se sabe con certeza cuánto tiempo pasó antes de la batalla de Coronea, pero es probable que fuera demasiado, ya que la derrota en la batalla de Nemea aún pesaba en sus mentes. En la batalla de Coronea, a los espartanos se les unieron los focianos y los orcómenos, que sumaban en total unos quince mil hombres. Los orcómenos habían sido aliados de

Tebas durante las guerras Greco-Persas, pero poco después se enemistaron con los tebanos. Los tebanos estaban presentes en esta batalla, así como los argivos y algunos otros aliados. En total, contaban con unos veinte mil hombres.

Los dos ejércitos se enfrentaron y, en un ataque de pánico, los argivos abandonaron el campo de batalla, condenando a los griegos de la coalición a una nueva derrota. Los orcómenos contuvieron a los tebanos con su falange, pero los tebanos acabaron rompiendo sus líneas y atacaron el campamento del rey Agesilao para saquear su botín de guerra de Asia.

Apenas habían robado algo cuando Agesilao llegó con sus tropas de élite, pero aun así masacraron brutalmente a los tebanos. Aquel día se registró un derramamiento de sangre sin precedentes, y el puñado de tebanos que escapó a la ira de Agesilao huyó hacia el monte Helicón, adonde habían huido los desertores argivos.

La batalla de Coronea, el segundo gran combate de la guerra de Corinto, se saldó con una contundente victoria de Esparta.

La batalla de Lequeo

Corría el año 392 a. C. y un grupo de oligarcas espartanos había sido desterrado de Corinto tras una guerra civil contra los demócratas antiespartanos. Amargados por los malos tratos recibidos, los oligarcas espartanos unieron fuerzas con el rey Agesilao de Esparta para invadir parte del golfo de Corinto. Capturaron Lequeo, un puerto que albergaba numerosos barcos de guerra corintios.

Con el puerto asegurado, el rey Agesilao trasladó un contingente de sus tropas para asaltar otras partes de Corinto, mientras que un ejército estacionario permaneció en Lequeo para custodiar el puerto. Entre estas tropas había hombres de Amicla, una ciudad-estado del Peloponeso aliada de Esparta.

Cada año, estos hombres tenían que viajar a casa para el festival de tres días de Hyacinthia en honor de Apolo. Se acercaba el festival y los hombres de Amicla estaban listos para partir.

En el 391 a. C., el comandante espartano a cargo de Lequeo ordenó que seiscientos hoplitas y una fuerza de caballería escoltaran a los viajeros. Los seiscientos hoplitas sólo los escoltarían hasta la frontera de Corinto y regresarían a su base, mientras que la caballería acompañaría a los hombres durante todo el camino de vuelta a casa.

Ifócrates, un comandante ateniense en Corinto, se enteró del movimiento y vio la oportunidad de atacar a los seiscientos hoplitas en su camino de regreso a la base. Los espartanos no habían previsto este movimiento porque pensaban que los corintios y los atenienses temerían su superioridad numérica.

Cuando regresaban de escoltar a los hombres de Amiclas, los seiscientos hoplitas espartanos fueron atacados por una horda de lanzadores de jabalina atenienses (también conocidos como pelstats). Aprovechando la conmoción y la rara desorganización de los espartanos, Ifócrates y sus hombres acorralaron a los espartanos y los persiguieron hacia Lequeo.

Los atenienses lanzaban jabalinas, herían a los espartanos y huían. El objetivo de esta táctica de ataque y huida era desgastar a los espartanos y evitar un frente organizado en el que los espartanos fueran más poderosos.

Al final del día, 250 espartanos habían muerto, pero como conservaban el control del puerto, la batalla de Lequeo tendría poco impacto en las guerras corintias.

Al final, la victoria de los atenienses, aunque impresionante, no fue suficiente para anular su derrota en Coronea.

La paz del Rey

El cambio

A finales de la década de 390 a. C., la coalición de Atenas, Corinto, Argos, Tebas y Persia estaba al borde del precipicio.

Corinto había sido asolada por luchas internas entre una poderosa minoría pro-espartana y la mayoría que quería salir de la condenada alianza con Esparta. Argos había pasado a un segundo plano en las campañas contra Esparta, sobre todo después de la lamentable exhibición en la batalla de Coronea. Tebas, al igual que Corinto y Argos, dependía de Atenas para continuar la lucha.

Mientras tanto, Atenas resurgía como una amenaza para el Imperio persa, a pesar de estar desgarrada por cuestiones internas entre oligarcas y demócratas. Los persas habían apoyado la reconstrucción de Atenas y su rápida recuperación de los desastres tras la guerra del Peloponeso, pero Artajerjes II no tardó en arrepentirse. Ahora le preocupaba haber afilado las garras de Atenas a costa de Persia. Era el momento perfecto para que los espartanos enviaran una delegación a Persia.

Alrededor del año 392 a. C., Antalcidas, estadista y diplomático espartano, fue enviado por Esparta en misión de paz ante un gobernador llamado Tiribacio. Era el gobernador (sátrapa) a cargo de Lidia, una provincia persa en Asia Menor. Cuando el rey Artajerjes II de Persia se enteró de que Tiribacio alojaba a un delegado espartano y trataba con ellos, hizo que sustituyeran al gobernador.

Artajerjes II continuó entonces sus campañas militares contra Esparta hasta que se dio cuenta de que el poder ateniense iba en aumento. Atenas había empezado a invadir partes de Asia Menor y a poner antiguas ciudades-estado bajo control ateniense. Además, los atenienses apoyaban las rebeliones de otros vasallos persas.

En el año 388 a. C., Tiribacio fue sustituido, y él y Antalcidas trabajaron juntos para ganarse el apoyo persa en la guerra. Aunque Artajerjes tardó algún tiempo en sumarse, Persia y Esparta volverían a ser insólitos aliados. Sólo quedaba convencer a los griegos que formaban parte de la coalición para que depusieran las armas.

Una paz forzada

Aunque los persas estaban convencidos de que la paz con Esparta era el camino a seguir, los atenienses no. Habían luchado para llegar a este punto contra los espartanos, y no estaban dispuestos a volver a perder contra ellos.

Antalcidas, basándose en las historias de la guerra de Esparta contra Atenas, sabía cuál era la forma más rápida de conseguir la cooperación de los atenienses. Ordenó que una flota de noventa barcos se desplazara desde Esparta hasta el Helesponto, bloqueando las rutas comerciales y de suministro hacia Atenas.

Esto funcionó. Los atenienses consintieron en deponer las armas, y la coalición de Corinto, Argos y Tebas se vio esencialmente impotente sin su líder. Se encontraron en una mesa con Esparta y Persia, con los términos del tratado dictados por el rey Artajerjes.

Los términos eran más favorables para Persia que para cualquier otro estado presente. Los dominios de Esparta apenas se veían afectados, por lo que a los espartanos no les importaba, pero las ciudades-estado griegas jónicas que habían sido liberadas por Atenas tras las guerras Greco-Persas serían reabsorbidas por el imperio de Artajerjes. Los estados autónomos serían abandonados a su suerte. Las alianzas forjadas contra Esparta, como la de Corinto y Argos, se disolvieron.

Corría el año 387 a. C. y habían pasado ocho años desde que estallara la guerra de Corinto. Y parece que Esparta volvió a salir victoriosa. (Cabe señalar que no hubo un verdadero vencedor de la guerra; sin embargo,

Esparta fue la que menos sufrió de las grandes potencias, y se encargó de mantener la paz).

¿Realmente no había nadie capaz de doblegar a los poderosos espartanos?

Capítulo 11 - La decadencia de Esparta

El principio del fin

Tras la guerra de Corinto, los puentes rotos entre Esparta y sus aliados nunca pudieron ser reparados. La Liga del Peloponeso sufrió un descenso masivo de miembros y Esparta luchó por mantener el control de lo que quedaba de su imperio tras el azote de la guerra.

En 385 a. C., dos años después de la ratificación de la Paz del Rey, Esparta sitió Mantinea, su antigua aliada que había tomado partido por Atenas durante la guerra del Peloponeso. A Esparta se le unió Tebas, y juntos derribaron la ciudad de Mantinea como medida disuasoria para otros aliados descarriados.

Esparta emprendió una despiadada venganza contra otros antiguos aliados débiles. Mientras tanto, en Esparta, se produjo una crisis demográfica. Debido a las guerras Greco-Persas, la guerra del Peloponeso y la guerra de Corinto, un buen número de espartanos había perecido en combate. Los extranjeros no podían convertirse en ciudadanos espartanos de pleno derecho, por lo que el número de verdaderos espartanos dependía de la capacidad de procreación de los espartanos restantes. Mientras tanto, la población helota seguía creciendo.

Con el tiempo, el debilitamiento de la población espartana afectó al tamaño del ejército espartano promedio. Esto marcó el principio del fin de la ciudad-estado más poderosa de la Grecia clásica.

La era de Tebas

"Hermanos en Peligro"

La Paz de Antalcidas, que puso fin a la guerra de Corinto, liberó a toda Beocia del control tebano. Entre las condiciones del tratado figuraba la liberación de todos los estados griegos autónomos que se habían visto obligados a convertirse en vasallos en el transcurso de la guerra de Corinto. Así, Tebas sufrió una doble derrota. Sus tropas habían sido humilladas en la batalla de Coronea por las fuerzas espartanas y, en la mesa de negociaciones, se vieron obligadas a retirarse del control de partes de Beocia.

Cinco años después de la Paz de Antalcidas, Esparta provocó a Tebas por atreverse a darle la mano a Atenas durante la guerra de Corinto. Tebas implosionó con una guerra interna: los oligarcas proespartanos frente a los demócratas proatenienses. Un sangriento golpe de estado expulsó del país a muchos tebanos prominentes y se estableció una oligarquía. La Cadmea, fortaleza histórica de Tebas e importante ciudadela, fue guarnecida por tropas espartanas en el año 382 a. C.

Esta repentina ocupación de Tebas fue sorprendente, teniendo en cuenta que los dos estados parecían llevarse bien tras la guerra de Corinto. Los tebanos habían luchado codo con codo contra Mantinea sólo dos años antes. Epaminondas, un excelente soldado y general tebano, había dirigido sus tropas del lado de Esparta durante el sitio de Mantinea. Lo más probable es que los tebanos estuvieran desconcertados ante el repentino cambio de relaciones con Esparta, pero, después de todo, habían estado a su lado durante la guerra de Corinto.

Ahora, fugitivos y expulsados de su propio país, los expulsados tebanos cabalgaron hacia Atenas. Los dirigía un noble caudillo y demócrata llamado Pelópidas. También había luchado con los espartanos en la batalla de Mantinea. Plutarco cuenta que habría perdido la vida de no ser por la oportuna intervención de su amigo Epaminondas:

> "Pelópidas, tras recibir siete heridas en el frente, se desplomó sobre un gran montón de amigos y enemigos que yacían muertos juntos; pero Epaminondas, aunque lo creía sin vida, se puso en pie para defender su cuerpo y sus armas, y luchó desesperadamente, sin ayuda de nadie, contra muchos, decidido a morir antes que dejar a Pelópidas allí tendido. Y ahora él también estaba en una situación lamentable, habiendo sido herido en el pecho con una lanza y en el brazo

con una espada, cuando Agesípolis, el rey espartano, vino en su ayuda desde el otro ala, y cuando toda esperanza estaba perdida, los salvó a ambos".

La oligarquía de Tebas sólo duró tres años antes de ser derrocada por los demócratas exiliados. Sabiendo que los espartanos volverían pronto, incitaron a los guerreros de Tebas a luchar por la soberanía de su país y recuperar la Cadmea. Los tebanos marcharon hacia Cadmea y la sitiaron.

La lucha fue encarnizada, pero los espartanos que se encontraban dentro de la Cadmea aceptaron rendirse si podían salir ilesos. Como los tebanos querían evitar los refuerzos espartanos, aceptaron. Se especula que si los tebanos no hubieran aceptado, probablemente habrían sido derrotados. Los espartanos en retirada se encontraron con la tropa de refuerzo de camino a casa.

Los reyes espartanos, Agesilao II y Cleómbolo I, siguieron avanzando en Beocia y enemistándose con Tebas. Atenas acabó convirtiéndose en aliada de Tebas y, en el año 378 a. C., la guerra Beocia (también conocida como guerra Tebana) pasó a primer plano.

Aspecto de Beocia durante esta época[17]

Esparta estaba preparada como nunca, pues no era la primera vez que se formaban alianzas en su contra. Tebas y Atenas ya habían puesto a prueba la fuerza de Esparta en el pasado y se habían desangrado por ello. Por lo que a los espartanos les importaba, la guerra Beocia podía prolongarse otros cincuenta años.

Sabían que lograrían la victoria. Pero, ¿tenía la historia algo más en mente para ellos?

La batalla de Leuctra

Corría el año 371 a. C., siete años de la guerra Beocia. Siete años de matanzas aparentemente interminables. El suelo griego estaba empapado de sangre, pero ni vencedores ni vencidos habían salido victoriosos.

Tebanos y atenienses ya no se llevaban bien. Los tebanos habían tomado Platea en 373, lo que disgustó mucho a Atenas. También estaba claro para Atenas que Tebas pretendía crear una confederación beocia y, con el tiempo, desafiar el dominio político de Esparta, algo que probablemente estaban ansiosos por evitar.

Aunque se formó una conferencia de paz, nada salió de ella. Epaminondas insistió en firmar por toda Beocia en lugar de sólo por Tebas. Esto molestó tanto al rey Agesilao que retiró el nombre de Tebas del tratado. No hace falta decir que el tratado no se firmó. Tebanos y espartanos abandonaron la conferencia de paz con la determinación renovada de llevar la guerra hasta el final.

El rey Cleómbolo de Esparta reunió a unos once mil hoplitas espartanos y mil soldados de caballería. Dirigió la marcha hacia una pequeña ciudad de Beocia situada junto al golfo de Corinto. Los tebanos no previeron este movimiento, por lo que se apresuraron a bloquear a las tropas espartanas en Leuctra.

Aquí, sin que los tebanos ni los espartanos lo supieran, se haría historia.

El general tebano a cargo de esta lucha no era otro que Epaminondas, y había seleccionado un interesante escuadrón para asegurar el ala izquierda. Era la Banda Sagrada de Tebas. La banda estaba compuesta por trescientos hombres tebanos. Más concretamente, la Banda Sagrada se componía de 150 parejas, una mayor y otra menor. En el texto filosófico *Simposio* de Platón, éste da a entender que los hombres de la Banda Sagrada eran los mejores guerreros porque luchaban con denuedo para proteger a sus amantes.

Epaminondas no se parecía en nada a los generales de guerra que los espartanos habían encontrado en el pasado. Su estrategia consistía en atacar al rey espartano y a los hombres más fuertes de su ejército. Leuctra era el lugar perfecto para ello, ya que no había obstáculos de la naturaleza ni impedimentos para la ejecución de su estrategia.

Toda Grecia sabía que la fuerza espartana residía en la falange, y la falange espartana tradicional tenía un largo muro de diez a doce filas de profundidad. Epaminondas se desvió de la norma y ordenó una falange más estrecha, de cincuenta filas de profundidad. También colocó a la Banda Sagrada y a la infantería ligera por delante de la falange para romper las líneas espartanas. Desconcertado por las tácticas de Epaminondas, Cleómbolo ordenó a la caballería espartana que saliera al frente, exponiendo el ala izquierda al ataque.

Los tebanos no desaprovecharían esta oportunidad por nada del mundo.

Los hombres de la Banda Sagrada demostraron su temple contra la caballería espartana y la hicieron retroceder a su posición original. Esto rompió la línea defensiva espartana y los tebanos la traspasaron, enviando ondas de choque a las tropas del rey Cleómbolo.

La falange espartana de doce filas no pudo resistir a las cincuenta filas de Epaminondas. Cuatrocientos de los mejores soldados de Esparta cayeron en la batalla, incluido el rey Cleómbolo.

En total, los espartanos perdieron entre mil y cuatro mil hombres. Los tebanos, por su parte, perdieron entre menos de cien y unos trescientos hombres de sus seis mil efectivos originales. Fue una victoria monumental para Tebas y la peor derrota que Esparta había sufrido en toda su historia.

La noticia se extendió desde el campo de batalla hasta las puertas de la ciudad y todas sus calles. La invencible Esparta, que acababa de ser derrotada por la desvalida Tebas, podría no ser tan invencible después de todo.

Las consecuencias de la guerra

Epaminondas y su ejército tebano habían salvado Beocia, pero la guerra aún no había terminado. El invierno llegó rápidamente aquel año, pero no fue suficiente para impedir que los ansiosos tebanos marcharan hacia el sur. Allí, lanzaron ataques coordinados contra el Peloponeso, clavando una lanza en el mismo corazón de Esparta.

Dentro de las murallas de Esparta, los helotas se habían enterado de la derrota de sus amos y habían iniciado otra revuelta. Por primera vez, el destino estaba de su lado. Encontraron un salvador en Epaminondas, y cientos de miles de helotas fueron liberados de la opresión espartana. Se restableció su hogar ancestral, Mesenia, y se construyeron fortalezas para repeler futuras agresiones espartanas. Siglos después de la primera guerra Mesenia, los helotas ya no eran esclavos. Podían vivir como hombres y mujeres libres en su propia tierra. No tenían que mirar por encima del hombro por la noche ni trabajar como esclavos todo el día para los espartanos.

Epaminondas se trasladó a las partes de Arcadia que habían estado durante mucho tiempo bajo los pies de Esparta y las declaró independientes. Cuarenta de estas ciudades se unieron y formaron una nueva Liga Arcadia, y se comprometieron a mantener a raya a los espartanos. Estos arcadios, junto con los tebanos, fundaron una capital llamada Megalópolis.

Esparta estaba prácticamente acabada como superpotencia en Grecia. Pero comparada con sus siglos de poder sin parangón en Grecia, la recién descubierta supremacía tebana fue irrisoriamente efímera.

Epaminondas y la hegemonía tebana

A pesar de las increíbles hazañas que realizó para Tebas, incluso un hombre como Epaminondas tenía detractores en casa. Tras estabilizar el sur del Peloponeso a favor de Tebas, regresó a casa para ser juzgado y con una petición aprobada para su destitución como boeotarca, un oficial jefe de la Liga Beocia.

Se lo acusó de descuidar sus obligaciones y de obsesionarse con los asuntos exteriores para sus propios fines egoístas. Esto era absurdo, teniendo en cuenta que se había ausentado por el bien de su país, pero Epaminondas sabía leer entre líneas.

Procedía de una familia aristocrática pobre y había llegado a la cima de la política tebana con sangre y sudor. No se rendiría sin luchar.

Soportó un arduo juicio ante el consejo tebano y, al final, se le concedió la libertad y fue reelegido boeotarca. En 369 a. C., Epaminondas continuó sus misiones militares en el Peloponeso. Al año siguiente, vio cómo su amigo Pelópidas era liberado de su cautiverio en Tesalia, al norte.

Durante los años siguientes, se concentró en someter a Esparta y ganar más aliados. Sin embargo, finalmente tuvo que hacer frente a la otra gran potencia: Atenas. Puede resultar algo sorprendente oír que Atenas apoyaba a Esparta, pero Tebas se estaba convirtiendo rápidamente en una superpotencia. Esto era algo que Atenas no podía ignorar.

El principal objetivo de Epaminondas era Bizancio y, en el año 364 a. C., incendió todos los rincones del imperio con levantamientos contra Atenas.

Las ciudades-estado griegas del Peloponeso que se habían aliado con Tebas se encontraron en la misma situación que antes. Al igual que Atenas y Esparta, Tebas pretendía socavar su independencia y convertirse en hegemón de Grecia. Las ansias de poder de cualquier estado en su época dorada parecían no tener fin, pero las ciudades-estado griegas no permitirían que Tebas se desbocara.

En uno de sus últimos actos como rey, Agesilao de Esparta se dirigió a algunos de sus antiguos aliados, incluida Atenas, para que se unieran a él en una misión para mantener a Tebas bajo control. Tebas había disgustado a muchas ciudades-estado griegas, y ¿qué mejor lugar para expresar su descontento que el campo de batalla?

Ésta se llamó la batalla de Mantinea.

Tebas en la cumbre de su poder[18]

En el verano del 362 a. C., Esparta, Atenas, Elis y Mantinea -una fuerza combinada de veinte mil hombres- marcharon contra los de la Liga

Beocia, liderada por Tebas. En total contaban con unos treinta mil hombres.

El rey Agesilao II había aprendido mucho de la derrota y muerte de su colega, Cleómbolo, en la batalla de Leuctra, lo suficiente como para que los espartanos hirieran mortalmente a Epaminondas con una punta de lanza. Sin embargo, los espartanos perdieron la batalla cuando las tropas de Mantinea huyeron del lugar, dejándolos en inferioridad numérica y vulnerables.

Epaminondas fue trasladado rápidamente fuera del campo, pero los médicos no pudieron salvarlo. Mientras se desangraba, Epaminondas dirigió una última advertencia a su pueblo: debían hacer las paces con sus enemigos y centrarse en el desarrollo de Tebas.

Epaminondas falleció, y su muerte fue llorada por los guerreros de Tebas. El historiador griego Diodoro cita a Epaminondas como uno de los más grandes hombres de su época:

> "Pues me parece que superó a sus contemporáneos... en destreza y experiencia en el arte de la guerra. Porque entre la generación de Epaminondas había hombres famosos: Pelópidas el Tebano, Timoteo y Conón, también Chabrias e Ifócrates... Agesilao el Espartano, que pertenecía a una generación un poco más antigua. Aún antes que éstos, en tiempos de los medos y los persas, estaban Solón, Temístocles, Milcíades, Cimón, Mirónides, Pericles y algunos otros en Atenas, y en Sicilia Gelón, hijo de Deinomenes, y otros más. De todos modos, si compararas las cualidades de éstos con el generalato y la reputación de Epaminondas, encontrarías que las cualidades que poseía Epaminondas eran muy superiores".

Desgraciadamente, parece que cuando Epaminondas murió, se llevó consigo las posibilidades de que Tebas dominara Grecia con éxito. Esto se debió posiblemente a que sus sucesores también habían muerto en la batalla, dejando a Tebas sin nadie al timón.

La influencia de Tebas menguó y, mientras los espartanos luchaban por volver, Atenas resurgió lentamente para ocupar el sillón de poder de Grecia. Tebas no se opuso, pero sin Epaminondas, las cosas nunca volverían a ser iguales para la ciudad-estado.

El caos se apoderaría de Grecia y, hasta la muerte del rey Agesilao, Esparta permanecería atrapada en las sombras de la oscuridad.

El espectador

Durante todo este tiempo, cierto miembro de la realeza de un pequeño reino del norte de Grecia había estado observando el desarrollo de la saga. Se trataba de Filipo, más tarde conocido como el rey Filipo II de Macedonia.

Macedonia no era ajena a Atenas ni a Esparta, y Filipo ambicionaba tener influencia desde el Egeo hasta el Imperio persa.

Mientras el resto del mundo se distraía con las actividades de Tebas y Atenas, él fortaleció su reino, del que se apoderó en el año 359 a. C. Tras sus conquistas de partes de Grecia, como Anfípolis, Potidea y Metone, uno de los consejeros del rey Filipo sugirió la unificación de Grecia contra Persia, como en los viejos tiempos.

Atenas, Corinto y Tebas se opusieron con vehemencia a ser peones en el juego de poder del rey Filipo. A estas alturas, la idea de una «Grecia unida» ya estaba muy extendida, y al parecer nunca tuvo un final feliz. Las ciudades-estado de Beocia y el Peloponeso también se negaron a unirse a Macedonia, pero el rey Filipo no se lo pidió amablemente.

Tras su aplastante victoria en la batalla de Queronea en agosto del 338 a. C., las ciudades-estado griegas que habían rechazado al rey Filipo se vieron obligadas a aceptarlo. Ese año, creó una nueva liga de ciudades-estado griegas bajo su mando: la Liga de Corinto.

El rey Filipo había elegido el momento perfecto para emerger como una figura formidable en la política de Grecia, pero hubo otro estado que se opuso a unirse a su liga. No era otro que Esparta, el león herido de Grecia.

Aspecto de Macedonia a la muerte de Filipo II en el año 336 a. C.[19]

Desde la batalla de Queronea hasta su asesinato en 336 a. C., Filipo no consiguió que Esparta se uniera a la Liga de Corinto. A su muerte, su hijo, Alejandro Magno, subió al trono y partió hacia Asia para continuar el legado de su padre.

Antes de su viaje, Alejandro le encargó a su regente, Antípatro, que también había servido a su padre, que se ocupara de los obstinados espartanos. Habían desafiado a su padre y lo habían desafiado a él negándose a unirse a la liga.

Esparta, gobernada ahora por el nieto de Agesilao II, Agis III, había buscado la ayuda de Persia para librarse de la influencia macedonia. Aunque los persas querían ayudar, no podían disponer de muchos hombres, ya que estaban lidiando con sus propios problemas macedonios. Esparta también le pidió ayuda a Atenas, pero ésta se negó.

Antípatro condujo a unos cuarenta mil hombres de Macedonia a la guerra contra los veintidós mil de Esparta. Los ejércitos chocaron en Megalópolis en el año 331 a. C. La guerra empezó con buen pie para los espartanos. Sin embargo, a mitad de camino, el número de macedonios se impuso y los espartanos fueron derrotados.

El rey Agis ordenó a sus hombres que se retiraran y, como consecuencia, Esparta se integró en la Liga de Corinto, sumiéndola cada vez más en el olvido político.

¿Quién podría salvarla?

Capítulo 12 - Intentos de restauración y colapso

Tras más de una década siendo utilizada para sus campañas de expansión política, la Liga de Corinto murió en el 322 a. C., un año después de que Alejandro Magno pereciera.

Para entonces, Esparta hacía tiempo que había perdido su lugar como potencia de Grecia. Excepto quizá Agis III, los reinados de los reyes euripóntidas posteriores a Agesilao II fueron bastante discretos. Esparta estaba ausente de las fronteras de la política griega, y los espartanos vieron poco del protagonismo que habían tenido sus antepasados.

Tal vez fuera lo mejor. Un gran poder conllevaba la pesada carga de mantenerlo, y muchas veces era a costa de la paz. Esparta permaneció inmóvil, sobreviviendo a las glorias del pasado y con la vaga esperanza de que algún día la suerte cambiara a su favor.

Esto alimentó las esperanzas de un joven de ojos brillantes que ascendió al trono espartano en el año 245 a. C.

El rey Agis IV de Esparta

Plutarco narra que Agis IV nació en el privilegio. Su madre y su abuela eran las mujeres más ricas de toda Esparta. Su padre, que había sido rey antes que Agis IV, tuvo un reinado mediocre, aunque seguramente le dio a su hijo una vida y una educación decentes.

De niño, Agis IV estaba fascinado por las obras de Licurgo. La Esparta en la que había nacido no se parecía en nada a la Esparta de Licurgo que aparecía en los antiguos textos. La agogé estaba muy mermada, y su familia acaparaba riquezas mientras las deudas asolaban a la clase media trabajadora. Los espartiatas (ciudadanos de Esparta) eran apenas setecientas personas, y seiscientas de ellas vivían en la pobreza.

Agis IV se convirtió en rey a la edad de veinte años. O no se había sometido a la agogé o aún estaba en formación, siendo lo primero lo más probable debido a su debilitado estado. Esparta se ahogaba en el abandono colectivo de sus muchos reyes mediocres. En su celo juvenil, Agis IV estaba decidido a restaurar Esparta reactivando la economía y las perspectivas sociales de la ciudad y de su pueblo. Su programa tenía cuatro vertientes, con el objetivo final de lograr la Esparta de la que escribió Licurgo en sus relatos.

El rey Agis IV consultó con su madre, que se negó a patrocinar sus reformas con su fortuna, hasta que su hermano y tío del rey, Agesilao, intervino. Como la mayoría de los espartanos del siglo III, Agesilao, a pesar de poseer grandes propiedades, estaba sumido en las deudas cuando se enteró de las reformas del rey.

Una de ellas era la condonación de la deuda.

La reforma agraria y de la deuda

A los pocos meses de reinado, el nuevo rey espartano promulgó un decreto por el que se cancelaban todas las deudas de los espartiatas y de los no ciudadanos (*perioikoi*). Esto fue recibido con alegría y alabanzas al rey por los empobrecidos ciudadanos de Esparta.

Como parte de la reforma, el rey Agis IV, al igual que Licurgo, propuso la redistribución de la tierra. La tierra se dividiría en partes iguales que se entregarían a los espartiatas, a los antiguos espartiatas y a los perioikoi.

Desde la liberación de muchos helotas mesenios tras la batalla de Leuctra, los perioikoi se habían convertido en mayoría en Esparta, pero el perioikoi promedio no poseía tierras. Todo eso estaba a punto de cambiar.

La élite espartana refunfuñó ante la noticia, pero cuando los éforos, encabezados por el amigo del rey, Lisandro (descendiente del famoso Lisandro que participó en la batalla de Egospótamos), aprobaron la propuesta del rey, no pudieron protestar. Además, el rey y su familia tuvieron que desprenderse también de sus propiedades, predicando con el ejemplo.

A pesar de todo, Leónidas II, el rey Agiad de Esparta y co-rey de Agis IV, se opuso a las reformas. Leónidas había adquirido mucha riqueza y, a diferencia del rey Agis IV, no estaba dispuesto a desprenderse de ella.

Los intentos de Leónidas de mover los hilos en el foro espartano contra Agis IV fracasaron, lo que provocó su destierro del trono. Fue sustituido por su yerno, Cleómbolo II.

Un castillo de naipes

La cancelación de las deudas y la reforma agraria eran sólo algunas de las medidas que Agis tenía previstas para Esparta. También quería restablecer el agogé y los comedores, que habían contribuido a igualar a la población. El tío de Agis, Agesilao, le aconsejó que hiciera primero la reforma más fácil.

Un día, el pueblo de Esparta se reunió alrededor de una hoguera en el mercado. Allí se quemaron todos los registros de deudas: bonos, títulos y documentos relacionados. Las deudas del pueblo habían sido anuladas. El rey fue alabado por cumplir su promesa, y Agis debió de contemplar feliz a su pueblo, sabedor de que lo había ayudado.

Desgraciadamente, no llegaría más lejos. Tras utilizar a su sobrino para eliminar sus deudas, Agesilao se convirtió en una traicionera espina clavada en el costado del rey Agis.

Una vez que el rey estuvo en guerra en el año 241 a. C., Agesilao manipuló al foro espartano para retrasar la reforma agraria. Las masas se quejaron amargamente, pero el rey Agis estaba en guerra, habiendo confiado los asuntos del estado a las personas equivocadas.

Su amigo Lisandro ya no era éforo y no quedaba nadie en el gobierno espartano dispuesto a defender las reformas del rey. En su lugar, el desterrado Leónidas II fue reinstalado como rey agiado de Esparta. Cleómbolo, que había sido nombrado rey con el apoyo de Agis, huyó de Esparta.

Las reformas del rey Agis fueron rechazadas antes de que regresara a Esparta y, a su llegada, fue arrestado y detenido. Los éforos corruptos y Leónidas lo declararon rápidamente culpable de tiranía, y fue ejecutado allí mismo. Su madre y su abuela también fueron asesinadas en ese momento.

En el tiempo que tardó el pueblo de Esparta en acudir a las puertas de la prisión, el rey Agis IV ya estaba muerto. Los campesinos espartanos vieron desvanecerse ante sus ojos toda esperanza de poseer tierras. El futuro de Esparta volvía a ser oscuro y sombrío.

El rey Agis IV, al morir, sólo había gobernado Esparta unos cuatro años. La historia lo recordaría como una clavija redonda en un agujero cuadrado, un rey demasiado blando para los tiempos difíciles y demasiado confiado para ocupar el trono de Esparta.

Su vida, tristemente corta, demostró que para ser rey de Esparta hacía falta algo más que buen carácter, notable brillo y nobles intenciones.

Cleómenes III de Esparta

Leónidas, el rey que había incitado a los éforos a asesinar a su igual, el rey Agis IV, sería recompensado por el destino de dos maneras. En primer lugar, su hijo, Cleómenes III, continuaría el legado del rey Agis para reformar Esparta y, en segundo lugar, Cleómenes sería uno de los últimos del linaje de Leónidas (el linaje Agiad) en sentarse en el trono espartano.

Tras enterarse del papel de su padre en la ejecución de Agis IV, Cleómenes, que entonces tenía dieciocho años, volvió a casa de un viaje de caza. Las acciones de su padre desde antes de ser desterrado y después de su reinstauración eran despreciables, pero el joven príncipe no estaba en posición de hablar sobre ello.

Cleómenes llegó a casa y se encontró con un ambiente bastante festivo. Había comida y vino, y los sirvientes estaban preparando el palacio para un gran acontecimiento. El curioso príncipe le preguntó a su padre de qué se trataba y se enteró de que era una boda, y no una boda cualquiera, sino la suya propia.

Iba a casarse con Agiatis, reina de Esparta y viuda de Agis. El príncipe no podía comprender la crueldad de su padre. Protestó débilmente contra el matrimonio, pero al final del día ya estaba casado.

Su matrimonio fue por conveniencia, ya que la reina viuda era una mujer rica. Sin embargo, con el tiempo, la pareja llegó a sentir afecto el uno por el otro.

Siete años después, el rey Leónidas murió misteriosamente, y el príncipe Cleómenes ascendió al trono como rey agiado de Esparta en el 235 a. C.

Una barrida limpia

Si algo había aprendido Cleómenes III del caído rey Agis IV era que un rey necesitaba poder para efectuar cambios reales. En primer lugar, tenía que hacer frente al poder incontrolado del Eforato Espartano. Una institución que podía condenar a muerte a un rey de forma tan cruel era potencialmente peligrosa para su reinado.

En el sexto año de su reinado, Cleómenes, recién salido de una sangrienta batalla que había durado cinco años, ordenó el asesinato de los cinco éforos de Esparta. Cuatro murieron en un ataque sorpresa, y el quinto huyó para salvar la vida, sin que se volviera a saber de él.

Sin éforos que desafiaran su autoridad, Cleómenes III inició su reforma de Esparta, a la que no se opusieron sus correligionarios de la dinastía Euripóntida.

En primer lugar, el proyecto de redistribución de tierras que había iniciado Agis IV vio por fin la luz. Fue un día histórico para el pueblo de Esparta, especialmente para los esforzados perioikoi. El rey concedió la ciudadanía a los más valientes, lo que permitió que la población ciudadana de Esparta por fin aumentara.

A continuación, Cleómenes reformó la lisiada agogé, que había sido la base de la reputación militar de Esparta en el pasado. Una vez más, los ciudadanos seguirían el ejemplo de sus antepasados enviando a sus jóvenes a la agogé. Los adultos se purgarían de materialismo y volverían a la vida comunal, comiendo juntos en los comedores y haciendo contribuciones financieras al estado.

Para el ejército espartano, Cleómenes hizo entrenar a cuatro mil hoplitas espartanos a la antigua usanza y ordenó la inclusión de la sarissa en el arsenal de Esparta. La sarissa era una pica creada durante el reinado del rey Filipo II. Como quedó demostrado cuando los macedonios humillaron a Tebas y Atenas en la batalla de Queronea, la sarissa era más letal para las falanges que el doru espartano (un tipo de lanza). Los guerreros espartanos aprendieron a usar la sarissa y se convirtieron en las mejores tropas que Esparta había visto en mucho tiempo.

Cleómenes III dio un paso más para cimentar su poder al deponer al rey Euripóntida y sustituirlo por su hermano, Eucleidas. Esto significa que había dos reyes agiados en el trono de Esparta, y no había éforos que se le opusieran. A diferencia de todos los reyes anteriores, Cleómenes disfrutaría de los siete años que le quedaban de reinado sin oposición, al menos en Esparta.

La Liga Aquea

Cuando Cleómenes III subió al trono espartano en el año 235 a. C., un hombre llamado Arato, procedente de una pequeña ciudad-estado llamada Sición, estaba haciendo progresos políticos en Grecia.

Arato era el líder de la Liga Aquea, una confederación de estados griegos del Peloponeso que se unieron para hacer frente a los sedientos de poder macedonios. Esparta se había aliado con la Liga Aquea bajo el reinado de Agis IV, pero tras su trágica muerte, Arato no estaba seguro de cuál era la posición de Esparta.

Cleómenes no tenía intención de reconocer a Arato ni a su Liga Aquea. En su lugar, se centró en ampliar las fronteras de Esparta invadiendo Arcadia. Los arcadios, alarmados por ser el blanco de la nueva campaña de Cleómenes, pidieron ayuda a la Liga Aquea.

Cuando quedó claro que el rey Cleómenes III no cooperaría con la Liga Aquea, Arato le declaró la guerra a Esparta. Esto dio comienzo a la guerra de Cleómenes.

Aspecto de Grecia en torno al año 228 a. C.[20]

En esta guerra, Esparta y Elis se enfrentaron a la Liga Aquea. Arato y Cleómenes libraron muchas batallas, pero Esparta obtuvo múltiples victorias. Cansado de ser derrotado, Arato solicitó la ayuda de Macedonia. El rey macedonio, Antígono III Dosón, accedió a ayudar a Arato a cambio de una fortaleza estratégica bajo su control.

Era un precio muy alto, pero Arato estaba desesperado por derrotar a Cleómenes y a los espartanos. Así que aceptó.

Este pacto con Macedonia le costó a Arato muchos aliados en la Liga Aquea. Arato había dejado que su obsesión por ganar la guerra nublara su juicio, pero fue bien recompensado por Macedonia. En el 222 a. C., el rey Antígono de Macedonia marchó al paso de Sellasia, cerca de Esparta. Allí, los macedonios y los aqueos aplastaron al ejército espartano y mataron al hermano y co-rey de Cleómenes, Eucleidas.

Cleómenes escapó por los pelos y huyó a Alejandría, en Egipto, donde tenía un viejo amigo: Ptolomeo Euergetes. Desgraciadamente, cuando su amigo murió ese mismo año, el nuevo gobernante, Ptolomeo Filopator, detuvo a Cleómenes. Cleómenes escapó del cautiverio en el año 219, pero nadie en Alejandría lo apoyó. Para evitar ser capturado nuevamente, se suicidó. Fue un final trágico para un hombre que tenía grandes sueños para Esparta.

Tras la muerte del rey Cleómenes, subió al trono Agesípolis III, nieto de Leónidas II. Sería el último rey Agiado. La frágil Esparta se hundió en la anarquía, y varias facciones se disputaron brutalmente el trono de Esparta hasta que un regente llamado Nabis se hizo con él en 207 a. C.

El rey Nabis reinó durante quince años. Fue muy querido por algunos, ya que expulsó a los codiciosos aristócratas y redistribuyó sus riquezas. También concedió la ciudadanía a más no espartanos para aumentar la población espartana y reconstruyó la armada espartana. Para otros, era un tirano acaparador de tierras con ambiciones imperialistas poco realistas.

Esparta ya no tenía lo que había que tener para construir un imperio, pero el rey Nabis no se amilanó en su empresa. Al igual que el rey Cleómenes III, despreciaba a la Liga Aquea y entró en conflicto con ella, aunque a menudo fue derrotado.

El rey Nabis de Esparta tendió una mano de amistad al rey Filipo V de Macedonia, ya que tenían un enemigo común: los aqueos. Este genial juego de poder le valió el control de Argos, enemiga de Esparta desde hacía mucho tiempo. Cuando Macedonia fue derrotada por Roma en las guerras Macedónicas, el rey Nabis se vio obligado a renunciar a Argos.

Nabis lo había visto venir y desertó sutilmente a Roma, lo que contribuyó a reducir sus pérdidas. Su alianza con Roma duró poco debido a sus ambiciones de expandir el poder espartano a los territorios romanos de Grecia.

El rey Nabis fue asesinado en su propia ciudad por hombres en los que había confiado como aliados y, por primera vez en la historia, la antigua Esparta se convirtió en un estado vasallo. Nunca más volvería a saborear la independencia.

Cuarta sección:
Vida y estructura social espartanas

Capítulo 13 - La Agogé

La educación constituía un núcleo integral de muchas antiguas civilizaciones, y Esparta no estaba exenta de ello. Nadie se convertía en ciudadano espartano por nacimiento. Sólo los más fuertes y duros se ganaban el derecho a llamarse espartanos y, en el siglo VII a. C., el agogé espartano era el determinante definitivo.

La agogé era el lugar de nacimiento de los mejores guerreros de Esparta, como los valientes trescientos que se enfrentaron a los cientos de miles de Jerjes en las Puertas Calientes de las Termópilas. La agogé era un sistema de educación diferente a cualquier otro que existiera en la Grecia clásica, y aunque sus orígenes son ampliamente debatidos, las historias apuntan a un hombre: Licurgo.

Orígenes

Recordarás a Licurgo de Esparta como el hombre que abandonó su país y su estimada posición política para librarse de las sospechas de traición contra su joven sobrino y futuro rey, Charilao. Viajó por el mundo en busca de exposición y conocimiento, los cuales encontró en abundancia, y luego regresó a casa.

Estos conocimientos serían la base de una nueva sociedad espartana militarista que sacaría a la ciudad-estado de la oscuridad y la situaría en el centro de la escena política.

Licurgo se había dado cuenta de que el primer punto de cambio en cualquier sociedad tenía que ser psicológico. La percepción que el pueblo tenía de sí mismo y de su deber para con su país influiría en los esfuerzos por mantener la Esparta que él imaginaba. ¿Y qué mejor momento para empezar a inculcar valores a un ser humano que la infancia?

Licurgo se puso manos a la obra y surgió la agogé. Era un sistema educativo que se apoyaba más en la actividad física que en la educación basada en libros. Desempeñaría un papel importante en el glorioso futuro de Esparta, lleno de guerras.

Entrar en la Agogé

Cuando nacía un hijo espartano, los ancianos lo sometían a una minuciosa inspección. Si era enfermizo o deforme, no era admitido en el agogé. Plutarco da a entender que tales niños eran descartados o dados por muertos en una cueva o incluso arrojados desde una montaña, pero esto no ha sido demostrado. Muerto o no, la deformidad o la mala salud descalificaban a cualquier niño para entrar en la agogé.

Si estaba sano, el niño era devuelto a su madre para que lo cuidara y criara hasta que cumplía siete años. Esa edad marcaba la separación del niño de su madre y una larga y brutal iniciación a la edad adulta.

Entrar en el agogé era el mayor honor que podía recibir un niño en Esparta, y por duro que debiera haber sido para muchas madres, no podían oponerse a que se llevaran a sus hijos, a veces para no volver jamás.

La exclusividad era un principio intencionado de la agogé, teniendo en cuenta que la Esparta clásica albergaba tres clases de griegos. En la cúspide de la cadena social estaban los espartiatas, los ciudadanos de Esparta cuyos hombres eran guerreros. En la base estaban los helotas, esclavos y siervos de los espartiatas. Ni los helotas ni la tercera clase, los perioikoi (artesanos, mercaderes y pequeños comerciantes no ciudadanos) podían participar en las agogés, por mucho que lo desearan. Sólo los espartiatas estaban reconocidos por la ley espartana para participar en el agogé. En algunas ocasiones, los hijos de extranjeros de alto rango fueron aceptados en la agogé, siendo Jenofonte de Atenas uno de ellos.

Sobrevivir

Sin duda, la primera noche en el agogé habría sido dura para muchos chicos, incluso para los que la habían previsto desde hacía tiempo. La realidad era más cruel que cualquier expectativa, y por cada grupo de muchachos que se llevaban de casa, algunos no sobrevivían. Caerían, ya fuera por el látigo, por inanición o por agotamiento, y entonces serían enterrados y olvidados. No había lugar para la "debilidad" en la agogé, ni en Esparta.

Paides

Al llegar a la agogé, a los muchachos les afeitaban la cabeza y les quitaban los zapatos. La agogé era tan austera que cosas como el calzado y el peinado eran un lujo. Los chicos llevaban la cabeza y los pies desnudos en todo momento y en todas las estaciones, soportando todas las incomodidades para llegar a ser duros y ágiles.

A continuación, los chicos se dividían en grupos de edad. Los novatos solían tener siete años, aunque algunos sólo cinco, y se organizaban en grupos supervisados por adultos, conocidos como paides.

Los paides tenían entre cinco y doce años, y recibían educación básica en lectura, escritura y, posiblemente, aritmética. La educación formal de la Esparta clásica suele valorarse como breve pero significativa. A los niños se les enseñaba a tocar la flauta, a cantar canciones de guerra tradicionales y a bailar una danza intrigante llamada Pyrrhichios.

El Pyrrhichios era una danza de guerra muy popular en las fiestas de la antigua Grecia. Los espartanos la utilizaban para entrenar a sus jóvenes para la guerra. Los chicos bailaban portando las pesadas armas espartanas hasta que su mente y su cuerpo se fundían con sus armas. No es de extrañar que los guerreros espartanos fueran famosos por manejar sus armas con una destreza superior en el campo de batalla.

Dado que los ejercicios físicos constituirían la mayor parte de su educación en los años venideros, los paides realizaban tareas de resistencia y competiciones atléticas de lucha, danzas de guerra y carreras. También era práctica común que los espartanos mayores incitaran a las peleas entre los muchachos. Estas peleas se convertían en feroces combates físicos que hacían a los chicos más duros y fuertes. Desde pequeños, a estos futuros guerreros espartanos se les enseñaba a comer tanto como a hablar: muy poco. Gracias a las reformas de Licurgo, Esparta no era lugar para ser glotón ni hablador. A los paides se los alimentaba con poca comida para domar su apetito y, curiosamente, para fomentar el robo de alimentos. Los muchachos empleaban diferentes tácticas para robar comida para sí mismos. Si eran sorprendidos, se los condenaba brutalmente a sufrir una flagelación en el templo de Artemisa Orthia. Este castigo no disuadía de robar, sino de ser lo bastante malo como para ser descubierto.

En su obra *Moralia*, Plutarco cuenta un famoso cuento popular sobre esto conocido como "El niño espartano y el zorro".

"En el caso de otro muchacho, cuando había llegado el tiempo durante el cual era costumbre de los muchachos libres robar todo lo que podían, y era una desgracia no escapar de ser descubierto cuando los muchachos que estaban con él habían robado un zorro joven vivo, y se lo habían dado para que se lo quedara, y los que habían perdido el zorro vinieron en su busca, el muchacho casualmente había deslizado el zorro bajo su ropa. La bestia, sin embargo, se volvió salvaje y le devoró el costado hasta los órganos vitales; pero el muchacho no se movió ni gritó, para evitar ser descubierto, y cuando se hubieron marchado, los muchachos vieron lo que había sucedido y lo culparon, diciendo que habría sido mejor dejar ver el zorro que esconderlo incluso hasta la muerte; pero el muchacho dijo: "No es así, pero mejor morir sin ceder al dolor que por ser detectado a causa de la debilidad de espíritu ganar una vida para ser vivida en desgracia".

A los paides se les enseñaba a elegir la muerte antes que la deshonra y a responsabilizarse de sus actos. La agogé era un lugar donde se los despojaba -literalmente- del orgullo, el egoísmo y el miedo.

En cuanto a la forma de hablar, los paides aprendieron que un verdadero espartano hablaba muy poco. La palabra "lacónico" tiene su origen en "Laconia", el lugar de nacimiento de los espartanos, y su significado implica hablar de forma concisa. Los paides también conocieron el humor espartano, irreverente e ingenioso, y cómo tomárselo de buen gusto.

A los doce años, los chicos se reagrupaban como paidiskoi y su entrenamiento físico se volvía mucho más intenso y concentrado.

Paidiskoi

Ingresar en el paidiskoi implicaba algo más que sobrevivir a la primera fase de la agogé o simplemente tener la edad suficiente. Un muchacho tenía que sobresalir en su educación básica y en su entrenamiento físico como paide para ganarse la aprobación de los instructores para su ascenso.

La fase paidiskoi marcaba la transición de niño a hombre, y como parte de la bienvenida, a cada niño se le cambiaba su bonita ropa por una capa única. Cuando llegaba el verano, la primavera o el invierno más crudo, los chicos sólo podían vestirse con su capa. No se les daban extras ni repuestos pasado un año.

En esta etapa de la agogé, bañarse y usar ungüentos corporales se convirtieron rápidamente en lujos, y se hacía más hincapié en la necesidad de hablar menos. Como era de esperar, el entrenamiento físico para la guerra y el combate subía varios peldaños, y los castigos por cometer errores pasaban de brutales a fatales. Durante esta etapa morían más niños soldado, quedando sólo los más resistentes para seguir adelante.

Una característica importante de la fase paidiskoi era que fomentaba una relación especial entre los niños y los hombres espartanos mayores (jóvenes adultos). Como una de las reformas de Licurgo, un sistema llamado syssitia obligaba a todos los hombres espartanos a comer en comedores públicos. Los paidiskoi podían unirse a los jóvenes adultos espartanos en las mesas, y se les enseñaba a ver a cada hombre mayor como su padre.

Plutarco infiere que estas relaciones eran a menudo sexuales, pero el ateniense Jenofonte, cuyos hijos también habían pasado por la agogé, lo niega. Según Jenofonte, el proceso permitía crear lazos de hermandad, un vínculo basado en un amor y una lealtad inextinguibles hacia Esparta, así como hacia los compañeros de batalla.

Hebontes

A los veinte años, el aprendiz promedio había soportado las condiciones más extremas y peligrosas de la agogé. Habría aprendido a vivir sin ropa ni zapatos, a hacer su propia cama con juncos que había recogido a mano en el río Eurotas, a manejar la espada y la lanza, a no acobardarse nunca en la batalla y a relacionarse con sus compañeros y superiores.

Estaba en camino de convertirse en un verdadero guerrero de Esparta, pero primero tenía que servir. Con este fin, los hebontes eran enviados a diferentes sectores para demostrar su valía.

Algunos fueron nombrados eirenos, que eran similares a los prefectos. Estos eirenos estaban a cargo de los chicos más jóvenes y llevaban látigos con fines correctivos. No era una responsabilidad menor, ya que los eirenos eran responsables ante sus superiores, los Paidomonos, y otros ancianos.

Otros hebontes eran destinados como cadetes al campo de batalla como tropas de reserva. Para aquellos hebontes que destacaban como paides y paidiskoi, sus instructores podían recomendarles para puestos en la Crypteia espartana.

La Crypteia fue otra de las innovaciones de Licurgo. Se trataba de un sistema policial encargado de mantener bajo control a la enorme población helota mediante masacres rutinarias avaladas por el gobierno. Se los enviaba a espiar y matar a los helotas sospechosos de incitar a la revuelta. Sólo los jóvenes y ágiles espartanos podían unirse a la Crypteia, ya que sus actividades requerían sigilo, camuflaje y rapidez. A los hebontes destinados a la Crypteia se les podían asignar unas pocas o múltiples misiones, dependiendo de su rendimiento.

Como requisito adicional, los hebontes debían formar parte de al menos un grupo de comedor. Estos grupos eran subgrupos sociales en Esparta, y cada grupo tenía obligaciones financieras con el gobierno. Los miembros de estos grupos eran amigos que comían, entrenaban, dormían y luchaban juntos como hermanos. En la fase previa de entrenamiento (el paidiskoi), la agogé permitía a los muchachos mezclarse con estos grupos y determinar cuáles eran los mejores para ellos.

Para ser aceptado en un grupo, había que ganarse la aprobación de todos los miembros. Muchos grupos sólo aceptaban a chicos de buen pedigrí (de familias ricas o famosas) o a chicos que destacaran entre sus compañeros durante el entrenamiento.

Como incentivo para no relajarse demasiado, el sistema de agogé espartano contaba con el castigo más vergonzoso de todos. No se trataba de la flagelación pública, sino de la deselección. Si se descubría que un hebontes era cobarde, débil o no era elegido por ningún grupo de lío, podía ser expulsado de la agogé. En toda Esparta, casi no había mayor deshonra para un joven. Muchos preferían la muerte a una vida de vergüenza, por lo que los hebontes trabajaban duro para ganarse su puesto.

Durante muchos años, los hebontes servirían en cualquier puesto que Esparta considerase oportuno, hasta un glorioso día en que cumplieron treinta años.

Deportes y otros ritos

Esparta no alcanzó la estima que tenía por pura suerte; se trabajó mucho para convertirla en una sociedad de élite. Los espartanos vivían todos los aspectos de su vida según las recomendaciones de Licurgo para una sociedad verdaderamente guerrera. Estaban obsesionados con el aspecto físico y el rendimiento de sus guerreros, de ahí la pervivencia de la agogé ascética.

El Phouxir

Para los espartanos, un niño de doce años era lo bastante mayor para vivir una aventura extrema en la naturaleza.

Un día, se le entregaría una lanza roma y se lo arrojaría a la naturaleza en las condiciones climáticas más desfavorables para que pusiera a prueba su valor e ingenio. Por supuesto, el chico vagaría por la naturaleza descalzo y con una endeble capa como vestimenta. Si tenía la mala suerte de ser enviado en invierno, las probabilidades estaban en su contra y no recibía ningún trato especial.

Este ejercicio se llamaba el phouxir, y todos los niños de la agogé, nobles o plebeyos, no podían escapar de él. Durante varios días y noches, se lo dejaba que se las arreglara solo con su lanza y la determinación de salir con vida. Tendría que cazar o recolectar su propia comida. Los más listos podían robar comida en su camino a la naturaleza, pero no podían ser capturados.

Los robos no tardaron en proliferar entre los muchachos de la agogé, y los ciudadanos de Esparta (especialmente los comerciantes, mercaderes y esposas) tenían que estar en guardia cuando estaban cerca de ellos. A menudo, ni siquiera su vigilancia era rival para la férrea determinación de los muchachos. Generación tras generación, los muchachos de la agogé ideaban durante el phouxir los medios más astutos para llevar a cabo el robo perfecto, y los aldeanos, una vez robados, tenían que soportarlo.

El episkyros

Para el recreo, el sistema de la agogé contaba con un deporte de pelota conocido como episkyros. Era un juego muy popular en la antigua Grecia, pero como era de esperar, los espartanos le añadieron un poco más de violencia. Los tacles para ganar la posesión del balón se convertirían rápidamente en un elemento básico en Esparta, y muchos jugadores resultarían gravemente heridos.

La esencia de este deporte era el trabajo en equipo, una base vital de la falange, la formación de batalla característica de Esparta. Como parte de su entrenamiento, los muchachos de la agogé practicaban este deporte durante los festivales de la ciudad para demostrar su resistencia y su capacidad de funcionar como un equipo imparable.

Los historiadores consideran que este deporte es una de las formas más antiguas del fútbol, pero a diferencia de éste, el balón podía manejarse tanto con las manos como con los pies. También se dice que el episkyros tenía cierto parecido con el juego de pelota japonés cuju.

En un partido de episkyros, los chicos se dividían en dos equipos de doce a catorce jugadores, y cada equipo tenía dos objetivos: pasar el balón por una línea blanca (el skuros) y marcar goles contra el otro equipo, así como defender su lado de la línea contra los goles del otro equipo.

Este juego era más difícil en la práctica. Para superar la línea defensiva del equipo contrario se necesitaba un equipo más fuerte y organizado. Había que taclear para ganar o conservar la posesión del balón, y se requería fuerza bruta para sobresalir en ello.

Cada año, los ciudadanos y otros habitantes de Esparta acudían a ver este partido, animando a sus equipos favoritos en la arena. Aunque era más común entre los chicos de la agogé, las chicas espartanas también practicaban este juego.

El hoplita

Desde la primera noche como paide inexperto hasta la eventual aparición como un verdadero hoplita, no había descanso en la agogé. Era obvio que los muchachos eran instruidos en el arte de empuñar las armas.

El aspis (escudo) espartano era grande y pesado. Llevaba años acostumbrarse a su peso. Las lanzas espartanas eran también inusualmente largas, lo que las hacía excelentes para ataques a corta y larga distancia. A los muchachos de la agogé se les enseñaba a manejarlas con destreza, junto con las espadas.

La coordinación, el aguante, la fuerza y la resistencia eran los rasgos que más se ponían a prueba en la batalla, y un verdadero hoplita podía marcar todas las casillas. Abandonaba el calor del hogar a los siete años y era entrenado para no mostrar piedad en la batalla.

A los treinta años, el estudiante de la agogé podía reincorporarse a la sociedad. Ya no era un niño, sino un guerrero espartano hecho y derecho, roto y forjado a la perfección en el fuego del sistema educativo más arduo del mundo: la agogé.

Capítulo 14 - El gobierno espartano

Liderazgo

El ascenso de Esparta al prestigio político era una cosa; seguir siendo relevante como superpotencia del Peloponeso era otra. Se necesitaría un gobierno superior para asegurar el lugar de Esparta en Grecia. Licurgo fue el genial estadista y creador de la Gran Rhetra, una constitución que guió a Esparta fuera de la Edad Media griega.

Durante su viaje a Creta, Licurgo observó cómo el rey Minos gobernaba a su pueblo. Anhelaba que Esparta tuviera un modelo de gobierno similar. A su célebre regreso a Esparta, Licurgo confirmó su mandato de transformar la estructura política de Esparta desde el Oráculo de Delfos. Entonces, se arremangó y se puso manos a la obra.

Los esfuerzos de Licurgo harían que Esparta se reestructurara en una oligarquía, aunque constaría de múltiples órganos de decisión para reducir los riesgos de tiranía y dictadura. Esparta no era para un solo hombre o rey. El modelo de gobierno de Licurgo lo sobreviviría durante cuatro siglos.

Gerousia: Transición al poder

En la Antigüedad, en particular en Esparta, los ancianos eran venerados como custodios de la sabiduría. Después de haber vivido su juventud al servicio de Esparta en el campo de batalla, los hombres mayores podían formar parte del consejo de ancianos elegido por

Licurgo. No podía formar parte de él cualquier hombre mayor; tenían que haber demostrado su valía como héroes de guerra y campeones.

Este consejo de ancianos, llamado Gerousia, era la máxima autoridad del gobierno espartano. Esta institución es mencionada por primera vez en la obra de Plutarco titulada "Vida de Licurgo", y actuaba como una especie de tribunal supremo, ya que la Gerousia estaba facultada para tomar las decisiones más cruciales que afectaban al estado.

Un hombre debía tener al menos sesenta años para formar parte de la Gerousia, y el consejo de ancianos sólo contaba con treinta miembros, entre los que se encontraban los dos reyes de Esparta. Aunque los puestos en la Gerousia estaban abiertos a cualquier espartiata anciano que cumpliera los requisitos de edad y experiencia bélica, era más fácil que los hombres de familias acomodadas y aristocráticas se hicieran con ellos. Los espartiatas más pobres e impopulares carecían a menudo de los recursos y la influencia necesarios para conseguir los votos del pueblo, por lo que frecuentemente quedaban relegados a un segundo plano durante las elecciones.

Los veintiocho miembros de la Gerousia, aparte de los dos reyes de Esparta, se denominaban gerontes, y su cargo era vitalicio, al igual que el de rey. Cada vez que fallecía un geronte, se abría una vacante. Las elecciones se celebraban en el ayuntamiento. Los hombres de Esparta se reunían y votaban al más calificado (y preferido) para ocupar el puesto.

Para ello, Esparta utilizaba un sistema de votación sencillo y directo: el voto a viva voz. Para ser francos, simplemente gritaban. En aquella época no había dispositivos ni métodos de votación modernos, pero eso no les impidió a los espartanos hacer las cosas. Las elecciones eran presididas por una asamblea de gerontes en ejercicio, que seleccionaban a unos pocos hombres de confianza. Estos hombres se recluían en una habitación vacía cercana a la sala. Estos hombres decidían el ganador de las elecciones, por lo que no se les permitía ver en ningún momento al candidato al que se votaba. De este modo, tomaban una decisión basándose en el nombre que más se gritaba. Aunque este método de votación tenía muchos defectos, se mantuvo en uso durante mucho tiempo.

Para un pueblo tan agresivo como el espartano, es de esperar que sus elecciones fueran ruidosas. En palabras de Plutarco, eran "muy disputadas".

Una vez elegido el nuevo geronte, la Gerousia tendría que ponerse manos a la obra. Cada geronte elegido recibiría una formación exhaustiva para comprender sus funciones y sus límites constitucionales.

La primera responsabilidad de la Gerousia, de acuerdo con la Gran Rhetra, era hacer leyes. Esto era típico de cualquier asamblea legislativa, y a la Gerousia se le encomendaba la elaboración de políticas con el fin de seguir expandiendo Esparta.

El consejo de ancianos también se encargaba de revisar lo que se discutiría en la Apella (asamblea de ciudadanos). Esta era otra de las razones por las que la Gerousia era considerada el órgano legislativo supremo de Esparta. Si la Gerousia consideraba que un asunto era demasiado delicado o innecesario, nunca se podía hablar de él en la Apella. En última instancia, la Gerousia redactaba el orden del día de cada reunión de la Apella.

Durante una reunión de la Apella, los ciudadanos gozaban de derechos constitucionales para tomar algunas decisiones. Con el tiempo, sin embargo, tales resoluciones podían ser anuladas por la Gerousia. Todo lo que tenían que hacer los ancianos para declarar su desaprobación era abandonar la reunión de la Apella, y la decisión en cuestión quedaría anulada.

Los poderes de la Gerousia no eran sólo legislativos. El consejo también estaba dotado por la Gran Rhetra de poderes judiciales. Si algún espartano era acusado de delitos graves, como traición o asesinato, sólo la Gerousia podía celebrar un juicio. Si era declarado culpable, la Gerousia podía aplicarle un castigo que podía ir desde multas hasta el exilio o la ejecución. Si un rey desobedecía las costumbres y normas de Esparta, la Gerousia, con el apoyo del Eforato, podía despojarlo de su corona y expulsarlo.

Tal poder y responsabilidad hacían que un puesto en la Gerousia fuera muy codiciado por los hombres de Esparta, inspirando a los más jóvenes a trabajar duro para ganárselo.

Apella: El mandato del pueblo

La ciudadanía en Esparta tenía muchas ventajas, especialmente para los hombres. La Apella era una de ellas. Se trataba de una asamblea de espartiatas varones que se reunían cada luna llena para deliberar sobre asuntos que afectaban al futuro de Esparta.

Para convertirse en un verdadero ciudadano, cada hombre debía haber sido entrenado en la agogé y haber tenido éxito en todas sus tareas. La mayoría de los hombres espartanos de la época clásica habrían luchado al menos en una batalla. Esto por sí solo calificaba a casi todos los hombres espartanos para formar parte de la Apella.

La edad de admisión era de treinta años (la misma edad para graduarse en la agogé). Al principio, la Apella se reunía en un lugar llamado ágora, que era un espacio público abierto. Fue idea de Licurgo, ya que así los ciudadanos se concentrarían en los debates de la Apella en lugar de distraerse con estatuas o pinturas decorativas, que solían encontrarse en los ayuntamientos.

La lista de temas a debatir durante una reunión de la Apella era elaborada por el consejo de ancianos (Gerousia), y una reunión podía durar muchas horas. Las discusiones acaloradas eran habituales, pero había que llegar a un consenso en todos los asuntos.

Al principio, la Apella podía tomar decisiones sin oposición, pero hacia el siglo VII, los reyes de Esparta observaron la facilidad con la que el pueblo podía tomar resoluciones. Para amortiguar los peligros de tales libertades, se enmendó la Gran Rhetra para otorgar poderes de veto a la Gerousia. A partir de entonces, el consejo de ancianos podía rechazar una decisión tomada por la Apella si, en su sabiduría y experiencia militar, la consideraba indecorosa. Además, los éforos y gerontes moderaban todas las reuniones de la Apella.

De acuerdo con la constitución espartana, los ciudadanos asistentes a la Apella podían deliberar sobre la realeza, la sucesión, la política exterior, la guerra, los tratados de paz, el ejército y la legislación. La función más importante de la Apella era la elección de los éforos y gerontes mediante votación oral. Cada año se elegían nuevos éforos, pero, como se ha leído más arriba, no ocurría lo mismo con los gerontes, ya que se trataba de un cargo vitalicio.

La visión de Licurgo para la Apella era que los ciudadanos espartanos formaran parte del gobierno y que sus voces fueran escuchadas, muy literalmente.

El Eforato: La divinidad política

Es imposible hablar de la historia de Esparta sin toparse con cierta institución formada por cinco hombres que compartían poderes con los propios reyes de Esparta: los éforos.

Los historiadores Plutarco y Heródoto no se pusieron de acuerdo sobre el origen de los éforos, quizá el brazo más poderoso de Esparta, por lo que existen dos versiones sobre su origen.

Según el relato de Plutarco, los éforos surgieron en una época en la que Esparta estaba enfrascada en las guerras Mesenias. Los dos reyes de Esparta estuvieron alejados de sus tronos durante muchos años, dejando un vacío en el liderazgo. Se encontró una solución permanente eligiendo un comité de hombres para gobernar Esparta mientras los reyes estaban en guerra.

Heródoto discrepa vehementemente de esto y afirma que los éforos existían mucho antes de las guerras Mesenias. Según él, el éforo fue otra idea política del gran Licurgo. Esta institución fue una idea inspirada por el Oráculo cuando Licurgo realizó su famosa consulta en Delfos.

Afortunadamente, estas historias contrapuestas sobre el origen del Eforato no restan valor a lo que se sabe sobre sus funciones y poderes.

En cuanto a su composición, el Eforato era sólo para hombres espartiatas, al igual que las otras ramas del gobierno espartano. Cinco hombres de entre treinta y sesenta años podían ser elegidos éforos. No se sabe por qué tenían que ser exactamente cinco, pero algunos relatos históricos sugieren que Esparta podía albergar cinco ciudades y que un éforo procedía de cada una de ellas. De ser así, la igualdad de representación garantizaría la unidad entre las ciudades más pequeñas.

Una pintura del siglo XIX sobre los éforos [21]

El Eforato tenía la máxima autoridad política en el estado espartano, incluso más que la Gerousia. Eran venerados por su eminencia política y espiritual, hasta el punto de que los éforos estaban exentos de inclinarse ante los reyes.

Es razonable considerar que la institución del Eforato fue vista como una oportunidad de gran alcance para que los hombres espartiatas saborearan el poder político. Mientras que los cargos en la Gerousia estaban reservados a los nobles y permanecían en ellos hasta su muerte, el Eforato podía ser ocupado por los pobres. Cada éforo sólo podía servir un año y nunca podía ser reelegido, por muy excelente que fuera su actuación.

Esta inclusividad pudo haber sido diseñada por Licurgo de buena fe, pero desde entonces ha sido criticada como un defecto. Estos hombres sabían que sólo tenían un año en el poder y que eran inmunes a la persecución mientras durara. Por lo tanto, hubo muchos casos de éforos corruptos, exigentes y que aceptaban sobornos para aumentar su riqueza.

Por otro lado, una vez finalizado su mandato, podían ser procesados por sus sucesores. Se puso como ejemplo a un éforo llamado Cleándridas, que fue declarado culpable de aceptar sobornos de los atenienses. Fue expulsado, junto con el rey Pleistoanax, quien también había sido declarado culpable.

Los deberes del Eforato eran vastos, por lo que es comprensible por qué un espartano sólo podía poseer tal poder durante un año en su vida. En primer lugar, los éforos eran consejeros de los reyes de Esparta. Cada mes, los éforos intercambiaban juramentos con los reyes, un rito sagrado que sería sellado por el Oráculo. Como los éforos eran guardianes de la ley, los reyes no podían rechazar sus consejos. Consultaban con los éforos todos los asuntos que afectaban al futuro de Esparta. En aquella época, era muy raro que los reyes de Esparta cooperaran en todos los asuntos, por lo que los éforos servían también de mediadores.

En tiempos de guerra, un rey espartano sólo podía declarar la guerra o desplazar tropas con el consentimiento de los éforos. Dos de los cinco éforos acompañaban a los reyes al campo de batalla para asegurarse de que la guerra se desarrollaba según las costumbres espartanas. Aunque los reyes eran los comandantes, los éforos ejercían la autoridad entre bastidores.

En las relaciones exteriores, los éforos eran los representantes del pueblo de Esparta. Podían ser enviados como emisarios en misiones diplomáticas y recibir invitados extranjeros en nombre de Esparta. Por extensión, los éforos podían presidir las discusiones sobre tratados, guerra y paz. Esto les otorgaba poderes para moderar las reuniones de Gerousia y Apella y tomar las decisiones finales cuando el pueblo estaba demasiado desorganizado para hacerlo.

Las funciones judiciales del Eforato eran similares a las de la Gerousia. Los delitos graves, como el homicidio, la traición y la negligencia de las costumbres espartanas (especialmente por parte de los reyes), eran llevados ante los éforos para su juicio y castigo. Sólo los éforos se reservaban el derecho de imponer la pena de muerte y deponer a los reyes.

Por ley, los éforos no podían quedarse de brazos cruzados viendo cómo un rey espartano se quedaba sin heredero. Podían intervenir en asuntos conyugales privados siempre que afectasen a la sucesión y a la estabilidad de Esparta.

En realidad, estos poderosos hombres sólo estaban sometidos al Oráculo. Tenían un estatus divino, ya que se los consideraba portavoces de los dioses y aconsejaban a los reyes según los decretos del Oráculo. En esencia, los éforos eran líderes espirituales.

En el lado sombrío, los éforos eran tan poderosos que cada año podían ordenar la matanza indiscriminada de helotas. El Eforato tenía a la Crypteia bajo su firme control y, para asegurarse de que los helotas no se sublevaran, los éforos enviaban guerreros entrenados para acabar con los helotas problemáticos. En algunas ocasiones, los perioikoi (habitantes no ciudadanos de Esparta) fueron víctimas de estas masacres aleatorias.

Los éforos también interferían en los asuntos de la agogé, asegurándose de que sus normas de dura disciplina no decayeran. Cuando nacía un niño espartano, hombre o mujer, era inspeccionado por los éforos para detectar cualquier signo de debilidad física. Para los niños que superaban esta prueba y entraban en la agogé, esta inspección corporal continuaba cada diez días hasta la edad adulta. Esto hizo que la institución de los éforos fuera socialmente relevante en Esparta mientras existió.

Diarquía: Un reinado de dos reyes

Esparta no era tan grande como el Imperio persa, pero gobernaban dos reyes al mismo tiempo. Si bien esto habla de lo mucho que los antiguos espartanos debían amar el orden y la organización, había otros matices fascinantes.

En todos los hogares espartanos, los niños crecían rodeados de historias que les contaban que eran orgullosos descendientes de Heracles, el hijo de Zeus. Los propios reyes espartanos fueron santificados por Tucídides como las "semillas del semidiós hijo de Zeus". Era una referencia a Heracles, que en la mitología griega fue padre de gemelos celestiales y antepasado directo de Aristodemo, el Heráclida. Según la tradición, los hijos gemelos de Aristodemo, Eurístenes y Procles, fueron los primeros reyes duales de Esparta.

En un plano menos mitológico, la naturaleza diarcal de la monarquía espartana encuentra otro origen en la búsqueda de la paz entre las dos familias gobernantes, así como en evitar la inversión de poderes tan inmensos en un solo hombre.

La explicación de Heródoto difiere. Según él, la doble realeza de Esparta se estableció para asegurar la compensación de la antigua clase dominante, los aqueos, que habían sido usurpados durante la invasión doria. El rey Cleómenes I dijo en voz alta en algún momento de su vida que él era aqueo, no dorio.

Ya fuera por gemelidad celestial o como medio para resolver conflictos entre familias y tribus, el reinado de dos reyes en Esparta se mantuvo en boga durante muchos siglos.

La grandeza de Esparta se personificaba en los actos de sus reyes en la batalla. En las historias, los reyes espartanos eran más comandantes militares que jefes de estado políticos. Como vivían la mayor parte de su vida en el campo de batalla, tenían poco tiempo para dedicarse a la política espartana. Ésta quedaba, en su mayor parte, en manos del Eforato.

Cuando los reyes no estaban llevando a Esparta y a otras partes de Grecia a la guerra, ejercían considerables poderes religiosos y judiciales. Eran miembros permanentes de la Gerousia y, como el resto del consejo, deliberaban sobre asuntos que afectaban a Esparta y a su pueblo, aunque guiados por el Eforato.

Los reyes eran venerados como favorecidos por los dioses, por lo que eran los principales sacerdotes de Esparta. Dirigían los ritos y ceremonias religiosas, y supervisaban la ofrenda de sacrificios a los dioses, tal y como exigía el Oráculo. Los reyes no podían tomar decisiones sin la bendición del Oráculo a través de los éforos, pero eran adorados por su pueblo como miembros de la realeza.

Los dos reyes compartían el mismo poder, lo que provocaba frecuentes enfrentamientos cuando había que tomar una decisión. Los éforos intervenían para mediar entre los dos reyes y desbloquear la situación.

Leónidas I, el decimoséptimo rey de la dinastía Agiad e hijo del rey Anaxándridas II, es el rey espartano más famoso de la historia, en agudo contraste con su co-rey, Leotíquidas, cuya traición acabó en un vergonzoso exilio. Al rey Leónidas se lo recuerda sobre todo por enfrentarse con sus trescientos guerreros espartanos al enorme ejército de Jerjes en el paso de las Termópilas.

Estructura social

Cualquiera que diera un paseo por las calles de la antigua Esparta se daría cuenta rápidamente de algo: la gente distaba mucho de ser igualitaria.

Esto se debía a que Esparta funcionaba con un sistema rígido y socialmente reglamentado que favorecía a sus ciudadanos (espartiatas) por encima de los demás. La ciudadanía espartana era diferente de la de otras sociedades, y era más difícil conseguirla que perderla. Nadie, salvo quizá la realeza, podía ser ciudadano por mero nacimiento. Había que trabajar mucho para conseguirla, un trabajo duro no apto para débiles mentales. Al convertirse en ciudadano, un espartiata pasaba el resto de su vida protegiendo su estatus. Los actos delictivos, la desobediencia o la cobardía podían privar al culpable de la ciudadanía, un destino más vergonzoso que la muerte.

Mientras los reyes, éforos y gerontes conservaban el poder en los asuntos del Estado, sólo los ciudadanos de Esparta disfrutaban de verdadera libertad. Irónicamente, estos ciudadanos de Esparta no constituían la mayoría de la población. Eran la minoría, pero ¿no era ese el objetivo de una oligarquía?

Espartiatas: Los pocos privilegiados

En la cúspide de la pirámide social de la Esparta clásica se encontraban los espartiatas, los ciudadanos reconocidos de Esparta. Para los hombres, los derechos de ciudadanía se otorgaban en la agogé patrocinada por el estado. Allí, los niños se convertían en hombres espartanos fuertes, leales y casi invencibles, y se los ponía a prueba en la batalla. Si morían en la batalla o regresaban vivos y victoriosos, se convertían en verdaderos espartanos y disfrutaban de las ilimitadas oportunidades que ello conllevaba.

Los no reales tenían la oportunidad de servir a Esparta como éforos y gerontes, si eran elegidos. Los espartiatas no necesitaban ser elegidos para formar parte de la Apella, la estimada asamblea popular.

Los ciudadanos varones sólo podían casarse con mujeres de su mismo estatus, y cada hijo nacido en una familia espartiata tenía la oportunidad de convertirse en un verdadero espartano. Tanto los espartiatas como las espartiatas podían poseer tierras, que los helotas cultivaban.

Otro privilegio de los espartiatas era que, fueran hombres o mujeres, no estaban obligados por ley a trabajar para ganarse la vida. A pesar de ser el único grupo demográfico con derechos legales ilimitados a la riqueza, la libertad, la protección del Estado y la educación, los espartiatas no tenían que dedicarse al trabajo comercial o manual.

La única ocupación a tiempo completo de un verdadero hombre espartano era ser guerrero o entrenarse para serlo. En el caso de las mujeres, sólo se ocupaban del parto, el entrenamiento físico y las tareas de supervisión en el hogar. Los perioikoi y los helotas formaban la población de trabajadores manuales y serviles.

Perioikoi: En algún punto intermedio

La segunda clase social de la sociedad espartana no tenía una vida increíblemente dura, al menos en comparación con los helotas. Conocidos como los perioikoi (o perioeci), esta casta representaba a los habitantes no ciudadanos de Esparta. Constituían una buena parte de la población de Laconia y Mesenia, ambas vasallas espartanas.

Estas personas disfrutaban de algunos derechos. Aunque muchos perioikoi no habían nacido espartanos, algunos eran espartanos que no se habían unido a la agogé o ex espartanos que fueron degradados, posiblemente por incumplir sus obligaciones financieras con el gobierno.

Este grupo demográfico supervisaba el sector comercial de la sociedad espartana. Eran fabricantes de armas y armaduras, artesanos, agricultores, comerciantes y mercaderes. Los más valientes podían participar en las expediciones militares de Esparta y luchar codo con codo con los hoplitas y los helotas. Si trabajaban lo suficiente en sus negocios o en la batalla, un perioikoi podía ser recompensado con la ciudadanía, pero los espartanos rara vez lo permitían.

Los perioikoi disfrutaban de algunos derechos de propiedad de la tierra, pero no podían votar ni ocupar cargos de liderazgo. De vez en cuando, estas personas podían ser víctimas de ataques coordinados dirigidos al estrato social más bajo de la Esparta clásica: los helotas.

Helotas: Una masa de esclavos

En Esparta vivían los espartiatas y los perioikoi, pero había otra clase. Estas personas eran consideradas la escoria de la sociedad, y a veces se los trataba peor que a los animales. No eran otros que los helotas.

La vida de los helotas en la antigua Esparta no era codiciada. Aunque existen múltiples versiones sobre su origen, no cabe duda de que los helotas eran esclavos propiedad del Estado cuyas libertades y derechos eran prácticamente inexistentes.

En todos los hogares espartanos había helotas, que realizaban trabajos domésticos y serviles. Remaban en los barcos de guerra y servían en la batalla como ayudantes militares. Esto hacía casi imposible que los helotas hicieran algo a lo largo de su vida que mereciera un reconocimiento especial o los condujera a la ciudadanía.

Una diferencia importante entre los esclavos de otras partes del mundo y los esclavos de Esparta es que los esclavos no pertenecían a ningún individuo. El gobierno se reservaba la autoridad de asignarlos y reasignarlos a voluntad, y su trabajo se recompensaba únicamente con comida y bebida.

Numerosas fuentes históricas confirman los malos tratos infligidos a los helotas por sus amos espartanos. Eran humillados y duramente castigados por hacer algo mal o por no hacer nada; a veces, los espartanos los castigaban sólo para recordarles su lugar. Los espartanos eran conocidos por emborrachar a sus helotas con vino y verlos ridiculizarse en público como entretenimiento o hacer que sirvieran de lección a sus hijos para evitar la embriaguez.

Los helotas no podían soñar con alcanzar un cargo político o cualquier forma de influencia en la sociedad espartana. En su lugar, tenían que soportar el odio de sus amos y mirar por encima del hombro por si la Crypteia espartana acechaba en las sombras.

La intersección

A primera vista, no existía casi ningún punto de encuentro entre las tres clases sociales que prosperaban en la Esparta clásica. Nada podía equiparar a los perioikoi y a los helotas con los ciudadanos libres. Geográficamente, no ocupaban los mismos asentamientos.

A pesar de trabajar en los hogares y las granjas espartanas, los helotas regresaban a sus cuarteles o asentamientos al final de la jornada. Los perioikoi se retiraban a sus asentamientos tras abandonar los mercados u otros lugares de trabajo. Dado que los helotas y los perioikoi eran libres de practicar su religión nativa, las actividades espirituales y los festivales ni siquiera reunían a estas clases.

El contacto diario entre ellos no cambiaba el hecho de que estos habitantes de Esparta vivían a mundos de distancia, excepto por una cosa, que ocurría con frecuencia en Esparta: la guerra. Como has leído en este libro, las guerras ocuparon gran parte de la historia de Esparta. Estas guerras eran los únicos momentos en los que cada helota, perioikoi o espartiata luchaba por sí mismo y por Esparta. Cada guerrero espartano, independientemente de su casta, luchaba codo con codo como iguales momentáneos por la gloria de Esparta.

En Esparta, el único verdadero nivelador era la guerra.

Capítulo 15 - La guerra espartana

El campo de batalla era el lugar donde se probaban y evidenciaban los mejores soldados del mundo clásico, como los poderosos espartanos. Cualquier hombre que pudiera salir entero de la agogé era digno de ocupar su lugar en el campo de batalla contra los numerosos enemigos de Esparta.

Cuando Jerjes desencadenó uno de los monstruos más terribles que el mundo había visto jamás -una bestia feroz formada por cientos de miles de soldados de infantería y caballería-, los espartanos lideraron la épica defensa. Flanqueados por sus aliados griegos, los espartanos lucharon contra el monstruo con sus espadas, escudos, lanzas y sus vidas hasta que la victoria fue de Grecia.

El papel de Esparta a la hora de rechazar a los persas sentó un precedente en el arte de la guerra que ninguna ciudad-estado griega superaría. Y tal hazaña sólo podía ser alcanzada por la fuerza bruta de un guerrero espartano, su armadura superior, su amor insaciable por Esparta y el vínculo inquebrantable con sus hermanos de armas, que se alimentó desde la infancia y floreció hasta su muerte.

A pesar de su número habitualmente inferior, los espartanos demostrarían una y otra vez que "un espartano valía por varios hombres".

El arsenal de Esparta

Por muy valiente o temerario que fuera, ningún soldado marchaba a la guerra desarmado contra tropas armadas y vivía para contarlo. Incluso los míticos dioses griegos que residían en el Olimpo hacían que Hefesto, el dios de los herreros, les fabricara armas.

Una lección integral de la agogé espartana era el uso de armas y armaduras. Durante años, los muchachos entrenaban sus cuerpos para acostumbrarse al peso de las armas espartanas y a la mejor manera de manejarlas. Una vez que los chicos dominaban esto, sus movimientos con las armas eran fluidos y naturales.

Y para ser una pequeña ciudad-estado, Esparta tenía una impresionante colección de armas.

El Aspis: Escudos en capas

Cuando uno echa un vistazo a los escudos espartanos, lo más probable es que lo primero que piense sea: "¡Vaya, qué grandes!". Tenían casi un metro de diámetro, y eran tan grandes como pesados. Este diseño era intencionado.

El aspis (también conocido como hoplon) se fabricaba con madera de roble de gran calidad y se recubría con una capa de bronce para darle brillo y protección.

Un aspis que se cree que procede de la batalla de Pilos en el año 425 a. C.[31]

Eran los escudos que protegían a los guerreros espartanos del aluvión de flechas ordenado por los persas durante las guerras Greco-Persas. Los espartanos agrupaban sus escudos para formar una impenetrable muralla de bronce tanto con fines ofensivos como defensivos.

El aspis pesaba unas dieciséis libras, lo que significa que se necesitaba bastante fuerza para cargarlo durante varias horas. Afortunadamente, los espartanos estaban hechos de acero y se les había enseñado a llevar estos escudos mucho antes de que se convirtieran en hombres.

El tamaño de estos escudos podía causar daños mortales si se utilizaban para golpear a un enemigo, y los espartanos se tomaron la libertad de utilizar esto en su beneficio. Aplastaban los cuerpos de sus enemigos de un solo golpe y formaban impenetrables líneas defensivas con sus escudos.

El escudo llegaba desde los hombros hasta las rodillas, cubriendo todo el torso. Cada escudo tenía una empuñadura en el brazo para facilitar la movilidad y las maniobras.

En las representaciones modernas de la antigüedad, los escudos griegos llevan inscritos blasones, y los de los espartanos llevaban la letra griega "lambda", cuyo símbolo era una "V" invertida. Lambda es el equivalente de la letra "L", que supuestamente significaba "Lacedaemón", una referencia al hogar natal de los espartanos.

Sin embargo, muchos historiadores han criticado estas representaciones como falsas, argumentando que los antiguos escudos espartanos no eran propiedades del Estado, sino pertenencias individuales. Así, la gente diseñaba sus escudos con o sin blasones y podía llevarlos a la batalla siempre que el escudo cumpliera las dimensiones requeridas. Otros pocos coinciden en que los hoplitas de Esparta utilizaban escudos con los blasones lambda, pero sólo a partir de la época de la guerra del Peloponeso. Por desgracia, los espartanos que vivían entonces no están para aclarar las cosas.

Otro elemento único de los escudos espartanos era que eran convexos, lo que significaba que podían usarlos para flotar en el agua. Los espartanos podían cruzar ríos sobre sus escudos sin miedo a ahogarse.

Los escudos representaban la resistencia, el valor y el coraje de un ejército, y los espartanos se enorgullecían de los suyos. Los padres pasaban sus escudos a sus hijos como reliquias, y nunca debían perderse, ni siquiera en caso de muerte. Un guerrero espartano podía perder su lanza o incluso su espada, pero nunca su escudo. Sería una gran desgracia.

Por eso, todo hombre espartano que se dirigía a la guerra echaba un vistazo a su escudo y recordaba las palabras de su esposa o de su madre: "Vuelve a casa con tu escudo o sobre él".

Doru: Las lanzas perforantes y la jabalina

La lanza espartana era otra implacable arma de destrucción en el campo de batalla. La doru (también conocido como dory) medía entre dos y tres metros de largo, por lo que debía de ser increíblemente pesada. No obstante, los soldados espartanos la sujetaban con una mano y llevaban sus escudos con la otra.

Las lanzas espartanas se fabricaban con madera para el mango y hierro pesado para la punta plana, que tenía forma de hoja. La punta de la lanza era mortal si se clavaba en la parte correcta del cuerpo, y su forma aerodinámica permitía usar la lanza a distancias más largas que otras lanzas.

Lo que hacía verdaderamente única a la doru espartana era su grueso pincho bronceado en la parte trasera. Este pincho tenía dos funciones principales: estabilizar el peso de la lanza y servir de arma secundaria. Si la punta de su espada se rompía o se cortaba durante la batalla, los espartanos podían utilizar el extremo posterior de sus lanzas para infligir un daño considerable. Una vez concluida la batalla, los espartanos podían rematar al enemigo herido utilizando cualquiera de los dos lados de sus lanzas.

Y lo que es más importante, las lanzas espartanas se utilizaban en las formaciones de falange para mantener a distancia a los soldados enemigos. La longitud añadida del doru daba a los espartanos una ventaja extra, y a los soldados que se acercaban demasiado, los hoplitas podían matarlos.

En las guerras Greco-Persas se puso de manifiesto la superioridad de las lanzas espartanas. Los persas tenían lanzas más cortas y débiles que las formidables dorus espartanas.

En los casos de lanzamientos a larga distancia, la doru espartana no podía hacer mucho, razón por la que los espartanos también llevaban jabalinas. Dado que la guerra era su ocupación a tiempo completo, los espartanos eran extremadamente buenos en prácticamente todo lo relacionado con la guerra. Nunca marchaban a la batalla con armas mal hechas o insuficientes. Por cada doru había una jabalina. Las jabalinas eran las que llegaban más lejos; podían romper las líneas enemigas y desbaratar las formaciones enemigas.

Xifos y Kopis: Cuchillas letales

La falange espartana no podía mantener siempre a distancia al enemigo, sobre todo si éste contraatacaba con una falange. En esta situación, los muros de escudos de los ejércitos enfrentados podían chocar, acercando demasiado a las tropas enemigas como para que las lanzas o jabalinas pudieran ser utilizadas con eficacia.

En otros casos, las firmes líneas espartanas podían ser rotas por una carga de caballería o una formidable infantería, y el enemigo se abalanzaba sobre los guerreros de Esparta, matándolos sin piedad.

Por tanto, el combate a corta distancia requería otro tipo de arma, más corta, más precisa e igual de letal. Se trataba del xifos, una espada de doble filo que data de la Edad de Hierro. Los espartanos, que no temían enfrentarse a sus enemigos a cualquier distancia, diseñaron su xiphe (plural de xiphos) de doce pulgadas de largo, más corto que el modelo griego estándar de veinte pulgadas. De camino a la batalla, el soldado espartano envainaba su xifo y lo dejaba colgar de su cinturón de hombro (el baldaquino).

Reconstrucción moderna de un xifo[28]

Por otro lado, para combatir contra soldados enemigos a caballo, los espartanos utilizaban una espada más larga y de un solo filo llamada kopis.

Su hoja superior, gruesa y curvada, le daba el impulso aplastante de un hacha, lo que resultaba útil para derribar a los jinetes enemigos de sus caballos.

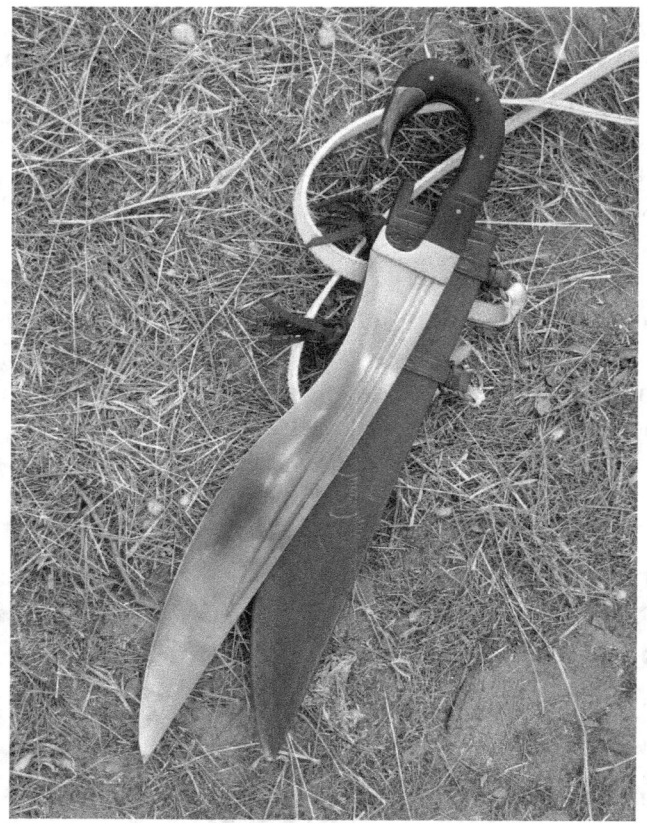

Reconstrucción moderna de un kopis[24]

Puede que las espadas fueran armas secundarias, pero los guerreros espartanos también dominarían su uso. La agogé creó lo mejor de lo mejor.

Las armaduras y tácticas militares espartanas

El ejército de Esparta era la pieza central de su existencia. Y para una ciudad-estado que pronto extendió su poder a todo el Peloponeso, las guerras eran inevitables. Los espartanos pronto se ganaron el miedo y el respeto de sus vecinos como máquinas de guerra que preferían la muerte a la derrota. Entre los siglos VII y IV a. C., Esparta floreció y, desde la época del gran Licurgo, la calidad de los hombres en las filas militares de Esparta nunca se pondría en duda.

Los espartanos se ponían sus largos mantos carmesí, cascos de bronce con pelo de caballo de estilo corintio, brazaletes de cuero y grebas de metal. Llevaban sus escudos y diversas armas. Esencialmente, los soldados espartanos pretendían parecer amenazadores para su enemigo.

Sin embargo, más allá del aspecto físico, los espartanos luchaban como una única y poderosa unidad. Aunque estaban dispuestos a morir por Esparta, juraron protegerse unos a otros en el campo de batalla, que era el objetivo de la falange.

La falange

La falange era una formación defensiva habitual en la antigua Grecia, pero los espartanos tenían una clase propia. Los espartanos, que se habían sometido a la forma de entrenamiento más extrema que se conocía en aquella época, tenían fama de ser capaces de mantener un sólido muro de escudos durante más tiempo que la mayoría. Esto se debía probablemente al código de honor espartano.

Este código sagrado reconocía a todos los soldados como iguales, y prohibía la temeraria ruptura de filas y el suicidio. A ningún soldado se le permitía morir en un arrebato de ira descuidada o abandonar a sus hermanos en la batalla. Tampoco podía dejar caer o perder su escudo, ya que esto sería muy deshonroso. Pero lo más importante, ningún soldado podía romper la formación. La supervivencia de todo el ejército espartano dependía de ello.

La formación de falange era simple en teoría. Un contingente de espartanos unía sus grandes escudos para formar un denso muro, y otro contingente asomaba largas lanzas por pequeñas aberturas del muro de escudos. Esta formación se utilizaba para la defensa, y romper las líneas espartanas solía ser difícil para las tropas enemigas.

Para reforzar el muro, los soldados espartanos se colocaban cohesionados hombro con hombro en varias filas de profundidad, con el siguiente hombre listo para sustituir al que tenía delante si lo mataban. Si la falange era atacada por un aluvión de flechas, los espartanos bajaban rápidamente sus lanzas y formaban un muro de escudos para defenderse.

En la batalla, la falange espartana típica tendría al menos ocho filas de profundidad. Usar la falange para atacar era más difícil, ya que los hombres tenían que avanzar al mismo ritmo sin romper el muro de escudos. Una coordinación y un trabajo en equipo tan perfectos sólo podían encontrarse entre los guerreros de Esparta.

A pesar de lo emocionante que debió ser para los espartanos formar para conquistar a sus enemigos, la falange tenía sus limitaciones. Dado que cada espartano sujetaba sus lanzas con la mano derecha y el escudo con la izquierda, el ala izquierda era más propensa a sufrir ataques.

Otro defecto de la falange espartana era que nunca podía ser eficaz en terrenos quebrados o accidentados. Los hoplitas necesitaban terreno llano para que su formación se mantuviera impenetrable, por lo que, como parte de las tácticas de guerra clásicas de Esparta, atraían al enemigo hacia donde tendrían la ventaja del terreno.

Por último, en casos de batallas prolongadas, la primera fila podía verse comprometida. Sólo los más fuertes de las tropas espartanas se mantenían en primera línea, pero incluso ellos podían quedar exhaustos o morir. Las filas intermedias eran a menudo más débiles e incapaces de sostener un ataque durante demasiado tiempo. Por eso los soldados espartanos no podían permanecer demasiado tiempo en posiciones de defensa. Hacían retroceder a las furiosas tropas enemigas, golpeándolas con sus lanzas y espadas cortas mientras avanzaban lentamente tras sus muros de escudos. Si la primera fila caía, normalmente terminaba en derrota espartana.

Pero los espartanos eran hombres de guerra, y su reputación en toda Grecia y más allá era la de hombres cuyas defensas nunca flaqueaban.

Rituales de batalla

Antes de partir a la guerra, los reyes de Esparta ofrecían sacrificios quemados de ovejas y cabras a Zeus, preguntando si les correspondía librar la batalla. Si el Oráculo accedía, los animales sacrificados se daban de comer a los soldados.

Mientras otros marchaban a la batalla con el sonido de los tambores de guerra, los héroes de Esparta cantaban serenatas con las dulces y suaves melodías de la flauta. Cantaban canciones que les recordaban su amor y orgullo por Esparta.

Tras una larga y sangrienta jornada, los espartanos recogían a sus muertos y los trasladaban sobre sus escudos para enterrarlos. Para guerreros como Leónidas, cuyo valor era excepcional y poco común, construían monumentos nacionales de piedra y hierro. Los cultos a los héroes también eran comunes en la época, y se empeñaban en preservar y venerar la memoria de los extraordinarios guerreros espartanos durante generaciones.

Por sus hermanos de armas caídos en batalla, los soldados espartanos supervivientes los lloraban y despedían con rituales. Si después salían victoriosos, lo celebraban.

Crypteia: Asesinos Nacionales

En muchas historias antiguas, Esparta era una heroína, la salvadora de Grecia y el orgullo del Peloponeso.

Sin embargo, en esta historia en particular, Esparta era un villano horrible, un villano cuyo monstruoso apetito nunca podía saciarse, sin importar cuántos esclavos devorara. Este sombrío y oscuro relato trata de una despiadada banda de guerrilleros espartanos que eran enviados a la campiña de Laconia todas las noches de otoño.

Plutarco dice que eran hombres jóvenes y sanos, recién salidos de la agogé. Sin embargo, nadie sabe a ciencia cierta cuándo se creó la Crypteia. Algunas fuentes antiguas atribuyen su creación a la época de las reformas de Licurgo, en el siglo VII a. C. Sin embargo, a historiadores como Plutarco les cuesta creer que Licurgo fuera el cerebro de tal institución, afirmando: "Ciertamente no puedo atribuirle a Licurgo una medida tan abominable como la "Crypteia", a juzgar por su suavidad y justicia en todos los demás casos".

La postura de Plutarco es lógica, teniendo en cuenta que la naturaleza de la Crypteia contrastaba fuertemente con lo que representaba el ejército espartano. A diferencia del ejército espartano convencional, cuyo distintivo era la organización y el trabajo en equipo, la Crypteia enseñaba a sus jóvenes miembros espartanos independencia, autosuficiencia y sigilo.

Los jóvenes asignados a la Crypteia eran los mejores entre sus compañeros y maestros del disfraz. Se los enviaba con dagas y algo de comida. Eran como depredadores que sólo tenían un tipo de presa: desprevenidos desvalidos.

Durante el día, los hombres de la Crypteia espiaban a los helotas, a veces señalando a los descarriados e insubordinados, es decir, a los más propensos a incitar revueltas contra Esparta. Cuando caía el sol, estos espías espartanos ejecutaban a los helotas de la forma más brutal, normalmente apuñalándolos hasta la muerte con sus puñales. Otros helotas que vagaban por las calles o trabajaban hasta tarde en las granjas durante los toques de queda impuestos por el estado también eran asesinados sin piedad.

Estos espantosos asesinatos no sólo eran sancionados por el Estado espartano a través del Eforato, sino que además quedaban impunes. Las primeras masacres de esta "policía secreta" pasaron desapercibidas para los helotas, pero con el tiempo quedó claro que el estado de Esparta estaba en guerra con ellos.

Durante generaciones, los espartanos habían temido que los helotas se aprovecharan algún día de su gran número y se alzaran contra ellos, lo que, por supuesto, supondría una grave amenaza para la seguridad nacional. Para ir un paso por delante, el gobierno espartano le encargó a la Crypteia la diezma indiscriminada de la población helota. Era una forma brutal de recordar a los helotas su lugar: bajo los pies de Esparta.

En la *Historia de la Guerra del Peloponeso*, Tucídides cuenta la escalofriante historia de dos mil helotas que fueron invitados a la ciudad un día del año 424 a. C. Era un día poco habitual: los helotas habían recibido la noticia de que sus amos espartanos estaban satisfechos con ellos por su arduo trabajo durante décadas y deseaban recompensarlos. Se pidió a los helotas que enviaran a sus mejores hombres como representantes para recibir su recompensa.

Los helotas no podían creer su buena suerte. Para celebrar lo que parecía el fin de la tensa relación con los espartanos, enviaron a dos mil de sus mejores hombres. Los espartanos les dieron la bienvenida y los invitaron al templo para el culto. Los helotas fueron condecorados con guirnaldas y se les aseguró la libertad de su condición de esclavos. Alborozados, los helotas se movieron libremente por el recinto del templo, saboreando el nuevo y dulce aire de libertad... hasta que se convirtió en un terrible espejismo.

Uno tras otro, los dos mil helotas murieron misteriosamente, y sus asesinos, los espartanos, no fueron investigados ni castigados. Esta historia ejemplifica el horror al que se enfrentaron los helotas a manos de los espartanos y los cripteios.

Otros relatos históricos presentan la Crypteia como un rito de iniciación para los jóvenes que acababan de completar su formación en la agogé. Sin embargo, innumerables helotas fueron asesinados por estos jóvenes espartanos al servicio del Estado.

Los espartanos lograban someter a los helotas como deseaban, pero sólo podían permanecer encadenados durante cierto tiempo. Con la aparición de una generación más joven de valientes y rebeldes helotas llegó una guerra civil. Una guerra que casi consumiría a la poderosa Esparta.

Capítulo 16 - Las mujeres en Esparta

Como cuenta la historia, la situación de la mujer en la antigüedad era difícilmente aceptable. En una sociedad antigua típica, las mujeres no eran iguales a los hombres. En el mejor de los casos, eran amas de casa, madres de niños, esclavas o botín de guerra. No podían poseer tierras ni propiedades, sino que eran propiedad de sus padres y, más tarde, de sus maridos.

A pesar de ello, las mujeres eran consideradas parte esencial de la sociedad y se cree que asumían su papel. Sin embargo, no se puede ignorar el hecho de que las mujeres solían ser consideradas insignificantes en cuestiones culturales, militares y políticas.

Hay algunas sociedades antiguas que iban en contra de la norma, y una de ellas era una pequeña ciudad-estado griega de la península del Peloponeso. Las mujeres espartanas eran libres de participar en muchos aspectos de su sociedad. Estos beneficios son atribuidos a las geniales reformas de Licurgo. Tenía la firme convicción de que las mujeres eran la base de la sociedad y que, para que la estirpe de hombres fuertes y valientes de Esparta perdurara, las mujeres que los engendraban también debían ser fuertes.

Con la aceptación de sus ideas políticas en el siglo VII a. C., las mujeres espartanas entraron en una nueva forma de vida que duraría varias generaciones. A diferencia de sus hermanas de Atenas y otras partes de Grecia, las mujeres de Esparta tenían un poder cultural considerable.

Su ferocidad no tardó en granjearles renombre en la antigua Grecia y un lugar en la historia.

Creciendo

Cuando nacía una niña espartana, los éforos la inspeccionaban en busca de deformidades o enfermedades. No hay registros que demuestren que las niñas espartanas imperfectas, al igual que los niños, fueran abandonadas a su suerte, pero a las sanas les esperaban años de educación.

Las niñas espartanas no se sometían a la agogé. En su lugar, recibían educación formal en casa de sus madres. Aprendían a leer y escribir y recibían clases de arte y música. Se hacía hincapié en la poesía, la danza, el canto y el aprendizaje de una amplia gama de instrumentos musicales. Durante los festivales espartanos, las niñas competían con sus compañeros masculinos en bailes tradicionales y otras actividades para ganar premios y fama. También se las educaba en filosofía para hacerlas increíblemente ingeniosas y agudas.

Parece que la educación de las niñas espartanas de familias aristocráticas era más sofisticada que la de las de las clases más bajas, pero lo básico estaba al alcance de cualquier niña espartana.

Otro detalle fascinante de la infancia de las niñas espartanas era que recibían las mismas raciones que los niños. Los espartanos inculcaban la creencia de una alimentación minimalista a sus hijos a una edad muy temprana. Así que, de acuerdo con las normas sociales, las raciones de comida no se basaban en el género. De adultas, las niñas espartanas también cenaban en comedores públicos.

Las similitudes entre las niñas y los niños espartanos no terminan aquí. Aunque a los chicos espartanos se les podía ver gruñendo y sudando durante arduos entrenamientos físicos en la agogé, una chica espartana hacía lo mismo en casa. Las chicas no estaban exentas del entrenamiento físico en la antigua Esparta. Las rutinas eran esencialmente las mismas, independientemente de las diferencias de género o de las debilidades individuales. La única diferencia de su entrenamiento con respecto al de los varones espartanos era su finalidad. Las mujeres espartanas no se entrenaban para la guerra, sino para mantener su cuerpo en forma y sano para los niños.

Licurgo creía que los hombres y mujeres espartanos sanos sólo podían provenir de mujeres con cuerpos sanos. El ejercicio físico era el medio para conseguirlo. Así, las chicas espartanas participaban en las mismas rutinas que los chicos: lucha, carreras a pie, lanzamiento de jabalina y disco, boxeo y equitación.

Centrémonos por un momento en los Juegos Olímpicos de la antigua Grecia, ya que se trataba de un acontecimiento muy significativo. Los griegos lo llamaban sagrado y, como tal, la arena no era lugar para mujeres casadas, ni siquiera como espectadoras. Sólo las mujeres solteras podían presenciar los juegos; cualquier mujer casada que fuera sorprendida en la arena era condenada a una cruenta muerte.

Pausanias cuenta la historia de una noble de Rodas llamada Kallipateira. Desafiando las leyes olímpicas, se disfrazó de entrenador para ver luchar a su hijo. Fue descubierta y sólo se libró de la pena de muerte gracias a su condición. Aquel incidente dio lugar a la aplicación de leyes más estrictas en los siguientes eventos olímpicos. A partir de entonces, los entrenadores varones debían desnudarse y someterse a un minucioso control antes de entrar en la arena.

Sea como fuere, otra mujer desafiaría esto. Cinisca estaba dispuesta a desafiar todo lo que se interpusiera en su camino hacia la libertad. Era de la realeza espartana e hija del rey Arquidamo II. Poseía caballos de carreras, lo que era una rareza incluso en Esparta, pero la princesa era muy rica. Aprovechando su estatus y su acceso a los caballos de carreras, Cinisca participó en las Olimpiadas y ganó dos carreras de cuadrigas, poniendo de relieve la libertad de las mujeres espartanas. Hay que señalar que no participó físicamente en los juegos, pero como era propietaria de los caballos que ganaron, la victoria le pertenecía.

Las más libres de las mujeres

Las muchachas espartanas conocían bien los textos griegos, el arte de la guerra y cómo burlarse de los muchachos agogos que no rendían bien en los entrenamientos físicos y las competiciones. El objetivo era animar a los chicos a mejorar y fomentar las relaciones íntimas con el sexo opuesto. No es de extrañar que las niñas espartanas se iniciaran sexualmente tan pronto en la vida.

En otras partes de Grecia, las mujeres eran entregadas en matrimonio mucho antes de llegar a la edad adulta. Esto se hacía para preservar la virtud de las mujeres para sus maridos. En Esparta, sin embargo, las mujeres solían casarse cuando tenían entre dieciocho y veinte años. Tradicionalmente, un hombre espartano no podía casarse de verdad hasta que completaba su formación a la edad de treinta años. En efecto, las diferencias de edad entre las mujeres y los hombres espartanos no eran tan grandes como las de otros griegos.

Esto permitía a las mujeres de Esparta explorar libremente su sexualidad. Mientras los hombres estaban fuera, las mujeres espartanas podían entablar amistad entre ellas y mantener relaciones platónicas y/o eróticas si así lo deseaban. También podían tener tantos amantes masculinos como desearan antes de casarse. El orgullo de una mujer espartana no estaba en el celibato, sino en la fortaleza de su cuerpo y su mente.

El entrenamiento y el ejercicio físico frecuentes requerían ropa cómoda y mínima, otra libertad de la que disfrutaban las espartanas. En muchas ciudades-estado griegas vecinas, como Atenas, las mujeres y las niñas estaban estrictamente condicionadas a vestir modestamente. Los vestidos largos simbolizaban la modestia y la virtud de las mujeres, por lo que no se les permitía llevar ropa reveladora, y mucho menos desnudar sus cuerpos.

No ocurría lo mismo en Esparta. Incluso en la infancia, las niñas espartanas vestían ropas que parecerían escandalosas para otras sociedades griegas, y en ocasiones especiales, como la Gymnopaedia, podían llevar mucho menos.

La Gymnopaedia era un festival espartano anual que se celebraba en honor de Apolo, Artemisa y Leto. Cada verano, los espartanos se reunían en plazas públicas para celebrar la mayoría de edad de los jóvenes y la herencia colectiva de los espartanos. Este festival se prolongaba durante muchos días, y los jóvenes espartanos, hombres y mujeres, salían en grupos para bailar desnudos y cantar canciones tradicionales y poemas épicos. La desnudez era uno de los aspectos más destacados de la cultura de la antigua Esparta, por lo que las mujeres espartanas no podían ser menospreciadas por formar parte de ella.

Una conversación sobre las libertades que tenían las mujeres en Esparta no estaría completa sin mencionar su riqueza. Eran las mujeres más ricas del Peloponeso y quizá de toda Grecia porque podían poseer propiedades y tierras. En aquella época, la propiedad de la tierra era un privilegio que sólo se concedía a los ciudadanos varones de otras ciudades-estado, pero las mujeres espartanas podían poseer vastas extensiones de tierra siempre que pudieran permitírselo. En el siglo V a. C., se cree que un tercio de la superficie de Esparta pertenecía a mujeres.

Esto era de esperar, dado su profundo conocimiento de la economía a través de la educación formal. Sin embargo, un factor más importante para su capacidad de amasar riqueza era su nula implicación en las tareas domésticas. En Atenas, las niñas eran educadas para mantener el orden en la casa. Como mujeres, se encargaban de ello. Cocinaban, limpiaban, tejían la ropa y criaban a los niños.

Las mujeres de Esparta eran diferentes. Tenían helotas que hacían todas las tareas domésticas mientras ellas se encargaban de las tareas de supervisión y administración. Una mujer espartana nunca se ensuciaba las manos haciendo tareas serviles, y no se esperaba que lo hiciera. En consecuencia, las mujeres espartanas podían centrarse más en sus hijos, así como en la gestión de sus prósperas haciendas. Con esta riqueza a su disposición, las poderosas mujeres de Esparta podían influir en el curso de la economía y la política.

Esposas y madres

Para una mujer a punto de casarse en la antigua Esparta, el amor era probablemente la menor de sus preocupaciones. Había hombres fuertes y guapos en todas partes. Tenía que basar su matrimonio en algo más que sentimientos. Un deber fundamental de cualquier mujer espartana era tener hijos fuertes y tener éxito económicamente.

Habiendo sido criadas como independientes y psicológicamente liberadas, las mujeres espartanas tenían que ser compatibles con sus maridos social y sexualmente para que un matrimonio tuviera éxito. Si resultaba que una unión no producía hijos sanos o ningún hijo, se fomentaba el divorcio.

Una mujer espartana no estaba obligada a ser virgen o célibe. De hecho, Heródoto habla de la prevalencia de la poliandria. Este tipo de libertad permitía las estructuras familiares más extravagantes de la antigua Grecia. Por ejemplo, un hombre, después de tener a sus hijos, podía hacer que su mujer se fuera con otro hombre para darle más hijos. De ese modo, las mujeres podían tener más hijos, preferiblemente varones, para aumentar la población militar de Esparta.

Pero antes de que esto ocurriera, tenía que producirse un matrimonio. En la época clásica, muchas novias se obsesionaban con la ropa que debían llevar y el peinado que lucirían el día de su boda. Incluso las novias vikingas se obsesionaban con llevar el pelo largo y bonito para una ceremonia elaborada. Los atenienses celebraban los matrimonios con canciones y bailes para bendecir a la nueva pareja, y se esperaba que las novias lucieran lo mejor posible.

A los espartanos no les importaba nada de eso.

Normalmente, la futura novia no era ajena a su novio. Lo conocía de nombre y pedigrí, ya que había entrenado con él en la infancia, se había burlado de él cuando no alcanzaba el nivel y había bailado con él en la Gymnopaedia. No había necesidad de presentaciones elaboradas ni de esponsales prolongados.

También era costumbre que las mujeres espartanas dieran su consentimiento a un pretendiente antes del matrimonio. Si su padre presentaba a un pretendiente que ella no deseaba, la mujer, apoyada por su madre, podía rechazarlo por un hombre más preferido.

El día de la boda podía haber una ruidosa fiesta. Pero la ceremonia más importante se celebraba esa noche. En su noche de bodas, la recién casada se afeitaba la cabeza y se ponía la ropa y los zapatos de un hombre. Luego, pacientemente, se tumbaba en una habitación oscura donde su marido se acercaba a ella. Tras un breve e intenso forcejeo ritual, su marido se la llevaba a su nuevo hogar.

Si su marido seguía en la agogé, sólo podía escaparse por la noche para reunirse con ella hasta que completara su entrenamiento.

Durante toda su vida, los hombres de Esparta casi nunca estaban en casa, por lo que sus esposas eran las cabezas de familia. Historiadores como el ateniense Aristóteles criticaron el poder que estas matriarcas ejercían en la sociedad, pero seguiría siendo la norma mientras existiera la antigua Esparta.

Mientras que una mujer espartana pasaba su infancia y soltería disfrutando de las escasas libertades y privilegios de los que gozaba como ciudadana, la maternidad exigía un nuevo enfoque: valor implacable al servicio de Esparta.

Era sabido que dar a luz a niños no aptos para formar parte de la sociedad espartana era una gran deshonra. Esto impulsaba a las mujeres espartanas a soportar todos los entrenamientos físicos necesarios para fortificar sus cuerpos contra los niños débiles.

Una vez nacidos sus hijos, los varones eran criados en casa hasta los siete años y luego eran enviados a la agogé. Las niñas permanecían en casa mucho más tiempo, normalmente hasta que tenían edad suficiente para casarse.

La alegría de toda madre espartana era saber que su hijo rendía admirablemente en el campo de batalla. Si moría en combate, su madre, por supuesto, lloraría su muerte, pero estaría muy orgullosa de que hubiera muerto como un valiente guerrero. Alardearía del sacrificio de su hijo por Esparta para envidia de otras mujeres. Esto también se aplicaba a la muerte honorable de un marido.

El deber de una madre espartana no se limitaba a celebrar las hazañas de sus hijos, sino que también se extendía a imponer crueles castigos a los hijos descarriados. Cualquier mujer cuyo hijo traicionara o abandonara a sus hermanos de armas era una vergüenza. A esos cobardes no se los protegía jamás, por lo que sus madres solían matarlos si regresaban a casa.

Cultos a las mujeres

La religión era un aspecto importante de la sociedad de la antigua Esparta, y las mujeres ocupaban un lugar destacado en ella. Los cultos religiosos más destacados en Esparta eran los de Artemisa, Helena y Eileitia.

Artemisa era la venerada diosa griega de la fertilidad y la caza, y se la consideraba protectora de las madres y sus hijos. El culto a Artemisa erigió un lugar de culto en la frontera entre Mesenia y Laconia. Las muchachas y mujeres espartanas guiaban a sus hombres en danzas eróticas. Llevaban máscaras faciales y cantaban himnos para honrar a la diosa de la fertilidad. En el ámbito religioso de la antigua Esparta, las sacerdotisas de Artemisa eran consideradas considerablemente poderosas.

El culto a Helena era otro culto popular. Había muchos centros de culto donde las mujeres espartanas bailaban y cantaban para celebrar la unión de Helena con el rey Menelao de Micenas (la Esparta anterior a Doria). A pesar del escándalo de Helena con el príncipe de Troya, que desembocó en la famosa guerra de Troya, fue adorada por muchas mujeres espartanas a su regreso a Esparta y a título póstumo. Esto confirma que la sociedad espartana no era reacia al adulterio, sobre todo si lo cometía una hija de Zeus.

En el mayor santuario de Helena, en Terapne, situado cerca del río Eurotas, se celebraban fiestas anuales en las que las doncellas de Esparta cantaban y bailaban para venerar a su heroína "pura y correcta". También se celebraban combates físicos entre las mujeres para demostrar su fuerza y como entretenimiento.

El culto a Eileitia era otro culto importante entre las mujeres de Esparta. Eileitia, hija de Zeus y Hera, era la diosa del parto y era venerada por las comadronas espartanas, las madres y las mujeres embarazadas. Cuando una mujer espartana estaba de parto, se invocaba a Eileitia para que calmara su dolor y facilitara el alumbramiento.

Se construyó un santuario para Eileitia cerca del templo de Artemisa en Esparta. Allí, las mujeres espartanas hacían ofrendas y pedían fertilidad y niños sanos.

Además, existían cultos a Hera, Atenea y Afrodita, entre otras. Las mujeres espartanas también celebraban ceremonias en memoria de sus compañeras fallecidas durante el parto y erigían lápidas con nombres especiales para aquellas que morían mientras ocupaban un cargo religioso. Las oraciones, ofrendas votivas y sacrificios a Apolo por la victoria de sus hombres en la guerra también eran comunes entre las mujeres de Esparta.

Mujeres no espartanas

Los privilegios antes mencionados eran disfrutados, en su mayoría, por las espartiatas, pero también había mujeres de otras clases que vivían en Esparta. Las mujeres helotas servían como criadas domésticas de las amas espartanas, y se las podía encontrar en la cocina como cocineras o como criadas. Algunas trabajaban en las granjas, mientras que otras tejían telas.

Las mujeres helotas, a diferencia de las perioikoi, nunca cobraban por su trabajo. Estaban a merced de sus amas espartanas y eran objetivos naturales de los cripteios. Hubo casos de mujeres helotas que tuvieron hijos de hombres espartanos. Esto dio lugar a otra clase en Esparta llamada mothakes. Se ha sugerido que las mujeres mothakes eran asesinadas al nacer y que a los hombres se les permitía vivir y unirse al ejército de Esparta. Sin embargo, no hay pruebas suficientes para apoyar esta teoría, ya que la información sobre las clases inferiores es en general escasa en comparación con los espartiatas.

En lo que puede considerarse una pequeña forma de libertad, a las mujeres helotas se les permitía elegir marido por sí mismas y vivir con sus familias. A diferencia de otras ciudades-estado griegas, que establecían alojamientos separados para criados y criadas, en Esparta los helotas vivían juntos, casados o solteros.

Las mujeres perioikoi de Esparta trabajaban en el mercado como comerciantes y tejedoras. Se ganaban la vida con pequeños y medianos negocios y, al igual que los helotas, podían vivir con sus familias. Otra ocupación famosa de las mujeres perioikoi era la de enfermeras. Las espartanas no ciudadanas eran contratadas por familias de élite dentro y fuera de Esparta para prestar servicios de enfermería. Esta era la ocupación más prestigiosa que podían encontrar las mujeres perioikoi.

Cuando las leyes de Licurgo sobre la prostitución empezaron a relajarse, algunas mujeres no espartanas se dedicaron a ello y los burdeles se hicieron bastante comunes.

Vestimenta y estilo

En la antigua Esparta, una mujer podía vestir diferentes ropas para distintas ocasiones.

En las primeras etapas de su vida, se dedicaba al entrenamiento físico y, para ello, vestía ropas cortas. En ocasiones especiales, como festivales o ritos de paso, las mujeres espartanas podían pasear desnudas, incluso cerca de los hombres.

Como una de las reformas de Licurgo, a las espartanas no se les permitía llevar o gastar oro y plata. Con ello pretendía frenar la codicia y fomentar la satisfacción. Puede que esta ley fuera vinculante durante su época y durante unas décadas después, pero con el tiempo, las mujeres espartanas ricas poseían y se adornaban con metales preciosos. También usaban aceites aromáticos como perfume y se delineaban los ojos con carbón para realzar su belleza.

Un ejemplo de peplos[25]

Las mujeres de la antigua Grecia utilizaban el peplos, un vestido largo. Se confeccionaba con lana fina. Las mujeres más ricas llevaban peplos de seda o lino, y las espartanas se basaban en el chitón dórico, ya que estaba abierto por un lado. A diferencia de sus hermanas de Atenas, las mujeres espartanas podían llevar peplos mucho más cortos o mostrar sus muslos con aberturas laterales. El peplos espartano se sujetaba a los hombros mediante unos broches ornamentales llamados fíbulas.

Las mujeres casadas de Esparta preferían cubrirse el pelo corto con velos, pero las más jóvenes y animosas lucían su larga cabellera al descubierto. La única ocasión en la que las mujeres espartanas tejían ellas mismas era para las festividades religiosas. El guardarropa personal lo cuidaban los helotas.

Las mujeres espartanas tenían un estilo único y tenían fama de ser bellas y físicamente más fuertes que la mayoría. Tanto orgullo por su belleza, estatus social y maternidad debió de llevar a cierto perplejo Ático a preguntar: "¿Por qué ustedes, las mujeres espartanas, son las únicas que pueden gobernar a los hombres?».

La famosa respuesta de la reina Gorgo en nombre de las mujeres de Esparta resonaría a través de los tiempos: "Porque también somos las únicas que parimos hombres [de verdad]".

Capítulo 17 - *Laconizein*: El arte del minimalismo

En la alimentación

En muchas antiguas civilizaciones, los guerreros comían en ciclos; había largos periodos de consumo mínimo de alimentos y breves periodos de sobreingesta. Los espartanos, sin embargo, preferían un patrón más consistente. Jóvenes o viejos, a nadie se le permitía comer en grandes cantidades, ni siquiera en las celebraciones. La embriaguez era igualmente condenada como humillante y despreciable.

El minimalismo espartano no era sólo en el discurso; un verdadero espartano no era amante de la comida. Comía sólo para sobrevivir. El exceso de indulgencia en la comida o la obesidad harían a cualquiera objeto del escarnio público, por lo que los espartanos entrenaban duro y comían menos para mantenerse delgados y en forma durante toda su vida.

La dieta espartana no era elaborada ni exquisita, ni siquiera entre los aristócratas. En general, todos comían en comedores públicos, sin dejar lugar a tabernas o *termópolis* (restaurantes públicos en la antigua Grecia). La importación de alimentos estaba prohibida, por lo que la población espartana sólo podía comer los alimentos cultivados en las tierras de labranza atendidas por los helotas. Se sacrificaban cerdos, cabras y ovejas y se consumía pescado.

Los grupos de edad cenaban de forma diferente. Mientras que los más pequeños y los niños recibían pequeñas raciones de tortas de cebada, queso y leche de cabra, los adultos más jóvenes y los ancianos comían aceitunas, higos y la famosa melas zomos: sopa negra.

Sopa negra

Para los atletas y aprendices de la agogé, la comida era mucho más escasa y de peor calidad. Esto era intencionado, ya que se creía que inculcaría resistencia y moderación a los jóvenes espartanos.

En la agogé no había comodidades, independientemente de la posición social de cada uno. No había sirvientes que les sirvieran comida o vino a los aprendices. Así que, durante la mayor parte de sus años de formación en la agogé, los estómagos de los muchachos se familiarizaban rápidamente con un plato bastante deprimente: la sopa negra (melas zomos).

Ninguna receta original de la sopa negra sobrevivió a los tiempos clásicos, pero hay pruebas de que para hacerla se hervía carne de cerdo cruda en sangre de cerdo y se aderezaba con cebolla, sal y vinagre. Los cocineros espartanos sólo podían utilizar sal y vinagre como condimento, independientemente de la dieta. La sal era utilizada para dar sabor, y el vinagre, si se usaba, era para conservar la sangre del animal.

En un cómico relato de Heródoto, un tirano de Sicilia llamado Dionisio oyó hablar de la sopa negra espartana y ordenó que se la prepararan. Un bocado le repugnó tanto que comentó: "No es de extrañar que los espartanos sean los hombres más valientes del mundo, pues cualquiera en su sano juicio preferiría morir diez mil veces antes que compartir una vida tan pobre".

La sopa negra era una comida básica, no sólo entre los aprendices de la agogé, sino también para los adultos y los ancianos. Los ancianos destacaban por preferir la sopa negra a la carne de cabra o los productos lácteos.

Plutarco cuenta que en los comedores espartanos, cada grupo tenía la obligación de hacer contribuciones económicas para la compra de lechones para este plato. El animal sería ofrecido en sacrificio a los dioses, y todas sus partes serían cocinadas y consumidas por el pueblo. La sopa negra podía comerse con pan de trigo o cebada, legumbres y dátiles.

Otros "manjares"

Los hombres de la agogé se entregaban con moderación al vino. Emborracharse era castigado con duros latigazos y hambre durante muchos días. Cuando el vino se consumía en grandes cantidades, especialmente durante ceremonias y fiestas, los espartanos, al igual que otros griegos, lo diluían con agua.

Para los campesinos espartanos que no podían permitirse carne, la sopa de guisantes, las verduras crudas y las judías secas eran alimentos básicos. Por regla general, en la antigua Esparta, los carbohidratos constituían la mayor parte de la dieta para suministrar energía para el duro trabajo del día.

En el habla

La palabra inglesa "laconic" procede de uno de los principios básicos de la sociedad de la antigua Esparta: el minimalismo. La palabra «lacónico» es sinónimo de brevedad y concisión.

Como pueblo militarista, los espartanos tenían su mayor contacto con el mundo exterior en los campos de batalla. No les interesaba en absoluto el comercio ni las relaciones exteriores amistosas (al menos en su mayor parte), y desde luego no les interesaba una alianza en la que fueran la potencia menor.

Licurgo, que sentó las bases de la sociedad espartana clásica, se empeñó en desarrollar el país sin ayuda extranjera. Así, prohibió el uso del oro y la plata y los sustituyó por redondos de metal sin valor para disuadir las relaciones comerciales con el extranjero. Durante bastante tiempo, Esparta se centró en hacer crecer su economía de forma independiente.

Cuando Esparta buscaba expandirse, interactuaba con sus vecinos y otros países a través de una interminable serie de guerras. Mientras que las mujeres y los niños permanecían en su mayoría ajenos a las relaciones exteriores, los hombres de Esparta eran conocidos por ser abrasivos y violentos en el campo de batalla. Sus fiestas, como descubrirían las ciudades-estado conquistadas, se caracterizaban por una ruidosa algarabía. Para los demás estaba claro que los espartanos no eran muy buenos en etiqueta.

Sus compatriotas griegos los tachaban de lascivos, primitivos y analfabetos, con una visión simplista y miope de la vida. Por el contrario, los espartanos no hicieron prácticamente nada para cambiar esta percepción. Si se les temía como salvajes despiadados, sus enemigos no se atreverían a socavarlos en la batalla.

Con el tiempo, algunos intelectuales extranjeros vieron a través de la cortina de humo. Los espartanos no eran salvajes, sino gente inteligente e ingeniosa. Es cierto que no eran amantes de todas las cosas artísticas y sofisticadamente poéticas como los atenienses, pero se deleitaban con una vida sencilla y sin lujos.

Y lo que es más importante, los espartanos no soportaban a los charlatanes que hablaban sólo para oír el sonido de su propia voz. Incluso cuando se los enfadaba, un verdadero espartano dejaba que sus acciones hablaran en lugar de sus palabras. Esto podía deberse a su falta de elocuencia o a su incapacidad para expresarse. Un espartano respondía sin rodeos a cualquier asunto y utilizaba pocas palabras. Un espartano no era dado a la adulación ni a los discursos floridos, sino que mostraba amor y afecto a través de sus acciones.

Plutarco documenta con cariño algunas frases lacónicas de espartanos famosos en un capítulo de su obra *Moralia* titulado «Apophthegmata Laconica».

Labotas

Labotas, cuando alguien hablaba muy extensamente, decía: "¿Por qué, caramba, una introducción tan grande a un tema tan pequeño? Porque proporcionadas al tema deben ser las palabras que uses".

Leónidas, hijo de Anaxádridas

Leónidas, hijo de Anaxándridas y hermano de Cleómenes, en respuesta a un hombre que señaló: "Excepto por ser rey, no eres diferente del resto de nosotros", dijo: "Pero si no fuera mejor que los demás, no sería rey".

Su esposa Gorgo le preguntó, en el momento en que partía hacia las Termópilas para luchar contra los persas, si tenía alguna instrucción que darle, y él le respondió: "Que se case con hombres buenos y dé a luz buenos hijos".

Jerjes le escribió: "Es posible que tú, no luchando contra Dios, sino poniéndote de mi parte, seas el único gobernante de Grecia". Pero él le respondió: "Si tuvieras algún conocimiento de las cosas nobles de la vida, te abstendrías de codiciar las posesiones de los demás; pero para mí morir por Grecia es mejor que ser el único gobernante sobre los pueblos de mi raza".

Cuando Jerjes volvió a escribir: "Entrega tus armas", él respondió: "Ven y tómalas".

Alcámenes, hijo de Teloclo

Alcámenes, hijo de Teloclo, cuando alguien le preguntó cuál era la mejor manera de que un hombre mantuviera seguro un reino, respondió: "Si no mantuviera demasiado alta su propia ventaja".

Cuando otra persona quiso saber la razón por la que no aceptaba regalos de los mesenios, dijo: "Porque si aceptara regalos, sería imposible mantener la paz respetando imparcialmente las leyes".

Licurgo

Puso límites al tiempo del matrimonio tanto para hombres como para mujeres y, en respuesta al hombre que preguntó sobre esto, dijo: "Para que la descendencia sea robusta por provenir de padres maduros".

Anaxandro, hijo de Eurícrates

Anaxandro, hijo de Eurícrates, cuando alguien le preguntó por qué los espartanos no amontonaban dinero en el tesoro público, respondió: "Para que no se corrompan los nombrados guardianes del mismo".

Arquídamo, hijo de Agesilao

Arquídamo, hijo de Agesilao, cuando Filipo, después de la batalla de Queronea, le escribió una carta un tanto altanera, escribió en respuesta: "Si midieras tu propia sombra, no encontrarías que se ha hecho más grande que antes de que fueras victorioso".

Cuando le preguntaron cuánta tierra controlaban los espartanos, respondió: "Tanta como puedan alcanzar con la lanza".

Periandro, el médico, era distinguido en su profesión y muy elogiado, pero era un escritor de versos miserables. "¿Por qué demonios, Periandro -dijo Arquídamo-, anhelas que te llamen mal poeta en vez de hábil médico?".

Bias

Bias, sorprendido en una emboscada por Ifócrates, el general ateniense, y preguntado por sus soldados qué había que hacer, respondió: "¿Qué otra cosa sino que vosotros salvéis la vida y yo muera luchando?".

Damindas

Cuando Filipo invadió el Peloponeso y alguien dijo: "Existe el peligro de que los espartanos corran una suerte funesta si no llegan a un acuerdo con el invasor", Damindas exclamó: "¡Pobre mujerzuela! ¿Qué funesto destino podría ser el nuestro si no tememos a la muerte?".

Anaxándridas

Anaxándridas, hijo de León, en respuesta a un hombre que se tomó muy a pecho la sentencia que se le impuso de exilio del país, dijo: "Mi buen señor, no te abatas por ser un exiliado de tu país, sino por ser un exiliado de la justicia"".

A un hombre que habló a los éforos de cosas necesarias, pero se extendió más de lo que hubiera bastado, le dijo: "Amigo mío, ¡en tiempo innecesario te detienes en la necesidad!".

Cuando alguien preguntó por qué ponían sus campos en manos de los helotas, y no se ocupaban ellos mismos de ellos, dijo: "Fue no ocupándonos de los campos, sino de nosotros mismos, como adquirimos esos campos".

Cuando otro dijo que la alta reputación obra perjuicio a los hombres y que el que se libra de esto será feliz, él replicó: "Entonces los que cometen crímenes serían, según tu razonamiento, felices. Pues, ¿cómo podría un hombre, al cometer un sacrilegio o cualquier otro crimen, preocuparse por la alta reputación?".

Cuando otra persona le preguntó por qué los espartanos, en sus guerras, se aventuraban audazmente al peligro, dijo: "Porque nos entrenamos para tener consideración por la vida y no, como otros, para ser tímidos al respecto".

Cuando alguien le preguntó por qué los ancianos prolongan los juicios de casos capitales durante varios días, y por qué, aunque el acusado sea absuelto, sigue, no obstante, bajo acusación, dijo: "Tardan muchos días en decidir, porque, si cometen un error en un caso capital, no puede haber reversión de la sentencia; y el acusado sigue, forzosamente, bajo acusación de la ley, porque, bajo esta ley, puede ser posible, deliberando, llegar a una decisión mejor".

Brásidas

Brásidas atrapó un ratón entre unos higos y, al recibir un mordisco, lo soltó. Luego, volviéndose a los presentes, dijo: "No hay nada tan pequeño que no salve la vida si tiene el valor de defenderse de los que quieren ponerle la mano encima".

En una batalla fue herido por una lanza que atravesó su escudo y, sacando el arma de la herida, con esta misma lanza mató al enemigo. Cuando le preguntaron cómo se había hecho la herida, respondió: "Fue cuando mi escudo se volvió traidor".

Cuando iba a la guerra, escribió a los éforos: "Lo que quiera hacer, lo haré en la guerra o seré un mon [sic] deid".

Cuando cayó en el intento de conseguir la independencia para los griegos que vivían en la región de Tracia, el comité que fue enviado a Esparta esperó a su madre Argileonis. Su primera pregunta fue si Brásidas había llegado a su fin honorablemente; y cuando los tracios hablaron de él en los términos más elevados, y dijeron que no había otro como él, ella dijo: "Ustedes no tienen conocimiento de eso, señores, siendo de fuera; porque Brásidas era ciertamente un buen hombre, pero Esparta tiene muchos mejores que él".

Tearidas

A Tearidas, mientras afilaba su espada, le preguntaron si estaba afilada, y respondió: "Más afilada que la calumnia".

Otra legendaria muestra de laconismo espartano tuvo lugar en el siglo III a. C., cuando el rey Filipo II de Macedonia intentó conquistar Esparta y anexionarse toda la antigua Grecia. En un acto de guerra, el rey Filipo envió un mensaje a los espartanos en el que les decía: "Les aconsejo que se sometan sin más demora, porque si introduzco mi ejército en su tierra, destruiré sus granjas, mataré a su gente y arrasaré su ciudad".

Esta dura amenaza haría que una nación se rindiera o respondiera con una larga retahíla de palabras igualmente aterradoras, pero Esparta no era una ciudad-estado cualquiera. Los espartanos respondieron a Filipo literalmente: "Si".

Esta única palabra era una declaración de la disposición de Esparta a entrar en guerra con Macedonia y una expresión de la confianza de los espartanos en su victoria. También era una severa advertencia a Filipo para que se protegiera a sí mismo y a sus tropas de la ira de los guerreros espartanos. Posteriormente, Filipo envió otro mensaje a Esparta, preguntándole si deseaba que fueran amigos o enemigos. "Ni lo uno ni lo otro" fue la respuesta que recibió de los orgullosos espartanos. Filipo siguió su ejemplo y suspendió su planeada campaña contra Esparta. Su hijo, Alejandro, tampoco se enemistaría con ellos.

Para ser un pueblo que dedicaba su vida a la guerra y la violencia, los espartanos tenían un increíble sentido del humor. Intercambiaban chistes cortos, secos e ingeniosos. Otros griegos encontrarían estos chistes poco convencionales y a veces ofensivos, pero los hombres y mujeres espartanos se reirían mucho con ellos. Esto distanciaba aún más a los espartanos de los demás griegos, pero no les importaba. Todo formaba parte de su exclusividad intencionada.

El minimalismo del habla como valor cultural permaneció con los antiguos espartanos durante muchas generaciones, y su legado conserva relevancia en la época contemporánea. Durante la Edad Media, el dialecto laconio de Esparta pasó a llamarse tsakonio, y lo hablan miles de griegos modernos. Es el dialecto más antiguo y el único superviviente de las lenguas dóricas occidentales.

Un pintoresco pueblo griego llamado Pera Melana, situado en las montañas del sur del Peloponeso, es el hogar de un pueblo que habla tsakonio, y se consideran orgullosos descendientes de la antigua Esparta. A pesar de las numerosas amenazas a su extinción, el dialecto ha prosperado durante generaciones y se enseña en las escuelas rurales.

Hoy en día, si uno entra en una casa o en un bar en Pera Melana, oirá a los ancianos manteniendo conversaciones en tsakoniano. La valiente lucha por mantener viva esta lengua es la prueba de que, después de todo, los descendientes de los antiguos espartanos heredaron la valentía y la resistencia de sus antepasados.

Conclusión

Un hombre sentó las bases de la sólida estructura de la antigua Esparta, pero hicieron falta generaciones para convertirla en la ciudad-estado que hoy recordamos.

Hubo hombres como Leónidas, quien demostró al mundo en las Termópilas que los números no significaban nada mientras los hombres murieran luchando por el país que amaban. Por supuesto, también hubo personas en la historia de Esparta que intentarían acabar con ella, como el traidor Efialtes de Traquis, cuyas acciones determinaron el destino de las naciones en los años siguientes.

A pesar de todo, Esparta sobreviviría. Para ser tan pocos, los espartanos conquistaron el mundo entero con sus muestras de valentía, resistencia, sacrificio y disciplina. No es de extrañar que fueran tan poderosos, sobre todo a los ojos de la gente de entonces. Al fin y al cabo, su origen se remontaba a la divinidad, al mismísimo Zeus. Su cultura, aunque incomprendida incluso hoy en día, era única, enjoyada con valores que brillaban tanto como sus escudos en los campos de batalla.

Este libro te ha llevado de viaje por los avatares de una sofisticada sociedad militar en la Antigüedad y su legado en el mundo tal y como lo conocemos. Comenzamos con la fundación de Esparta hasta el momento en que los dorios ocuparon Grecia en el siglo VII a. C. Las intrigantes raíces de Esparta presagiaban un futuro prominente. Licurgo, el genio político que ayudó a sacar a Esparta de la Edad Media griega, creó el escenario perfecto en el que la ciudad-estado anunció su supremacía a toda Europa y Asia.

Generación tras generación, desde la época micénica hasta la helenística, Esparta mantuvo su relevancia en la política y la cultura griegas. El Peloponeso se benefició enormemente de la protección de Esparta mientras duró. Atenas, famosa por ser la cuna de la democracia y célebre por su filosofía, su literatura y sus artes, pudo sobrevivir a las guerras greco-persas en gran parte gracias a que los hombres espartanos mostraron un coraje, una valentía y una disciplina ejemplares cuando se enfrentaron a adversidades insuperables.

La influencia de la antigua Esparta trascendería las épocas y volvería a cobrar vida en la cultura popular. Hoy recordamos sus historias a través de nuevos relatos en todo tipo de medios. No es de extrañar que se los recuerde con tanto cariño. Sus hazañas en el campo de batalla siguen siendo legendarias, su estructura política garantizaba la existencia de controles y equilibrios, y reconocían una forma de igualdad de género más avanzada que las demás ciudades-estado griegas. Estaban orgullosos de llamarse espartanos.

Si bien es cierto que Esparta decayó hace unos 2.500 años, no está muerta. Existe como pintoresca capital de Laconia, en Grecia. Las ruinas de la antigua Esparta son una importante atracción turística, y se encuentran al norte de la ciudad de Esparta. Los habitantes de Esparta creen que este yacimiento inmortaliza la vida de sus antepasados. También encontrarás miles de artefactos de la antigua Esparta albergados en el Museo Arqueológico de Esparta. Además, hay monumentos como la Tumba de Leónidas, cuya valentía en las Termópilas se contará por siempre.

Todos los años se celebra una carrera de maratón en honor de Feidípides, el atleta ateniense que corrió durante dos días desde Atenas hasta Esparta para conseguir la ayuda de los espartanos en la batalla de Maratón.

En su momento de mayor esplendor, la antigua ciudad de Esparta era el centro neurálgico de Grecia, ¡y nadie en el mundo podía lucir este título con más orgullo que los intrépidos espartanos!

Segunda Parte: La guerra de Troya

Una apasionante visión de un conflicto legendario de la antigua Grecia y su papel en la historia y la mitología griega

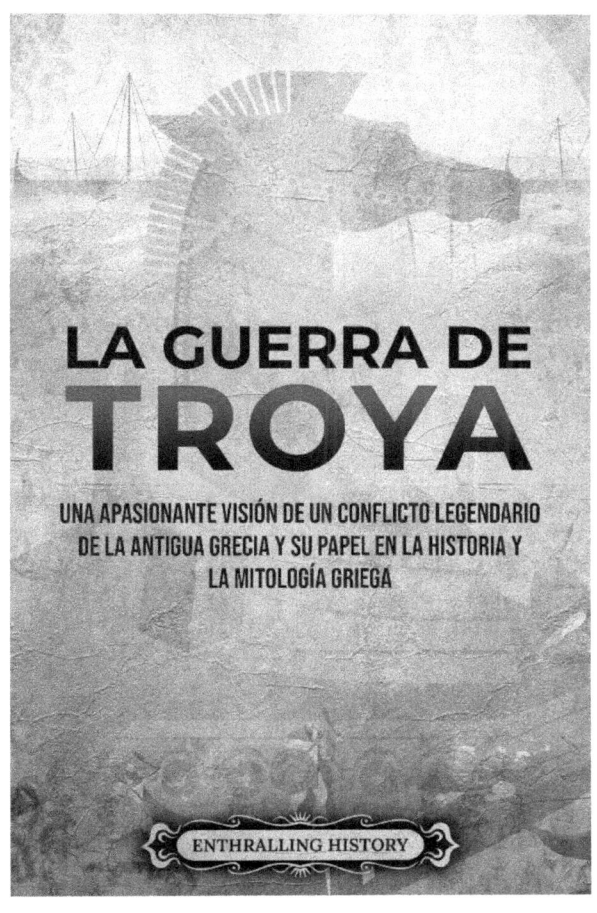

Introducción

La guerra de Troya: ¿relato épico o hecho histórico? Los historiadores no se ponen de acuerdo.

Alrededor del año 1200 a. C., se produjo una guerra de una década de duración entre los antiguos griegos y sus rivales de Troya, al otro lado del mar Egeo. La historia es una de las más antiguas del mundo, y el relato escrito por un poeta griego llamado Homero sigue figurando en los planes de estudio de muchas escuelas secundarias y universidades. ¿Quiénes eran estos griegos y qué les llevó a luchar durante tanto tiempo, tan lejos de casa? ¿Quiénes eran los troyanos y cómo pudieron defenderse de los poderosos griegos durante diez largos años? Y lo que es aún más importante, ¿qué nos ha llevado a contar y volver a contar esta historia durante miles de años?

Hasta mediados del siglo XVIII, la opinión generalizada era que la guerra de Troya era solo mito, pero siempre ha habido unos pocos que sostenían que el lado humano de la historia era cierto. Los arqueólogos han descubierto los restos de una ciudad que creen que es la de la antigua Edad de Bronce de Troya, que data del siglo XII a. C. Las pruebas incluyen esqueletos dispersos y restos carbonizados, lo que indica que la ciudad fue destruida en tiempos de guerra. Las excavaciones realizadas en 1988 revelaron una gran ciudad (¡de 75 acres!) rodeada de campos de trigo, una ciudad aparentemente en su apogeo. ¿Pero era esta la «Troya» de Homero?

Los textos hititas cercanos a la época muestran que la ciudad que Homero llamaba Troya se denominaba «Wilusa», que se traduce como

«Ilion» en griego, la lengua en la que escribió Homero. Esto apunta a una conexión entre «Ilion» y la *Ilíada*.

No cabe duda de que la historia de Homero está llena de dioses mitológicos que no podrían haber participado en una batalla *real*, pero la mosca en la sopa no hace que la sopa sea imaginaria; simplemente la *realza*. Para entender la *Ilíada*, debemos tener en cuenta la época en la que fue escrita.

A mediados del siglo VIII a. C., Grecia acababa de salir de su Edad Media y vio cómo se reintroducía el lenguaje escrito, algo que se había perdido. La gente creía que los dioses y las diosas desempeñaban un papel en su vida cotidiana, y que el juicio y el destino dependían de su valía a los ojos de estos dioses. A medida que las ciudades-estado aumentaban y se fundaban colonias dentro —y fuera— de las fronteras griegas habituales, se afianzaban las primeras nociones de la filosofía clásica. Estos, entre otros desarrollos, condujeron a un tipo de nacionalismo más reflexivo, y se pensaba que la historia de Homero había unido a los cansados ciudadanos en un frenesí de patriotismo que se había perdido en los siglos anteriores.

¡Un gran momento para Homero! Al dictar la *Ilíada* (Homero era ciego), entrelazó la mitología con la historia, llamando a sus oyentes y lectores a considerar la moral y las elecciones de cada uno, en lugar de solo las victorias y las pérdidas. Platón proclamaría más tarde que Homero era «el educador de toda Grecia» por el impacto que las obras de Homero tuvieron en la Grecia de entonces. Y sin duda, este texto formativo para los antiguos griegos ha tenido un efecto duradero incluso decenas de siglos después de haber sido escrito.

Acompáñenos a ver los antecedentes y el escenario de la guerra de Troya de la *Ilíada* de Homero, y aprenda una lección más sobre la inutilidad y la locura de la guerra. ¿Por qué empezó? ¿Por qué se intensificó? ¿Qué podemos aprender hoy de esta guerra, mítica o no? Al igual que el material de origen histórico y mitológico, las respuestas a estas preguntas se entrelazarán con las acciones y la política de los dioses griegos. Continúe leyendo...

PRIMERA SECCIÓN: ANTES DE LA GUERRA

Capítulo 1 - ¿Quiénes eran los troyanos?

La ciudad de Troya se encuentra en Turquía, llamada *Anatolia* en la época de los troyanos de antaño. Como referencia moderna, las ruinas de la antigua ciudad se encuentran cerca de la ciudad de Gallipoli.

Ubicación aproximada de Troya. [36]

Se ha debatido mucho sobre la herencia de los troyanos. Aunque los griegos invasores eran un grupo procedente de tierra firme llamado aqueos, también había muchas ciudades-estado griegas al otro lado del

Egeo. Dado que la mayoría de las historias de la guerra contadas por los griegos describen a los troyanos en un plano de igualdad o incluso superior al de los aqueos, durante mucho tiempo se creyó que ellos mismos eran griegos.

Sin embargo, las excavaciones recientes han hecho cambiar de opinión a la mayoría de los arqueólogos y han reivindicado el relato de Homero y de otros historiadores griegos primitivos. La identificación y excavación original de Troya tuvo lugar entre 1863 y 1890, cuando Frank Calvert y Heinrich Schliemann descubrieron un yacimiento mucho menos impresionante de lo que los estudiosos esperaban. Se desenterró una pequeña ciudadela de aproximadamente una hectárea, lo que llevó a la opinión que Troya debía estar muy deteriorada cuando los aqueos la invadieron y derrotaron.

Pero las recientes excavaciones dirigidas por Manfred Osman Korfmann se han beneficiado tanto de un siglo de escrutinio como de nuevas tecnologías que han permitido a su equipo revelar una Troya digna de la historia épica que hemos llegado a conocer. En lugar de menos de un acre, Troya era una extensión de setenta y cinco acres fortificada que habría estado en el apogeo de su influencia y cultura, tal y como la describió Homero. Bueno, tal vez no solo como la describió Homero, dada su afición a entretejer la naturaleza entrometida de los dioses y diosas griegos, pero sí mucho más cerca de lo que los arqueólogos habían creído.

Estas excavaciones han revelado no solo el poder y la riqueza de los troyanos en la época de la guerra con los aqueos y su herencia anatólica. La planificación de la ciudad, los edificios y el arte coincidían más con los del suroeste de Asia que con los del sureste de Europa. Se descubrieron documentos que relacionaban su lengua con la de los hititas de Palestina y aportaban pruebas de que eran un aliado de Troya. Aunque se encontró mucha influencia griega, no era dominante, y era mucho más probable que fuera el resultado del comercio y la interacción cultural que la relación cultural.

Dado que las excavaciones recientes han corroborado gran parte de lo que afirmaban Homero y los historiadores griegos, quizá se pueda dar más credibilidad a la descripción de los troyanos que ofrecen sus relatos. Incluso las descripciones de Homero sobre los dioses y diosas, que en su día se consideraban, en el mejor de los casos, un puro entretenimiento y, en el peor, una lacra en un registro histórico que, por lo demás, no lo es, han empezado a recibir más atención. Esto se debe a que, una vez que aceptamos las importantes pruebas arqueológicas que indican que Troya no era una ciudad griega, nos encontramos con la incómoda situación que los troyanos adoraban y recibían ayuda de ciertas deidades griegas.

¿Importaron los griegos sus dioses del Cercano Oriente, al igual que los romanos los reapropiaron y renombraron siglos después? O, tal vez, simplemente hubo alguna coincidencia. El mayor misterio se centra en el papel de Apolo, a quien se atribuye la construcción de las famosas murallas de Troya que mantuvieron a los griegos fuera durante tanto tiempo. Como personaje de la historia de Homero, se pone del lado de los troyanos en momentos clave, empezando por una plaga que desató en el campamento griego y guiando la flecha envenenada que acabó matando al aparentemente invulnerable guerrero griego Aquiles.

Además, la princesa Casandra de Troya era una sacerdotisa de Apolo, y se rumorea que su hermano Héctor, el principal héroe troyano de la historia, fue engendrado por Apolo. Entonces, si los troyanos no eran griegos, ¿qué hace un dios griego tan entrelazado en su cultura?

La importancia de Apolo

Según la mitología griega, Apolo era hijo de Zeus y Leto, que era una hija de los Titanes que Zeus y sus dioses hermanos derrocaron. El hecho de que exista un antiguo conjunto de dioses que fueron derrocados se ha interpretado durante mucho tiempo como un indicio de una temprana lucha de los griegos contra los líderes no griegos por la autonomía.

Tras atrapar a la mayoría de los Titanes en el Tártaro, Zeus tomó a Hera como esposa, pero Leto era hija de sus antiguos enemigos. Incluso el nombre de Leto es de origen lidio, no griego, y se han encontrado muchos templos en su honor por toda Anatolia. Además, es importante señalar que la *Ilíada* fue escrita por Homero unos cuatrocientos años después de los acontecimientos de la guerra de Troya, lo que habría sido tiempo más que suficiente para que Leto, Apolo y su hermana gemela Artemisa se incorporaran al panteón griego. Debido a la importancia de la guerra y a la victoria griega, Apolo y Artemisa fueron ascendidos al monte Olimpo, lo que los convirtió en las deidades más importantes.

Otra prueba de que Apolo fue adoptado por los griegos solo después de la guerra es la gran variedad de sus poderes y dones. Es el dios del sol, aunque los griegos ya contaban con el titán Helios para desempeñar ese papel. Apolo conducía cada día una bola de fuego por el cielo detrás de su carro. También es el dios de la luz, del arte, del tiro con arco, de la música, de las plagas, de la curación, de la profecía y de la verdad, por nombrar solo algunos. Todo esto es más impresionante que el propio Zeus y es el sello de una deidad más importante de lo que indican sus papeles secundarios en la mitología griega.

La familia real de Troya

Los troyanos implicados en el relato eran en su mayoría miembros de la familia real. Al igual que sus oponentes griegos, Troya gobernaba a través de una monarquía, al frente de la cual se encontraba el rey Príamo cuando los aqueos asaltaron el mar Egeo para asediar sus puertas por segunda vez. Sí, *la segunda vez*.

La primera vez fue durante el reinado del padre de Príamo, Laomedonte. Laomedonte cometió dos errores muy famosos por los que su pueblo y su familia pagarían muy caro. En primer lugar, se negó a pagar a Apolo y a Poseidón después de que le ayudaran a construir las murallas de su ciudad. Como castigo, el primero desató una peste sobre la ciudad, y el segundo soltó un monstruo llamado Cetus para que la atacara desde el mar. Fue necesario el esfuerzo del famoso semidiós griego Heracles para matar a la bestia y acabar con la plaga, pero Laomedonte cometió su segundo y último error al negarse a entregar a Heracles los caballos que le habían prometido a cambio de su ayuda.

A diferencia de la campaña de diez años que vino después, Heracles y su compañero, Telamón, hicieron un corto trabajo en el asedio. El padre de Telamón había ayudado a construir una parte de la muralla, y a diferencia de las partes hechas por Apolo y Poseidón, esta parte tenía un punto débil. Los guerreros aprovecharon este conocimiento secreto para entrar en la ciudad y matar al rey Laomedonte. Como parte de su venganza por la traición del rey muerto, se dedicaron a asesinar a sus hijos uno por uno hasta llegar al joven Príamo. Su hermana, Hesíone, se ofreció como rescate a Telamón, quien la tomó como esposa a cambio de perdonar a Príamo. De hecho, Príamo significa «el rescatado» (y antes de estos acontecimientos, había sido conocido como *Podarces*).

Príamo subió al trono troyano y, según todos los indicios, fue un líder justo y sabio. Troya prosperó bajo su mandato y se dice que tuvo hasta ochenta y seis hijos. De acuerdo con la costumbre troyana de los hombres aristocráticos, tuvo muchas esposas, la principal de las cuales fue Hécuba. La propia Hécuba dio a luz a la asombrosa cifra de diecinueve hijos, entre los que se encontraban Héctor, Paris y Casandra, todos los cuales desempeñaron un papel importante en la guerra de Troya. Héctor era el heredero al trono y el más fuerte de todos los guerreros troyanos, incluso más que su padre Príamo. Héctor era considerado lo mejor que Troya podía ofrecer. Incluso los griegos (encargados de contar la historia) lo retrataron como el más heroico de todos sus personajes. La *Ilíada* de Homero trata tanto de la tragedia de Héctor como de la furia de Aquiles. A través de la obra de Homero, Héctor y su esposa Andrómaca representan tanto los ideales troyanos como los griegos para los hombres y mujeres de sus sociedades.

Sin embargo, Paris, el hermano de Héctor, es una historia diferente, y en algunos relatos se cree que es el hijo del dios Apolo. Mientras que Héctor es visto como el mayor defensor de Troya, Paris es el responsable de poner la ciudad en peligro. A lo largo de la historia, se destaca continuamente el contraste entre los dos hermanos. Mientras que Héctor es hábil en las artes de la guerra, Paris admite sus deficiencias y utiliza principalmente el arco y las flechas para evitar el combate cuerpo a cuerpo. Cuando el rey espartano Menelao le desafía a un combate singular para poner fin a la guerra, Paris huye en lugar de aceptar su derrota, lo que provoca la muerte de muchos más troyanos y griegos. En cambio, Héctor está dispuesto a morir en defensa de la ciudad y del honor de su familia, lo que demuestra muchas veces.

Casandra, hija de Príamo y Hécuba, es otra figura importante en los acontecimientos de la guerra de Troya. Como sacerdotisa de Apolo, el dios acudió a ella y le ofreció el don de la profecía. Cuando se negó a engendrar a sus hijos, Apolo la maldijo, diciéndole que todas sus profecías acertadas serían siempre recibidas con total incredulidad. Como resultado, predijo la caída de Troya ante los aqueos, pero *nadie la escuchó*. Esta historia se suma a la confusión que rodea el papel de Apolo, que alternativamente apoyaba y maldecía a los troyanos. El «síndrome de Casandra» se ha introducido en la cultura popular, refiriéndose a cualquiera que haga advertencias válidas y prudentes que son ignoradas.

Por último, está el personaje de Eneas, que desempeña un papel menor en la guerra de Troya, pero mucho mayor en los acontecimientos posteriores. Era hijo de un príncipe troyano y de la diosa Afrodita, y es uno de los pocos troyanos que escaparon de la esclavitud o de la muerte tras el incendio de la ciudad por los griegos victoriosos. Los dioses le ordenaron huir junto con su padre, su hijo y varios compañeros. Su historia es descrita por Virgilio (un popular poeta romano) en la *Eneida*, que detalla sus aventuras hasta su traslado a Italia y su conexión con Rómulo y Remo, los primeros reyes de Roma. En muchos aspectos, su historia refleja la de Odiseo —el rey de Ítaca y la figura central de la *Odisea*— y la de los griegos que intentan regresar a Ítaca tras la larga guerra.

Capítulo 2 -¿Quiénes eran los aqueos?

Los griegos que participaron en la guerra de Troya formaban parte de la *Grecia micénica*, que duró desde aproximadamente el año 1750 a. C. hasta el 1050 a. C.

La Grecia micénica.[87]

En la *Ilíada*, Homero se refiere a estos griegos con el nombre de «aqueos», y aquí se repetirá la misma convención. Sin embargo, hay que tener en cuenta que esto es algo confuso, ya que el término se refiere técnicamente a los habitantes de la zona llamada Acaya, en el norte de la península del Peloponeso, y la Liga Aquea se formó en el siglo III a. C. entre las ciudades-estado de la región. Los aqueos de Homero no se limitaban a esta región, sino que procedían de reinos de toda Grecia. Homero también se refiere a las fuerzas griegas como danaos, argivos, panhelenos y helenos en la *Ilíada*. Una vez más, para los fines de nuestra discusión, utilizaremos el nombre colectivo para estas personas: «aqueos».

En muchos sentidos, estos aqueos eran los vikingos del Mediterráneo durante la Edad de Bronce. Todavía no habían madurado hasta convertirse en la civilización clásica de Atenas durante su Edad de Oro, ni tampoco en la estructurada sociedad guerrera de Esparta durante las guerras persas. Estas civilizaciones griegas eran menos poderosas, pero quizás más amenazantes de lo que serían sus descendientes.

Utilizando algunos de los primeros buques de guerra que se construyeron, se desplegaron por las islas del mar Egeo y tomaron lo que pudieron, difundiendo su cultura, sus bienes, su lengua y una buena cantidad de muerte a su paso. Sin embargo, no eran meros brutos, y su construcción naval también se utilizó para reforzar su economía a través del comercio con vecinos como Egipto y Asiria. Los análisis lingüísticos, las pruebas arqueológicas y los estudios genéticos indican que los aqueos eran probablemente descendientes de griegos autóctonos, minoicos de Creta y una o varias tribus indoeuropeas que se asentaron en la zona tras migrar a través del Cáucaso.

Agamenón y Menelao

Al igual que sus rivales troyanos, las poderosas ciudades-estado aqueas estaban protegidas por murallas, ya que a menudo se enfrentaban entre sí, y la costumbre griega de construir ciudadelas en la cima de una colina, llamadas acrópolis, se remonta a esta época.

Representación de una acrópolis.³⁸

La mayor de estas ciudades-estado se llamaba Micenas, en el noreste del Peloponeso, cerca de la actual Micenas. En su apogeo, alrededor del año 1350 a. C., tenía una población de unos 30.000 habitantes y era casi tres veces mayor que sus rivales griegos más cercanos y antiguos aliados. Antes de la guerra de Troya, el líder de Micenas era el rey Atreo. Él y su esposa, Aérope, tuvieron dos hijos, Agamenón y Menelao.

Agamenón era el heredero del trono, pero la familia se sumió en el caos cuando Atreo descubrió que Aérope había cometido adulterio con su hermano, Tiestes. Enfurecido, Atreo no solo mató a los hijos de Tiestes, sino que le obligó a comérselos. Después, Tiestes engendró un nuevo hijo llamado Egisto mediante el incesto con su hija Pelopia. Egisto llegó a la edad adulta y se vengó de su padre, asesinando a Atreo e instalando a Tiestes en el trono de Micenas.

Como el trono había sido arrebatado a Agamenón, él y Menelao huyeron. El rey Tindáreo les dio refugio en Esparta, ya que vio a los dos como inocentes en medio de toda la locura de su familia. Allí conocieron a la hija de Tindáreo, Helena. La noticia de la belleza de Helena ya se había extendido por todos los reinos, y poderosos pretendientes llegaron de toda Grecia con fastuosos regalos para competir por su mano en matrimonio. Como mujer en su época, lugar y posición social, Helena no tenía elección en el asunto del matrimonio; esa tarea correspondía a su padre, pero este temía que al hacerlo se iniciara una guerra.

Odiseo (uno de los pretendientes) tuvo una ingeniosa idea para el rey: exigir a todos los pretendientes un juramento de respetar la decisión final *antes de tomarla*. Todos aceptaron rápidamente, ya que así se asegurarían el apoyo del pueblo si eran los elegidos para casarse con Helena. Tindáreo eligió a Menelao, y todos los pretendientes se marcharon pacíficamente, excepto Odiseo. Este no había dado su consejo gratuitamente; a cambio, pidió el apoyo de Tindáreo en su cortejo a Penélope, la prima de Helena, de la que se había enamorado durante su visita.

Agamenón también se casó con una hija de Tindáreo llamada Clitemnestra, pero fue Menelao quien ascendió al trono a la muerte del rey por su matrimonio con Helena, ya que era el mayor de los dos. La ambición de Agamenón le había llevado a buscar la mano de Helena, pero ahora estaba obligado por su juramento a apoyar tanto el matrimonio de su hermano como su nuevo trono. Viendo todavía una oportunidad, convenció a Menelao para que le ayudara a recuperar Micenas de Tiestes. Marcharon hacia el norte y sorprendieron a su tío, expulsándolo a él y a su hijo de la ciudad e instalando a Agamenón como el hombre más poderoso de la Grecia aquea.

Héroes aqueos de la guerra de Troya

Agamenón, Menelao y Odiseo participarían en la guerra de Troya, liderando sus reinos en la batalla. Tras partir de Esparta con Penélope, Odiseo no tardó en arrebatar el trono a su padre, convirtiéndose en el rey de Ítaca. Su plan para conseguir el apoyo de Tindáreo para casarse con Penélope no fue una casualidad; la idea fue cuidadosamente elaborada. Odiseo es considerado uno de los protagonistas más inteligentes de la historia y la mitología griegas, ya que prefiere burlar a sus oponentes en lugar de dominarlos. Esta característica contrasta con la del guerrero aqueo Aquiles, quien era impetuoso, de mal genio y dependía de su mundialmente famosa destreza en la batalla para resolver las disputas.

Odiseo y Néstor (el rey de Pilos) fueron los principales responsables de reclutar y unir a los reinos aqueos contra Troya en un esfuerzo por iniciar la guerra. Al igual que Príamo, todos los hermanos de Néstor fueron asesinados por Heracles, un semidiós griego. En la época de la guerra de Troya, Néstor era un anciano —de unos 70 años— con una afición por inspirar a los demás mediante relatos de su heroica juventud.

Una persona que necesitó muy poca persuasión fue Diomedes, rey de Argos. Según la leyenda, era hijo de Ares y favorito de Atenea por el respeto de la diosa guerrera a su habilidad en la batalla. Se le consideraba el segundo de las fuerzas aqueas en este sentido, después de Aquiles, y había visto más combates en sus años de juventud que incluso el anciano Néstor. Entre todos los héroes aqueos, solo él y Odiseo fueron alabados en la *Ilíada* por su astucia y estrategia, lo que le convierte en el paquete completo. Más tarde, Diomedes se convirtió en el rey de Argos y fundó varias ciudades en Italia, donde fue totalmente deificado y adorado tras su muerte.

Otro semidiós de los aqueos era Áyax el Grande, hijo del rey Telamón de Salamina. Homero y otros autores describen a Áyax el Grande como una figura valiente y elevada para los griegos. Se enfrentó en dos ocasiones a Héctor hasta empatar, lo que dio lugar a un incipiente respeto entre los héroes enfrentados. También había otro Áyax en sus filas, llamado Áyax el Menor (o a veces Áyax Locriano) para distinguir mejor entre los dos. Ninguno de los dos era rey, pero dirigieron sus fuerzas desde Salamina y Locris, respectivamente, en el asedio a Troya.

Al mando de los ejércitos cretenses (cuyos arqueros estaban considerados entre las mejores tropas de «misiles ligeros» del mundo antiguo) estaba el rey Idomeneo, un nieto del rey Minos de fama minotauro. En el transcurso de la guerra, se convirtió en uno de los consejeros de mayor confianza de Agamenón y formó parte de los guerreros aqueos que se infiltraron en las murallas de Troya, escondiéndose en el interior del caballo gigante de madera como parte del plan urdido por Odiseo. Otro guerrero dentro de las murallas del caballo de Troya fue el rey ateniense Menesteo. Al igual que Diomedes, conocía gran parte de las tácticas de la guerra, pero a menudo se le criticaba por ser menos valiente y hábil a la hora de luchar.

Casi todos estos héroes aqueos se encontraban entre los pretendientes de Helena de Esparta y estaban obligados por el juramento que hicieron de apoyar a Menelao. El truco de Odiseo pudo haber permitido una resolución pacífica de la competencia por Helena, pero cuando el joven príncipe de Troya se fugó con la reina para nombrarla Helena de Troya, todos quedaron atrapados por su honor.

Aunque algunos pintores creen que Helena y Paris estaban enamorados, la mayoría representa el rapto de Helena de forma violenta. Este se titula acertadamente El rapto de Helena, y es obra de Francesco Primaticcio.[39]

Capítulo 3 - Causas de la guerra de Troya

En este capítulo hablaremos de los acontecimientos que condujeron a la guerra de Troya, como la Manzana de la Discordia, el Juicio de Paris y el rapto de Helena. No hablaremos aún de los detalles de la guerra, sino que sentaremos las bases para una mejor comprensión de las causas.

Muchos creen que la guerra de Troya comenzó cuando Paris raptó a Helena de Esparta, o la visión más romántica: se enamoraron y huyeron juntos. La verdad de esto puede perderse en el tiempo, y ambas versiones de la historia tienen sus méritos. En cualquier caso, Menelao fue capaz de reunir a muchos de sus colegas reyes y guerreros para lanzar mil barcos (¿suena familiar?) a través del mar Egeo para hacer la guerra a las puertas de Troya. Pero como todas las historias de los antiguos griegos, es un poco más complicado que eso.

Las semillas del conflicto se plantaron tanto en una profecía como en un concurso, cada uno de los cuales implicaba a los dioses y diosas del monte Olimpo. La profecía en cuestión fue dada al dios Zeus y a su hermano Poseidón, cada uno de los cuales se había enamorado de la hermosa ninfa del mar, llamada Tetis. Recibieron la profecía que el hijo de Tetis se alzaría para destruir a su padre, ejerciendo poderes incalculables si era engendrado por alguien como Zeus o Poseidón. La pareja de dioses se echó atrás y Zeus decretó que Tetis debía casarse con el anciano rey Peleo de Ftía. Zeus siempre había temido ser destronado algún día por su descendencia, de la misma manera que él y sus hermanos se rebelaron para derrotar a sus padres titanes. Comenzó a urdir un plan de guerra para despoblar la tierra de muchos de los niños semidioses que andaban por ahí.

La ninfa del mar Tetis representada en un plato de figuras negras.[80]

El juicio de Paris

Tras la boda de Tetis y Peleo, Zeus organizó un gran festín para celebrarlo, pero no invitó a Eris, la diosa de las luchas y la discordia. Para sembrar su venganza —y hacer honor a su nombre— arrojó una manzana de oro entre los juerguistas, con la inscripción «A la más bella»" grabada en ella. Hera, Atenea y Afrodita reclamaron la manzana de oro como *obviamente* suya, y para resolver la disputa, Zeus las envió a Paris de Troya, nombrando a Paris como juez decisivo.

Manzana de oro de la discordia por Jacob Jordaens.[81]

Cada diosa intentó sobornar a Paris de acuerdo con su naturaleza. Hera, la esposa de Zeus y la reina de los Dioses, ofreció a Paris un inmenso poder, prometiendo convertirlo en el rey de Europa y Asia. La diosa de la sabiduría y la guerra, Atenea, le dijo a Paris que le concedería gran sabiduría y habilidad en la batalla si la elegía. Por último, Afrodita, la diosa del amor y la belleza, le dijo a Paris que si la elegía, se enamoraría de la mujer más bella del mundo.

Paris eligió a Afrodita, cayendo así en la trampa de Zeus, ya que Helena de Esparta ostentaba el título, pues ya estaba desposada con el rey Menelao.

Aunque Paris ha sido a menudo criticado o considerado un cobarde por sus decisiones, en esta contienda no había ganador. Eligiera a quien eligiera, estaba creando dos poderosos enemigos para Troya que acabarían apoyando a los griegos en la guerra que se avecinaba.

Sin embargo, después de que Afrodita le mostrara la imagen de Helena, Paris se embarcó hacia Esparta en una misión diplomática con el motivo ulterior de secuestrarla. Para cumplir su palabra, Afrodita envió a Eros (en la mitología romana, Cupido) a lanzar una flecha encantada a Helena justo antes de recibir a Paris. Cuando ella levantó la vista para verlo, se enamoró, y aceptó fugarse y huir con él a la gran ciudadela de Troya. Otras versiones afirman que Helena fue raptada contra su voluntad; esta versión fue sin duda el ángulo que Menelao utilizó para convencer a sus compañeros griegos de ir a la guerra.

El amor de Helena y Paris, de Jacques-Louis David.[33]

El camino a la guerra

Cuando Paris y Helena llegaron a Troya, la familia real se puso furiosa, especialmente Príamo y Héctor, que comprendieron que los griegos no permitirían que esto quedara impune y que la guerra con Grecia era probablemente inevitable. Menelao y Odiseo viajaron a Troya para negociar la liberación de Helena, pero Paris (y muy posiblemente Helena) no aceptaron el regreso de la reina. El rey Príamo y el príncipe Héctor, obligados por su propio deber hacia su hijo y su hermano, respectivamente, aceptaron que Helena se quedara en su ciudad, rechazando a los emisarios griegos.

La próxima vez que los verían, los griegos llegarían con una de las mayores armadas que jamás se habían reunido. Habiendo rechazado a Hera, Paris y los troyanos no verían durar su prosperidad y no se convertirían en los señores de Europa y Asia. Y habiendo rechazado a Atenea, serían los griegos los que se jactarían de las audaces estrategias de Odiseo, y los que tendrían en Aquiles al más grande guerrero de todos. Sin embargo, durante un tiempo, Paris tuvo a Helena de Troya.

Para comprender mejor las causas de la guerra de Troya, es importante alejarse de los mitos y observar el contexto del mundo egeo a finales de la Edad de Bronce. Mientras que Troya era un rival griego, los hititas de Anatolia eran probablemente un enemigo griego. La fortaleza de Troya protegía la riqueza hitita, un pueblo que se mantenía independiente, pero en constante amenaza de ser engullido por sus dos potencias vecinas.

Aunque las menciones a los hititas están frustrantemente ausentes en el relato de Homero sobre la guerra en la *Ilíada*, se teoriza que quizá Homero utilizó un nombre no reconocido para referirse a ellos al contar los aliados de Troya. Conociendo el poder y la influencia de los hititas de la Edad de Bronce en Anatolia, esto tendría más sentido que dejarlos fuera del todo, y unas relaciones más estrechas entre los troyanos y los hititas habrían sido suficientes para que los griegos empezaran a preocuparse por la seguridad de sus propias ciudades-estado en Anatolia. Mientras Troya permaneciera neutral, ellos habían permanecido seguros. Ya sea por un error de cálculo, por estrategias equivocadas o por rencores personales, los troyanos parecían alejarse de los griegos, que tal vez preferían que *no hubiera Troya* en vez de una *Troya enemiga*.

Capítulo 4 -Reunión de las fuerzas aqueas

Una vez que la diplomacia fracasó en la recuperación de Helena, Menelao comenzó a reclutar a otros para su causa. Su primera parada fue Micenas y su hermano, Agamenón, quien aceptó ir, solo si era designado comandante en jefe de todas las fuerzas griegas en la expedición. Sabiendo que necesitaba el poder que su hermano controlaba, Menelao aceptó. Sin embargo, solos, sus dos reinos no serían suficientes.

Además, antes de que los griegos pudieran abandonar Áulide para dirigirse a Troya, la ciudad se vio afectada por una plaga y se vio obligada a permanecer en el puerto debido a la ausencia de viento. Según el mito, Artemisa (diosa de la caza) exigió que se hiciera un sacrificio: La hija de Agamenón, Ifigenia, debía ser asesinada. Después de mucha consternación, Agamenón llevó a cabo el acto antes de zarpar hacia Troya, dejando atrás a una esposa y una familia enfadadas. Esta fue solo una de las muchas locuras que les esperaban a los griegos antes de que comenzara la batalla.

Odiseo finge estar loco

Necesitaban astucia, así que enviaron a Odiseo, ahora rey de Ítaca. Odiseo había oído que Agamenón estaba reuniendo una fuerza para invadir Troya y recuperar a Helena para su hermano, pero no quería un conflicto con Troya ni un enemigo en Agamenón. De nuevo, confiando en su ingenio, comenzó a fingir locura.

El juramento de honrar al vencedor de la contienda por la mano de Helena no era más que uno de sus trucos, por lo que Odiseo no se sentía obligado a cumplirlo. Cuando llegó el emisario de Agamenón, Palamedes, encontró a Odiseo vestido de campesino, salando sus cosechas y diciendo disparates. Sin estar convencido de lo que *no era su mejor treta*, Palamedes colocó al hijo del rey de Ítaca, Telémaco, delante del arado que estaba utilizando Odiseo —un juego moderno de la gallina— haciendo que Odiseo se desviara y fallara, traicionando su propio juego. Demostrando estar cuerdo y ser capaz de salvar a su hijo, Odiseo estaba ahora obligado a luchar por Agamenón o arriesgarse a las represalias. A Odiseo se le encargó, junto con Néstor, que siguiera reuniendo a los reinos aqueos a su lado, recordándoles el juramento que habían hecho a Menelao en sus esponsales con Helena. Diomedes, Áyax el Grande, Áyax el Pequeño, Idomeneo y Menesteo se unieron a la causa, pero aún necesitaban al mejor guerrero de todos: Aquiles.

Aquiles y la profecía

Habían pasado muchos años desde la boda de Tetis y Peleo, y habían dado a luz a un hijo al que llamaron Aquiles. Aunque Zeus había obligado a Tetis a casarse con Peleo, ella no quería un hijo mortal. En secreto, visitó el río Estigia, en la frontera del Hades, y una vez allí, sumergió a su hijo pequeño, sujetándolo boca abajo por el talón. El río convirtió a Aquiles en invulnerable en todas las partes de su cuerpo sumergidas en el agua, dejando solo un punto de debilidad: el propio talón por el que su madre lo había sujetado. En algunas versiones de este mito, Peleo no está de acuerdo con ese trato a su hijo, lo que provocó la muerte de muchos de los que serían los hermanos mayores de Aquiles.

Al igual que muchos personajes de la guerra de Troya, Tetis también se vio motivada a llegar a estos peligrosos extremos por una profecía: que su hijo sería recordado para siempre como el mayor guerrero del mundo, pero que moriría siendo un joven. Así, a pesar de su aparente invulnerabilidad, Tetis intentó ocultar a Aquiles de los enviados de Agamenón. Una vez que lo encontraron, le transmitió a Aquiles la advertencia del oráculo. Ahora, Aquiles tendría que decidir si viviría mucho tiempo y sería olvidado, o moriría joven y sería recordado. Debido a la arrogancia de poder evitar tal destino o aceptar su naturaleza heroica, aceptó embarcarse con Agamenón y los griegos, liderando su tan temido ejército mirmidón contra los troyanos.

Falsos comienzos

Habían pasado varios años para despertar a los dispersos y famosos reinos griegos que no cooperaban, pero la exitosa campaña de reclutamiento condujo a una alianza de más de cien mil soldados aqueos. Este vasto ejército necesitaría más de mil barcos para transportarlos por el mar hasta Anatolia y las playas de Troya. Acordaron reunirse en Áulide, donde comenzaron una serie de locuras.

En primer lugar, durante los sacrificios a los dioses para que les favorecieran y mantuvieran su buena voluntad, una serpiente se deslizó desde debajo del altar, subió a un árbol, se comió ocho polluelos de gorrión y a su madre, y finalmente se convirtió en piedra. Estaba presente un vidente llamado Calcas, que interpretó el extraño presagio según el cual la guerra de los aqueos duraría *nueve años* antes de derrotar a los troyanos en el décimo. Los soldados tomaron este presagio con sentimientos encontrados; sí, la guerra acabaría con victoria para ellos, pero duraría diez agotadores años. Zarparon hacia Troya con ánimos esperanzados pero turbados y desembarcaron en Anatolia para desatar el infierno en las costas de la gran ciudad.

Por desgracia, la ciudad que encontraron no era Troya, sino Misia, con Télefo, hijo de Heracles, como rey. Misia era una de las colonias griegas en Anatolia, y se produjo una gran y confusa batalla que terminó con Télefo ahuyentando a los aqueos en una tormenta. Una vez más, se reagruparon en Áulide.

La locura final se produjo cuando Agamenón, que esperaba en Áulide para embarcarse de nuevo hacia Troya, dirigió una partida de caza en la que no solo se jactó de ser tan gran cazador como la diosa Artemisa, sino que mató sin querer uno de sus ciervos sagrados. Enfadada y vengativa, Artemisa impidió que los vientos soplaran en Áulide, haciendo imposible que los aqueos partieran hacia Troya. El oráculo Calcas dijo que Artemisa solo permitiría que volviera a soplar cuando se hiciera un sacrificio de sangre de la hija mayor de Agamenón, Ifigenia, a cambio. Menelao le convenció para que enviara a buscarla, diciéndole que se casaría con el gran Aquiles.

Ifigenia y su madre, Clitemnestra, llegaron solo para enterarse de que era una trampa cuando hablaron con Aquiles, que no sabía nada del complot. Furioso por haber sido convertido en un peón, Aquiles contó a los ejércitos por qué los vientos se habían detenido y cómo Calcas había dicho que volverían a soplar gracias al sacrificio de Ifigenia. Agamenón había estado a punto de cambiar de opinión, pero ahora estaba atrapado entre el sacrificio de su hija y el asesinato de toda su familia por parte de los inquietos soldados que amenazaban con volverse contra él si no aplacaba a Artemisa.

En ese momento, Ifigenia se ofreció al sacrificio, sabiendo que moriría de cualquier manera, viendo la oportunidad de salvar a su madre y a su padre. Debido a su heroísmo, Artemisa se apiadó de Ifigenia y la libró del sacrificio, aunque sus padres no se enterarían de su supervivencia hasta más tarde. Con Artemisa apaciguada, los vientos volvieron a soplar y los aqueos volvieron a zarpar.

El sacrificio de Ifigenia, de François Perrier. [88]

Desembarcaron en un lugar más —aún no era Troya— y se quedaron el tiempo suficiente para que Aquiles matara a un hijo de Apolo. Además, uno de los guerreros aqueos cayó con una misteriosa herida supurante que no se curaba.

La isla en la que se detuvieron se llamaba Ténedos, y querían reabastecerse antes de llegar a Troya y comenzar la guerra. El dios principal de la isla era Apolo, y el rey Tenes era su hijo. Aquiles deseaba a la hermana de Tenes, Hemithea, quien escapó a sus avances, pero la prueba enfureció al rey, dispuesto a tomar las armas contra el gran guerrero. Tetis apareció y advirtió a Aquiles de que no hiciera daño a Tenes, ya que enfurecería a Apolo.

Sin embargo, Aquiles no se echó atrás en el desafío, y la lucha terminó con Aquiles atravesando el pecho del rey con su espada. Tal y como predijo Tetis, Apolo juró venganza, sellando el destino de Aquiles de morir en la guerra de Troya. Los aqueos se apresuraron a hacer un sacrificio para apaciguar a Apolo, pero de nuevo, una serpiente venenosa se deslizó desde el altar y mordió a Filoctetes de Melibea en el pie. La herida no se curaba y era tan punzante que sus compañeros, confundidos y alarmados, lo llevaron a la cercana isla de Lemnos, donde Filoctetes pudo curarse hasta que volvieron a por él. Ya con todas las provisiones, pero con un poderoso enemigo en Apolo, los aqueos terminaron su viaje a Troya.

SEGUNDA SECCIÓN: LA GUERRA DE TROYA

Capítulo 5 - El comienzo de la guerra

Tal vez una de las razones por las que los aqueos estaban ansiosos por llegar y a la vez parecían arrastrar los pies fue otra profecía de Calcas. Ella predijo que la primera persona que pisara tierra troyana sería también la primera en morir. Odiseo rechazó públicamente la predicción del oráculo, pero en su interior se mantuvo cauto. Siendo pragmático y sabiendo que alguien tenía que empezar para que no se pudriera en sus barcos, saltó de su barco, pero aterrizó subrepticiamente sobre su escudo en lugar de hacerlo en suelo troyano, iniciando la cascada de soldados aqueos en la playa.

El primero en aterrizar firmemente en el suelo fue Protesilao, quien rápidamente encontró la muerte a manos de nada menos que el príncipe Héctor, que lideraba una carga fuera de las murallas de Troya para recibir a los aqueos mientras estaban vulnerables y sin fortificar. La batalla terminó con las fuerzas aqueas agotadas y los troyanos regresando a la seguridad tras sus murallas. Los griegos habían ganado la cabeza de playa a un alto coste, aunque los troyanos también estaban ensangrentados; Aquiles había luchado y matado al afamado y temido Cicno, un hijo de Poseidón que defendía Troya.

Un enviado griego

Una vez que el polvo se asentó y el ejército aqueo estaba acampado firmemente en el territorio troyano, la tradición pedía un último intento para evitar la guerra. El rey Menelao y el rey Odiseo fueron elegidos como enviados griegos para negociar el regreso de Helena y el restablecimiento de la paz entre los reinos. Fueron llevados a la casa de Antenor, un noble troyano con muchas conexiones griegas tanto en la familia como en los negocios. Menelao vería restaurado su honor; Odiseo simplemente había estado tratando de evitar la gravedad de la guerra desde antes de su reclutamiento. Antenor escuchó con simpatía a los aqueos, cada uno de los cuales se habría alegrado de volver con Helena.

Pero la paz no estaba realmente en las cartas, ya que el rey Príamo estaba completamente atrapado en este punto. Ya había acogido a Helena (y el tesoro que traía) en su ciudad, y devolverla solo después de que apareciera un ejército habría sido admitir que se había equivocado desde el principio. Su dilema lo atrapó entre admitir su error o mostrar su cobardía, o tal vez *ambas* cosas. El momento de enviar a Helena de vuelta a Esparta ya había pasado, y la reunión se convirtió en una mera formalidad.

Además, es posible que Menelao y Odiseo no supieran lo cerca que estuvieron de la muerte. Un troyano llamado Antímaco presionó para que los reyes fueran asesinados, no solo en represalia por su invasión y derramamiento de sangre, sino para robar a los aqueos de dos de sus líderes más importantes. Menelao era la causa simbólica de la guerra para los troyanos y Odiseo uno de los principales estrategas aqueos. Los griegos se habrían indignado por el complot de asesinato, pero probablemente habrían cuestionado la lógica de luchar para devolver a Helena a un rey muerto. Además, aunque no lo supieran en ese momento, los troyanos también habrían eliminado al hombre que les daría el golpe de gracia con la trama del caballo de Troya.

Al final, los dos reyes fueron escoltados fuera de la ciudad tan pacíficamente como habían sido escoltados hacia ella, y ambos bandos comenzaron a preparar sus próximos movimientos.

Un largo estancamiento

Calcas demostró tener razón sobre la duración de la guerra, que se prolongó durante nueve largos años. Troya nunca estuvo totalmente sitiada por los griegos, a pesar de que los aqueos controlaban gran parte de la costa del Egeo y los Dardanelos. Aunque superaban en número a las fuerzas troyanas, carecían de los efectivos necesarios para rodear completamente la ciudad sin dispersarse demasiado, siendo vulnerables a los ataques concentrados. Como resultado, los troyanos mantuvieron la comunicación y el comercio con sus aliados y evitaron así los problemas de hambre y peste que suelen producirse al encerrar a una población dentro de una ciudadela.

Romper la ciudadela por la fuerza bruta era otra opción para los aqueos, pero era una mala opción. Troya no era simplemente una ciudad con una gran muralla a su alrededor, sino también un escaparate de la tecnología militar de la Edad de Bronce. Alrededor de la muralla exterior había una empalizada de madera y una trinchera excavada a una profundidad de entre dos y tres metros en el lecho de roca, lo que casi duplicaba su altura e impedía cualquier campaña de excavación de túneles.

La empalizada y la trinchera también impedían a sus enemigos utilizar torres de asedio, por lo que cualquier intento de escalar las murallas tendría que hacerse con escaleras o en las puertas, que estaban mucho mejor defendidas. La ciudadela (fortificación) que se encontraba en el interior, llamada Pérgamo, era aún más impresionante. Sus murallas de treinta pies se encontraban en la cima de una colina de cien pies que dominaba las llanuras circundantes. Tenían un grosor de cinco metros, lo que burlaba cualquier intento de ariete, y sus defensores patrullaban su perímetro de 3.000 metros detrás de parapetos que rodeaban la cima. Cada intento de los aqueos por romper las defensas era rechazado, con gritos de guerra y luego cadáveres llenando las trincheras.

Sin embargo, a pesar de su ventaja defensiva de élite, los troyanos seguían siendo muy inferiores en número e incapaces de sacar provecho tras cada repulsión del enemigo. Defender el perímetro de una milla de largo de sus murallas exteriores requería la mayor parte de sus fuerzas y atención; escatimar demasiados soldados para el combate abierto les dejaría expuestos. Los troyanos, temerosos de que los griegos pudieran simplemente intentar alejarlos de sus puestos defensivos, permanecieron detrás de sus murallas.

Sin embargo, la estrategia de Príamo y Héctor suele ser criticada por no incluir más emboscadas y campañas de guerrilla contra los aqueos. Estas habrían reducido el número de guerreros invasores y devastado su moral, al estar tan lejos de casa y durante tanto tiempo. Esta estrategia podría haberse llevado a cabo con fuerzas lo suficientemente reducidas como para no comprometer su defensa, y la ausencia de tales ataques es lo que muchas fuentes no homéricas utilizan como prueba de que los troyanos temían a los griegos.

Con el tiempo, las fuerzas se establecieron en una especie de estancamiento, y gran parte de los combates tuvieron lugar lejos de la ciudadela, donde los vecinos de Troya carecían de tan gloriosas murallas. Los aqueos no tenían ninguna línea de suministro, así que se apoderaron de las ciudades y pueblos cercanos, convirtiéndose en señores de la guerra en el campo para poder cultivar y mantenerse. No es de extrañar que Aquiles y Áyax el Grande fueran los dos líderes aqueos más activos en sus incursiones. Aquiles y sus mirmidones (mercenarios) reclamaron once ciudades de Anatolia y doce islas cercanas.

Odiseo, por su parte, se ocupó de vengarse de Palamedes, el hombre que lo reclutó para la guerra, estropeó su treta y puso en peligro a su hijo pequeño. Desanimado por la duración de la guerra, Palamedes empezó a animar a los líderes a rendirse y volver a casa. La ironía de esto fue demasiado para Odiseo, *quien ni siquiera habría estado allí si no fuera por la insistencia de Palamedes.* Aprovechó la oportunidad para inculpar a Palamedes como traidor plantando una fortuna en la tienda de Palamedes y falsificando una carta del rey Príamo para que fuera descubierta junto con el soborno. Odiseo afirmó que Palamedes estaba trabajando para Príamo al tratar de alentar la retirada, lo que resultó en una sentencia de muerte por lapidación, un castigo en el que el propio Odiseo participó. A pesar de toda su astucia, su orgullo era quizás aún mayor. Si se hubiera limitado a ponerse del lado de Palamedes, tal vez habría podido regresar a Ítaca, a Penélope y a su hijo. Pero no podía soportar la rendición, y no podía perdonar el mal de Palamedes. Además, se acercaba el décimo año de la guerra, y el oráculo Calcas no se había equivocado todavía.

Capítulo 6 - La Ilíada

La *Ilíada* es la «Historia de Ilión», que era el nombre griego de Troya. Sin embargo, todos los acontecimientos de la *Ilíada* de Homero tienen lugar cerca del final de la guerra, y se centra en la ira de Aquiles.

Como verá, la venganza es el núcleo de la historia. Aquiles quiere vengarse de Agamenón por haberle arrebatado a Briseo y por la muerte de su mejor amigo, Patroclo (hoy en día muchos creen que los dos eran amantes, aunque la *Ilíada* no lo dice explícitamente). Este tema resuena en toda la *Ilíada* de Homero y en muchos otros poemas e historias de la Grecia antigua.

Sin embargo, el perdón es otro tema, ya que la venganza de Aquiles no le trae la paz. Ni siquiera hacer sacrificios a los dioses (o arrastrar el cadáver de Héctor en el carro) sirve para reducir su dolor. Solo proporcionando al rey Príamo doce días de paz —permitiendo al rey llorar la muerte de su hijo— encuentra finalmente Aquiles una medida de paz. Después de todas las batallas y la muerte, el perdón es la clave para desbloquear la reconciliación de su alma.

Aparte de las lecciones sobre el perdón, la *Ilíada* puede considerarse la primera propaganda antibélica de la historia por su perspectiva sobre las batallas y la muerte innecesaria. Su público suele leer los horrores de la guerra y la tragedia general de la guerra de Troya. Las descripciones incluyen:

> «Estaba de pie en la popa de su barco de vientre profundo, observando el sombrío trabajo de la guerra y la miserable derrota». (*Libro 11 de Homero, líneas 600-601*)

«Hija de Zeus, el portador de la égida, ¡mira esto! ¿Debemos dejar de preocuparnos por los dánaos mientras mueren?». (*Homero libro 8, líneas 352-353*)

«De la misma manera, los aqueos, de buena voluntad, apilaron a sus muertos en una pira en silencio, afligidos en sus corazones». (*Libro de Homero 7, líneas 427-431*)

Aparte de las lecciones sobre la guerra, el libro de Homero ha adquirido mucha importancia histórica, hasta el punto de que Alejandro Magno dormía con un ejemplar de la *Ilíada* todas las noches. Como una de las obras literarias más antiguas, este libro se sigue enseñando en las aulas de todo el mundo. Entremos en materia.

La historia comienza después de que Aquiles y Agamenón asaltaran una aldea cercana y tomaran a dos mujeres como cautivas. Agamenón reclamó a Criseida, y Aquiles se llevó a su hermana, Briseida. El padre de las mujeres, un hombre llamado Crises (que era sacerdote del dios Apolo), encontró a Agamenón y le rogó que le devolviera a sus hijas. Se ofreció a pagar cualquier rescate, pero Agamenón se negó.

Crises hizo lo que la mayoría de la gente hacía en aquellos tiempos: buscó la ayuda de un dios. Rezó a Apolo, quien desató una plaga sobre los aqueos acampados en las afueras de Troya. Después de diez días viendo cómo sus compañeros griegos caían muertos, Aquiles pidió a Calcas que utilizara sus poderes de profecía para averiguar qué estaba pasando. Calcas reveló que la plaga era parte de la venganza de Apolo. Como se recordará, Agamenón ya se había encontrado en el lado equivocado de Apolo más de una vez.

Como tenía mucha arrogancia, no podía sucumbir a una derrota completa, así que Agamenón aceptó devolver a Criseida, pero solo si Aquiles renunciaba a Briseida como compensación. Como líder de los aqueos, Agamenón creía que debía tener el mayor premio, y que debía ser capaz de burlar a los adversarios.

Aquiles, también siempre orgulloso, se enfureció y amenazó con abandonar Troya y regresar a Partia si Agamenón persistía. Cuando Agamenón amenazó con cargar contra la tienda de Aquiles para tomar a Briseida por su cuenta, fue necesaria la intervención de Atenea para evitar que Aquiles desenfundara su espada contra el comandante griego. En cambio, Aquiles se echó atrás y dejó que el rey de Micenas tuviera lo que quería.

Tras regresar a su tienda, Aquiles rezó a su madre, Tetis, para que castigara a Agamenón y al resto de los aqueos por no apoyarle. Tetis aceptó llevar el asunto a Zeus, que le debía un favor. Al principio, Zeus se mostró reacio a ayudar, ya que su esposa Hera favorecía a los griegos. Pero viendo la oportunidad de reducir aún más a los potenciales semidioses que desafiaban su trono, accedió a cumplir el favor. Odiseo devolvió a Criseida a su padre, quien rezó a Apolo para que levantara la maldición de la peste que se extendía entre los aqueos. Sin embargo, para muchos de ellos, sus problemas no habían hecho más que empezar.

En un movimiento audaz pero poco habitual, Paris desafió a cualquier aqueo a un combate individual y se sintió consternado cuando Menelao se adelantó. Paris perdió los nervios y trató de retroceder entre las filas troyanas. Esta situación es algo sorprendente, ya que no está claro quién pensaba que Paris aceptaría su desafío, y Menelao no era ni mucho menos el guerrero más hábil que tenían los aqueos. Héctor impidió la cobarde retirada de su hermano, y en su lugar convenció a Paris para que se batiera en duelo con Menelao, el rey espartano. Paris recuperó su valor y declaró que el ganador sería el legítimo esposo de Helena, un resultado que pondría fin a la guerra.

Mientras Paris y Menelao se preparaban para el combate, Helena permanecía en el interior de la ciudad, completamente ajena a lo que estaba ocurriendo. Según la historia, Iris (mensajera de los dioses) se disfrazó de hermana de Héctor y avisó a Helena del combate, enviándola a las puertas de la ciudad para que observara. Esta no iba a ser la primera, ni la última vez que los dioses intervinieran en esta guerra.

El duelo comenzó con lanzas y luego pasó a las espadas, y Menelao se impuso cuando golpeó a Paris en la cabeza con su espada y comenzó a arrastrarlo por el casco. Afrodita (diosa del amor, la belleza, el placer, la pasión y la procreación), que seguía del lado de los troyanos para juzgar a Paris, desató la correa del casco para que Paris pudiera liberarse del agarre del espartano. Esta intromisión solo supuso un breve momento para Paris. Cuando Menelao estaba enviando un golpe fatal con su lanza al pecho de su oponente, Afrodita volvió a interferir, transportando instantáneamente a Paris de vuelta a su habitación en el palacio.

Helena lo encontró allí, lo regañó y se acostó con él.

Hubo una gran confusión fuera de las puertas, ya que el príncipe de Troya parecía haber desaparecido mágicamente en lugar de ser atravesado por la lanza. Agamenón declaró vencedor a Menelao y exigió la devolución de Helena. Por supuesto, Paris y Helena se negaron, y la realeza troyana les apoyó.

Desaparecida la esperanza de terminar la guerra mediante un combate singular, la guerra continuó. Diomedes y el héroe troyano, Pándaro, se encontraron en el campo de batalla, y Diomedes fue gravemente herido. Diomedes era uno de los guerreros favoritos de la diosa Atenea, así que le curó y le dio una fuerza divina. También le dio el poder de ver a los dioses y diosas en el campo de batalla, cuyas acciones habían estado ocultas para él y permanecieron ocultas para los otros soldados. Le dijo que no debía desafiar ni dañar a ninguno de los dioses, salvo a Afrodita.

Con sus nuevas habilidades, volvió a encontrar a Pándaro en el campo de batalla, al que ensartó brutalmente con su lanza. También hirió gravemente a Eneas y cortó la muñeca de su madre, Afrodita, cuando fue a ayudarle. Aunque las reglas de Atenea lo permitían, se excedió cuando Apolo acudió en ayuda de Eneas y fue atacado también por Diomedes.

Con facilidad, Apolo apartó a Diomedes y sacó a Eneas del campo de batalla para que se curara. Para castigar a Diomedes, Apolo dejó la imagen del cuerpo de Eneas en el suelo para despertar la ira de los troyanos, e hizo que Ares (el dios griego de la guerra) luchara a su lado.

Toda la intervención divina hizo que los troyanos se impusieran, con Héctor y Ares formando un feroz tándem. Hera y Atenea temieron que la marea se volviera contra ellas y convencieron a Zeus para que les permitiera ayudar a los aqueos.

Siempre jugando a dos bandas, Zeus accedió.

Atenea le dijo a Diomedes que podía luchar contra quien quisiera, y consiguió herir a Ares cargándolo con un carro, transportándolo de vuelta al monte Olimpo y fuera de la batalla. Atenea y Hera decidieron que era seguro marcharse después de haber despachado a Ares, ya que los aqueos eran la fuerza superior *cuando no había dioses que se interpusieran*.

Para poner fin a la feroz batalla del día e impedir que los griegos siguieran avanzando, Héctor salió a desafiar a cualquier aqueo a un combate individual. Menelao fue de nuevo el primero en dar un paso al frente, pero Agamenón le convenció de que, aunque había manejado con facilidad al último príncipe, no era rival para este. Otros nueve aqueos dieron un paso al frente y comenzaron a hacer un sorteo entre ellos; Áyax el Grande fue elegido como campeón aqueo. Áyax había sido descrito más como un muro que como un hombre, y Héctor supo inmediatamente que tenía mucho trabajo por delante. Después de luchar con lanzas y puntales sin aparente vencedor, estaban a punto de desenfundar las espadas cuando Zeus intervino para suspender la lucha debido a la caída de la noche.

Se hizo un pacto de amistad entre los guerreros y Héctor consiguió evitar que las fuerzas griegas se cobraran más vidas troyanas. Aun así, los cadáveres llenaron los campos y ambos bandos acordaron un día de tregua para atender a sus muertos.

Durante la tregua, Zeus también prohibió a los dioses volver a entrar en la guerra hasta que decidiera a qué bando iba a favorecer. En el monte Ida, en Anatolia, colocó los destinos de aqueos y troyanos en su balanza y se puso del lado de Troya cuando el bando griego cayó.

En una gran tormenta de rayos, Zeus golpeó el campamento aqueo, que empezó a huir atemorizado. Héctor y los troyanos aprovecharon el caos, intuyendo un punto de inflexión y viendo la oportunidad de librarse de los aqueos en su costa. Redujeron a los griegos en retirada que empezaban a dirigirse a sus barcos, y cuando Hera y Atenea estaban a punto de ayudarles, Zeus les advirtió de nuevo que no intervinieran. Uno esperaría que este fuera el fin de la batalla, pero el orgullo tomó la delantera una vez más. Los aqueos convencieron a Zeus de que les diera una oportunidad más, a lo que este respondió que solo Aquiles podía salvarlos.

Mientras tanto, la noche había caído sobre la retirada aquea, y Héctor ordenó que se encendieran hogueras para que no pudieran escapar en la oscuridad. Los aqueos se sentaron desesperados, con Agamenón llorando ante la idea de volver a Grecia en desgracia. Diomedes declaró que seguiría luchando, aunque fuera el único que quedara en pie; los aqueos empezaron a animarse una vez más con la profecía de Calcas que declaraba que estaban destinados a ganar.

Néstor recomendó a Agamenón que hiciera las paces con Aquiles para que volviera a luchar con ellos, y Agamenón aceptó. Envió a Odiseo y a Áyax el Grande un gran montón de riqueza y fortuna con la condición de que volvieran a la guerra.

Una vez de vuelta al campo de batalla, encontraron a Aquiles en su tienda, relajado y tocando la lira con su viejo amigo y ayudante Patroclo. Los dos habían crecido juntos y compartían un vínculo tan estrecho que los estudiosos no saben si también fueron amantes, algo bastante común entre los soldados aqueos. Al oír la oferta, Aquiles la rechazó de plano, recitando sus planes de volver a casa, a Partia; las fuerzas aqueas volvieron a su desesperación.

Héctor y Áyax el Grande se enfrentaron una vez más en la batalla, y una vez más, lucharon hasta el empate. Los troyanos les hicieron retroceder hasta que —según cuenta la historia— Héctor estuvo lo suficientemente cerca como para tocar un barco. Al ver esto, Patroclo se rinde y le dice a Aquiles que se unirá a la lucha para intentar salvar las naves. Como Aquiles seguía negándose a unirse a la batalla, Patroclo le preguntó si podía llevar su armadura; Aquiles aceptó. Patroclo y los mirmidones se apresuraron a ayudar a rechazar el avance troyano, y Aquiles rezó por la seguridad tanto de las naves como de Patroclo. Homero nos dice que Zeus solo concedió una de esas oraciones.

Al ver la armadura de Aquiles, los troyanos (o los que pudieron) se retiraron inmediatamente de los barcos aqueos. La retirada de muchos se vio interrumpida por la repentina e inesperada entrada de nuevos combatientes; Patroclo los despachó con gran prejuicio, incluido el hijo mortal de Zeus, Sarpedón. Aunque Zeus aceptó la muerte de su hijo sin intervenir, decidió que Patroclo también debía morir. Al ver a tantos troyanos en retirada, Patroclo rompió su palabra con Aquiles persiguiendo a las fuerzas de Héctor.

A las puertas de la ciudad, Héctor se dirigió al encuentro del enemigo que aún creía que era Aquiles, y ambos se enfrentaron en un combate singular. Durante la lucha, Héctor se dio cuenta de que su enemigo no era realmente Aquiles; y entonces mató a Patroclo, burlándose con las palabras:

«¡Desgraciado! Aquiles, por grande que fuera, no pudo hacer nada para ayudarte».

Las últimas palabras de Patroclo a Héctor presagiaron la muerte de su enemigo:

«Tú mismo no eres alguien que vaya a vivir mucho tiempo, pero ahora ya la muerte y el poderoso destino están a tu lado, para caer bajo las manos del gran hijo de Peleo, Aquiles».

Inmediatamente después, troyanos y griegos empezaron a luchar por la armadura de Aquiles, pero Héctor le arrebató la armadura, llevándosela a la ciudad.

Cuando Aquiles se enteró de la muerte de Patroclo, comenzó un violento colapso. Sus angustiosos lamentos fueron lo suficientemente fuertes como para que Tetis lo oyera y acudiera a ver lo que le preocupaba. Sabiendo que ya no podía influir en él contra la vida de un guerrero, le rogó que esperara un día antes de buscar venganza. Esto, argumentó, daría tiempo a que Hefesto (dios griego de los herreros, la metalurgia, los carpinteros, los artesanos, etc.) le hiciera una nueva armadura, en reemplazo de la que le había quitado Héctor.

Cada ejército comenzó a construir nuevos planes y estrategias ahora que Aquiles volvía a la batalla. Los troyanos consideraron volver a la seguridad de sus murallas, pero Héctor se negó, no queriendo ceder nada del terreno que habían ganado en las últimas semanas.

Tetis regresó al día siguiente para entregar a Aquiles su nueva armadura, prometiendo que cuidaría del cuerpo de Patroclo. Con su nueva armadura y asistiendo a la asamblea aquea, Aquiles se reconcilió formalmente con Agamenón, quien cumplió su promesa de regalos —y de Briseo— a cambio de que reanudara la batalla. Aquiles juró no hacer nada, ni siquiera comer, hasta que Héctor estuviera muerto por su mano. La furia de Aquiles era tan grande que Zeus temía que pudiera derribar toda la civilización troyana antes de tiempo. El resto de los dioses ya no quisieron interferir, sino que tomaron asiento para ver cómo se desarrollaba el final con los mortales solos, y Aquiles con un temperamento mucho más asesino que el habitual.

Aquiles cargó contra los troyanos cerca del río Escamandro, matando a tantos de ellos que el río se obstruyó y se embalsó con cadáveres. Los dioses del río se sintieron abrumados por lo que estaba ocurriendo y pidieron ayuda a los dioses del Olimpo. Al oír la súplica, Aquiles fue atacado por el río y arrastrado río abajo hasta que Hefesto (el dios de los herreros) hirvió el agua del río hasta liberar a Aquiles. Durante este conflicto, la mayoría de los dioses y diosas que observaban el desarrollo de los acontecimientos se habían puesto tan nerviosos que empezaron a luchar entre ellos.

Mientras tanto, el rey Príamo abrió las puertas de Troya para permitir a sus soldados retirarse y escapar de la persecución de Aquiles y apenas pudo cerrarlas a tiempo antes de que Aquiles pudiera entrar por detrás. Héctor, solo, se quedó fuera de las puertas, avergonzado por su decisión de no retirarse, una decisión que había provocado la muerte de muchos troyanos. Zeus se dirigió de nuevo al monte Ida para juzgar los destinos, esta vez el de Aquiles y Héctor, que se enfrentaban por primera vez en la guerra. Colocando sus futuros en la balanza, el bando de Héctor cayó con estrépito, haciendo que las últimas palabras de Patroclo se hicieran realidad.

Solos y fuera de las murallas de Troya, los dos grandes guerreros volvieron a chocar sus lanzas. Conociendo la armadura de Héctor, Aquiles pudo aprovechar rápidamente un punto débil en el cuello cuando Héctor cargó contra él. Caído y luchando por su herida, Héctor pidió que Aquiles le diera una sepultura adecuada, pero el aqueo seguía con ánimo de venganza y le dijo que su cuerpo sería para los pájaros y los perros antes de clavar su lanza en el pecho del príncipe troyano. Observando desde lo alto de las murallas de la ciudad, Príamo, Hécuba y Andrómaca contemplaron impotentes cómo Aquiles ataba el cuerpo de Héctor a la parte trasera de su carro y lo arrastraba por la ciudad. Durante días, Aquiles siguió profanando el cadáver de Héctor mientras lloraba a Patroclo. Finalmente, el propio rey Príamo abandonó los muros de Troya con la ayuda de Hermes y se coló en la tienda de Aquiles para ofrecerle un rescate por el cuerpo de su hijo. Conectó con el mejor lado de Aquiles cuando le pidió que pensara en el amor entre padres e hijos y en el amor que sentía por su padre, Peleo. Aquiles aceptó el rescate y Príamo se marchó a cuidar el cuerpo de su hijo.

Un fresco que representa la escena del triunfo de Aquiles. Fue pintado por Franz Matsch.[84]

Capítulo 7 - La muerte de Pentesilea, Memnón y Aquiles

Aunque la *Ilíada* terminaba con el funeral de Héctor, la guerra de Troya continuaba. Troya había perdido a su héroe nativo con la muerte del príncipe, pero estaban a punto de recibir ayuda de un impresionante aliado: las amazonas.

¿Quiénes eran las amazonas?

Según la mitología griega, las amazonas eran una raza de mujeres guerreras que se enfrentaban con frecuencia a los griegos. Su territorio estaba en algún lugar alrededor del mar Negro, y muchos estudiosos sitúan su tierra natal tan al norte como Ucrania. Una reina dirigía a estas guerreras y, para mantener su sociedad, buscaban parejas, pero solo se quedaban con las niñas. Las niñas crecían y se convertían en guerreras como sus madres, y los niños eran abandonados, asesinados o entregados, según la historia.

El nombre «Amazonas» se asocia hoy con Sudamérica, pero las raíces

Representación de una amazona. [85]

griegas son «a-mazos», que significa «sin pecho». Esa es una de las teorías que dio lugar a las historias que afirman que las guerreras se cortaban el pecho derecho para que no interfiriera con su tiro con arco o sus lanzamientos de lanza. Sin embargo, las representaciones artísticas de las amazonas las muestran con ambos pechos, lo que lleva a muchos a creer que su nombre griego es metafórico, ya que al convertirse en guerreras habían renunciado a lo que los griegos consideraban la vida de una mujer por la de un hombre. La última explicación es más sencilla: el nombre griego proviene probablemente del nombre con el que se llamaban a sí mismas, que tiene raíces en otra lengua menos comprendida y más perdida que el griego antiguo.

Las pruebas arqueológicas aportan más información sobre el debate de si este grupo existió o fue un producto de la psique colectiva griega. Gracias a las pruebas de ADN realizadas a los restos de las tumbas escitas, los arqueólogos descubrieron que muchos de los cuerpos que antes se consideraban hombres eran mujeres escitas. ¿A qué se debe este error?

Las mujeres habían sido enterradas con sus armas, con heridas y cicatrices consistentes con las de los guerreros. En otras palabras, los arqueólogos encontraron cuerpos decorados como guerreros y asumieron durante siglos que eran, por tanto, *hombres*. Muchas de las tumbas eran efectivamente de hombres, pero el internamiento igualitario demuestra que las mujeres escitas tenían la misma probabilidad de entrenarse para la guerra.

Además, el territorio escita coincide con las regiones descritas como *territorio amazónico* por los griegos. Los escitas eran también una cultura ecuestre a la que se atribuye la innovación de la silla de montar, cosas ambas que habrían nivelado aún más el campo de juego de la guerra al eliminar muchas de las réplicas de tamaño y fuerza que son comunes — incluso hoy— cuando se habla de las mujeres soldado. Llegando a este punto, no es ridículo suponer que también existía un liderazgo igualitario o incluso (*suspiro*) un matriarcado en el poder durante este periodo.

Un matriarcado apoyaría la práctica de elegir criar a las niñas y enviar a los niños a ser criados por sus padres, no matarlos. Su representación como odiadoras de hombres también es deshecha, incluso por los propios griegos. Se les describe como asesinas de hombres, naturalmente, ya que es contra ellos contra quienes habrían luchado principalmente. Al ser descritas además como feroces guerreras, habrían sido muy buenas en ello. Pero también estaban muy sexualizadas en las historias de la Antigua Grecia, como se puede ver en los Trabajos de Heracles.

Las amazonas y el noveno trabajo de Heracles

Antes de su entrada en la guerra de Troya, las amazonas formaban parte de la historia de los doce trabajos de Heracles. (En caso de que se lo pregunte, la historia también se llama Los trabajos de Hércules; en una versión, Hércules es un dios. En esta versión, Heracles es un simple mortal).

Su noveno trabajo consistía en recuperar el cinturón de Hipólita, la reina de las amazonas de la época. Según la historia, él llega y le informa de su búsqueda, a lo que ella accede. Sin embargo, Hera estaba consternada por la facilidad con la que iba a realizar su tarea y se disfrazó de una de las amazonas para emprender una campaña de desinformación. Les dijo a sus compañeras de guerra que los griegos no habían venido a por el cinturón, sino a por la *guerra*, y que pronto morirían si no se levantaban y luchaban. Cuando Heracles estaba a punto de recibir el cinturón de manos de Hipólita, sus soldados fueron atacados por las fuerzas de las amazonas, él sacó su espada y mató a su reina, quitándole el cinturón una vez muerta.

Esa es una forma de contar la historia, pero no tiene mucho sentido a primera vista. ¿Por qué Hera le encargó a Heracles que consiguiera un cinturón de reina? Como siempre, el simbolismo es importante aquí. En la cultura griega antigua, obtener (o *tomar*) el cinturón de una mujer representaba una conquista sexual, especialmente de una virgen. Lo que Hera realmente exigía a Heracles era seducir o violar a la reina de las amazonas. Leído de este modo, Heracles tuvo inicialmente éxito en el cortejo de Hipólita, lo que supuso una gran sorpresa para Hera. Como las siguientes acciones de Hera siguen siendo las mismas, la metáfora nos dice que Heracles mató y luego violó a Hipólita, simbolizado por el hecho de quitarle el cinturón del cuerpo *después*. Nuestro héroe.

Aquiles contra la reina Pentesilea

Hay otra versión del mito en la que Heracles secuestra, en lugar de matar, a Hipólita tras quitarle el «cinturón» y regresa a Atenas con Teseo, quien se casa con la reina. En venganza por este secuestro, las amazonas, dirigidas por la hermana de Hipólita, Pentesilea, atacan Atenas para rescatarla. O bien atacaron Atenas después de que Teseo descartara a la reina amazona en favor de Fedra, la hija del rey Minos de Creta. Hipólita, que aún amaba u odiaba irremediablemente a Teseo, fue asesinada accidentalmente por Pentesilea. (O nada de eso ocurrió, e Hipólita fue asesinada por su hermana con una lanza durante un accidente de caza de ciervos). Los antiguos griegos a veces tenían dificultades para mantener sus historias en orden. Independientemente del destino de Hipólita, Pentesilea era la reina de las amazonas en la época de la guerra de Troya y se puso del lado de los troyanos, como había hecho su padre Ares.

Los aqueos quedaron desolados con su llegada, y ella cortó sus fuerzas con más tenacidad que incluso el recién despachado príncipe Héctor. Una vez más, le correspondió a Aquiles demostrar su condición de mejor guerrero del conflicto y desafiar a la reina a un combate singular. Una vez más, los narradores griegos tienen dificultades para ponerse de acuerdo sobre lo que ocurrió a continuación. En algunas versiones más raras, pero aún prevalentes, Pentesilea sorprende a todos, incluidos los dioses, matando al poderoso Aquiles. Zeus decidió que ese no podía ser el final del héroe, así que Aquiles resucitó y mató de inmediato a Pentesilea. No hubo resurrección piadosa para la reina caída, y se permitió a todo el mundo pasar por alto un casi momento tan embarazoso. Sin embargo, la mayoría de las versiones son más directas y cuentan que Aquiles mata a Pentesilea limpiamente y luego se enamora de ella cuando le quita el casco y le ve la cara.

Aquiles contra Memnón

Otro rival de Aquiles fue Memnón, rey de Etiopía. Como sobrino de Príamo, Memnón decidió acudir en ayuda de los troyanos al final de la guerra, llevando consigo un fuerte ejército y proporcionando una esperanza renovada para Troya. El propio Memnón era hijo del Titán Eos y se describía en el escalón de Aquiles, Héctor, Áyax el Grande y Pentesilea como guerrero. En una batalla en la que los troyanos habían comenzado a encauzar las fuerzas aqueas, el príncipe Paris disparó e hirió al caballo que tiraba del carro del anciano rey Néstor de Pilos.

Con Néstor atrapado, su hijo Antíloco acudió en su ayuda y se enfrentó a Memnón, cuyo ejército perseguía a los griegos en retirada. Memnón mató a Antíloco, y después, Néstor, desconsolado, desafió a Memnón a un combate singular. Al ver que Néstor era demasiado viejo para que fuera un combate justo, Memnón se negó. Néstor se dirigió entonces a Aquiles con la tarea, apelando a su orgullo al afirmar que había otro guerrero que muchos creían igual a él.

Apareció Tetis, suplicando a su hijo que rechazara este combate, ya que una visión suya le decía que Aquiles moriría poco después de la muerte de Memnón. Pero creyendo que esto demostraría de una vez por todas que era el héroe más poderoso, Aquiles aceptó y se enfrentó a

Memnón ante las puertas de Troya. Durante la lucha, Memnón hirió a Aquiles en el brazo, lo que supuso la primera vez que se derramaba sangre contra el aparentemente invencible semidiós. Sin embargo, aunque Memnón pudo igualar a Aquiles en fuerza, la velocidad del aqueo fue demasiado, y Memnón cayó con una lanza atravesando su corazón.

Combate entre Aquiles y Memnón.[86]

La muerte de Aquiles

Si algo hay que sacar de la historia de la guerra de Troya es que las profecías se cumplen. La gente podía luchar contra ellas o aceptarlas, pero de todas formas se cumplían. Los héroes e incluso los propios dioses vivieron por ellas y a menudo murieron por ellas.

Le habían dicho a Aquiles en muchas ocasiones que moriría si luchaba en la guerra de Troya. Estaba en la mente de su madre cuando partió de la isla Esciros para demostrar su valor. Estaba en los labios del caído Héctor cuando Aquiles se regodeaba ante los ojos apagados del príncipe. Sin embargo, cuando la profecía finalmente vino a reclamar a Aquiles, vino de una fuente poco probable. Aunque pudo haber vivido una vida de guerrero y compilado un impresionante currículum de muertes, murió sin gloria cuando el príncipe Paris le disparó desde lejos con una flecha con punta de veneno y con la rencorosa guía de Apolo. La combinación de emboscada, veneno e intervención divina deja a Paris con poco crédito por haber matado a Aquiles, e incluso en la victoria, se le recuerda como un cobarde.

En algunas versiones, ni siquiera es Paris, sino Apolo *disfrazado de Paris*, quien asesta el golpe mortal, apartándolo por completo del suceso. En cualquier caso, la representación de la caída de Aquiles de esta manera permitió la realización de la profecía aparentemente contradictoria de que sería el mejor guerrero (y por lo tanto invicto en la batalla) y sin embargo moriría en la guerra.

Aquiles agonizando.[87]

En el artículo de 1995 titulado «Achilles' Heel: The Death of Achilles in Ancient Myth» (El talón de Aquiles: la muerte de Aquiles en el mito antiguo), Jonathon Burgess cita pruebas del arte y la literatura antiguos, argumentando que lo más probable es que Aquiles muriera fuera de las murallas de Troya con dos flechas. La primera flecha cayó sobre su tobillo, incapacitándolo y despojándolo de su legendaria velocidad. Se dice que la segunda lo mató. De hecho, en el mito romano posterior, le dispararon en el talón mientras estaba dentro del templo de Apolo.

La cuestión de la forma de morir de Aquiles es sencilla; la respuesta es compleja. Pero eso forma parte de la mitología: rara vez es sencilla. Aquiles es un personaje de ficción (creemos), así que uno puede elegir la historia que más le atraiga.

Capítulo 8 - La muerte de Áyax y las últimas profecías

Tras la muerte de Aquiles, Áyax el Grande y Odiseo lucharon contra una horda de troyanos para recuperar el cuerpo del guerrero caído. Áyax cargó a Aquiles, su armadura y sus armas sobre el muro de ladrillos que eran sus hombros, y Odiseo luchó ferozmente para mantener a raya a los soldados contrarios. La armadura de Aquiles había sido forjada en el monte Olimpo por el dios Hefesto, y tanto Áyax como Odiseo la codiciaban por su artesanía y sus propiedades mágicas de protección.

Aunque sus intenciones al llevar a Aquiles de vuelta al campamento aqueo eran puras, pronto se convirtieron en una disputa sobre quién merecía más la armadura de su camarada. Áyax, que había sido el que había levantado el peso de la armadura, afirmó que él había desempeñado el papel más importante, sobre todo porque Odiseo no podría haber soportado el peso del guerrero muerto. Por el contrario, Odiseo señaló que Áyax se habría unido a él como un cadáver si no hubiera estado allí para luchar contra los rabiosos troyanos.

Ambos, por supuesto, tenían razón.

Para resolver la disputa, discutieron ante un consejo de aqueos de alto rango. La contienda, por supuesto, terminó antes de empezar, con Áyax aceptando una batalla de ingenio con Odiseo en medio de un mito griego. Atenea ayudó a Odiseo a hacer su discurso más elocuente y a encantar los oídos del consejo. Finalmente, la armadura fue concedida a Odiseo y, apenado, Áyax se clavó su propia espada en el pecho.

Esta respuesta suicida en la mitología griega es tan famosa como confusa. La imagen de Áyax cayendo sobre su espada es una imagen muy popular que se encuentra en la cerámica griega y parece estar arraigada en la cultura de la antigua civilización. Sin embargo, la reacción parece desproporcionada con respecto a lo ocurrido. Odiseo incluso encuentra a Áyax en el inframundo durante sus viajes, ¡y el gran guerrero sigue enfadado con él por la disputa de la armadura! La conclusión de la mayoría de los estudiosos es que esta parte del relato muestra la seriedad con la que los aqueos se tomaban su honor.

Áyax se había batido en duelo con Héctor en dos ocasiones y era considerado casi tan invulnerable como el propio Aquiles. El soldado que llevaba la armadura era, simbólicamente, el mayor guerrero aqueo, un honor que Áyax tenía razón al esperar que recayera en él. El hecho de que recaiga en Odiseo fue una grave deshonra para Áyax, pero quizá marque un punto de inflexión en la historia.

Odiseo era obviamente inferior a Áyax en una pelea justa, pero Odiseo odiaba las peleas justas y era lo suficientemente inteligente como para evitarlas. Del mismo modo, los aqueos llevaban más y mejores guerreros que los que defendían Troya, pero después de una década, seguían acampados fuera de sus murallas. Ya no era la velocidad, la fuerza y el honor en la batalla por lo que los aqueos ganarían, sino por la estrategia y la crueldad. Así, Odiseo era el mejor guerrero para la victoria en los tiempos venideros, mientras que Áyax era simplemente el luchador superior en el esfuerzo hasta ahora perdido.

Casi de improviso, Odiseo capturó a Heleno, un príncipe troyano que había abandonado la ciudad para dirigirse al monte Ida tras una disputa con su familia, y le obligó a darles información. Heleno era un vidente además de un guerrero, algo que había utilizado en varias ocasiones para derrotar a los aqueos en el campo de batalla. Entonces, le obligaron a usar su habilidad bajo tortura para decir a sus captores cómo podían abrir una brecha en las murallas de la ciudad y ganar la guerra.

Les dijo que para ello debían reclutar al hijo de Aquiles, Neoptólemo, y que debían recuperar a Filoctetes (un famoso arquero de Lemnos, que había sobrevivido a su abandono y estaba en posesión del legendario arco de Heracles y sus flechas venenosas).

Una representación de Filoctetes en Lemnos. Obsérvese el arco de Heracles a su lado.[88]

El reclutamiento del hijo de Aquiles resultó ser el más sencillo de los dos, ya que Filoctetes y sus compatriotas aqueos no se habían separado en los mejores términos. Tras recibir una misteriosa y supurante herida en el pie que no se curaba, sus compañeros de guerra simplemente lo habían dejado atrás para poder seguir con su guerra. Temían llevarlo con ellos, sin saber si su miembro supurante podría infectarlos también a ellos.

Así que lo dejaron solo. Su cuarentena de la Edad de Bronce terminó cuando la profecía dictó que lo necesitaban. Odiseo y Diomedes encabezaron la misión para recuperarlo y se sorprendieron al encontrarlo tanto vivo como herido. Odiseo había sido la voz más fuerte a la hora de abogar por dejar a Filoctetes, hecho del que ambos guerreros eran conscientes en su reencuentro, con Filoctetes aferrado a las flechas venenosas de Heracles. Odiseo consiguió engañar a Filoctetes para que le entregara el arco y las flechas, pero Diomedes se mantuvo firme y se negó a marcharse solo con las armas y no con su viejo amigo.

El propio Heracles, ahora un dios, tuvo que intervenir para romper el empate. Le prometió que si aceptaba ir, Filoctetes sería curado por el hijo del dios Asclepio, convirtiéndose así en un gran héroe en la conclusión de la guerra para el ejército aqueo. También dictaminó que debía ser Filoctetes el que empuñara su antigua arma. En una señal de lo bueno que se avecinaba para los griegos, Filoctetes demostró inmediatamente su valía utilizando sus flechas envenenadas para matar al príncipe Paris, alcanzándolo tres veces antes de clavarle la cuarta flecha en el talón, tal y como él (y Apolo) habían hecho con Aquiles.

Con dos nuevos reclutas, los aqueos estaban a medio camino de cumplir las exigencias de la profecía de Heleno.

La tercera condición para una victoria griega era robar el Paladio de Troya de entre sus muros. El Paladio era una estatua sagrada de madera de Atenea (*Pallas* para los troyanos) que cayó del cielo durante la fundación de Troya; la estatua había sido venerada desde entonces como talismán protector de la ciudad. Una vez más, Odiseo y Diomedes se asociaron para la tarea, siendo los dos mejores combatientes en una época de espadas y lanzas.

Aquí es importante recordar que Troya no estaba completamente sitiada y que la gente podía entrar y salir por ciertas puertas de la ciudad, por muy vigiladas que estuvieran. En algunos relatos de la historia, Odiseo pudo entrar disfrazado de mendigo y más tarde dejó entrar a Diomedes a través de una entrada secreta que abrió desde el interior.

En otras historias, fueron ayudados por un aliado dentro de la ciudad, probablemente Antenor, que había mediado entre los aqueos y los troyanos al comienzo de la guerra. Una vez dentro, los dos aqueos actuaron a escondidas y mataron a unos cuantos antes de ser reconocidos por Helena. Como agente doble y experta en su propia supervivencia, Helena decidió mostrar a los aqueos dónde encontrar el Paladio. Salieron de la ciudad de la misma manera que habían entrado; la tercera condición para la profecía a Troya se había cumplido.

Sin embargo, estos acontecimientos plantean una cuestión más amplia. Si pudieron entrar en la ciudad para robar el Paladio, ¿qué necesidad había de la teatralidad y, francamente, de los riesgos innecesarios del Caballo de Troya?

No se puede dejar de adivinar la historia a partir de la metáfora y el entretenimiento inherentes a los mitos griegos, y este es uno de los puntos más interesantes en los que hay que detenerse. Una posible respuesta es que el robo del Paladio no fue un robo literal. Si el Paladio era un símbolo de la protección de Troya, entonces tal vez esta historia trata del robo simbólico de la seguridad que les proporcionaban las murallas cuando los griegos encontraron (o fueron ayudados a encontrar) una forma de entrar en la ciudad. La caída de Troya después de que los griegos tuvieran un punto de entrada a través de sus murallas tiene mucho más sentido, al menos para los lectores modernos, que la caída de Troya porque perdieron una estatua.

La tarea final de la profecía de Heleno era llevar los huesos de Pélope a Troya. Pélope era el abuelo de Agamenón, que estaba enterrado en Pisa, por lo que el rey micénico envió inmediatamente un barco y una tripulación encargados de desenterrar a su pariente y llevar de vuelta sus restos.

Sin embargo, cuando regresaban, el barco se perdió en una tormenta y los huesos nunca llegaron a Troya. Este es otro hecho extraño, ya que impide que los aqueos cumplan la profecía. Cualquiera que haya prestado atención sabe que las profecías *eran ley* para los griegos aqueos, y los griegos aún pudieron ganar a pesar de su fracaso. Además, ¿por qué incluirlo en la profecía si no lo conseguirían? ¿Importan o no las profecías? A diferencia de la historia del Paladio (que parece crear un cuento fantástico que confunde al lector), esta necesita un cuento fantástico que la *ayude a tener sentido*.

Empecemos por el principio. La historia de Pélope comienza con su asesinato. Su padre, Tántalo, mató a su hijo como parte de su plan para probar si los dioses eran realmente omniscientes.

Tántalo cortó a Pélope en pedazos y lo sirvió en un guiso ofrecido al dios. La mayoría de los dioses sabían que algo no iba bien en la comida y se negaron a comer. Deméter, sin embargo, se comió el hombro izquierdo de Pélope. Más tarde, los dioses volvieron a ensamblar a Pélope y lo devolvieron a la vida, mientras que el dios herrero Hefesto creó un hombro de marfil para reemplazar el que se había comido Deméter.

Un momento; se pone mejor.

Poseidón hizo entonces a Pélope su aprendiz en el Olimpo, enseñándole a dirigir el carro divino. Después de ir a Grecia, Pélope participó en una carrera de carros contra el rey de Pisa, Enomao, quien temía una profecía de que sería asesinado por su yerno. Enomao mató a todos los posibles pretendientes de su hija —que eran sus retadores en las carreras de carros— para frustrar la profecía.

Pélope, al enterarse, pidió la ayuda de Poseidón. Convencieron al cochero del rey para que sustituyera los tornillos de las ruedas de su carro por otros falsos. Funcionó. El carro de Enomao fue destruido durante la carrera, y Enomao fue arrastrado por sus caballos hasta la muerte. Pélope fue declarado vencedor, nombrado rey de Pisa y se casó con la hija de Enomao.

Volviendo a uno de los trabajos de Heracles... muchos creen, por lo tanto, que no fueron sus *huesos*, sino su *hueso* lo que se requirió llevar a Troya. Esta historia tiene mucho más sentido, ya que los huesos del rey muerto no tendrían nada de especial, salvo *el que creó una diosa*.

En concreto, Deméter —la que se comió a Pélope en su guiso— era la diosa de la cosecha y había permanecido neutral durante la guerra, a diferencia de sus hermanos y hermanas más entusiastas. El apoyo de Deméter habría llegado probablemente en forma de una buena cosecha para los aqueos en un momento de necesidad, o privando a los troyanos asediados de una cosecha. El hueso de marfil era un regalo de Deméter, así que quizás era lo que necesitaban; no los frágiles restos de un rey muerto mucho tiempo atrás, sino la generosidad de la diosa de la cosecha.

En resumen: el destino dijo que tres de cuatro no era malo, o contó la cuarta tarea simbólicamente, y los griegos tramaron su plan final para tomar la ciudad.

Capítulo 9 - El Caballo de Troya y el saqueo de Troya

Existe un acuerdo casi universal sobre la existencia de la ciudad de Troya, aunque todavía se puede debatir sobre su escala y sobre si Homero era propenso a embellecer sus descripciones poéticas. Asimismo, se considera que la guerra entre los griegos aqueos y los troyanos existió, aunque en el mundo académico se sigue deliberando sobre su duración y significado.

El Caballo de Troya, por otra parte, es descartado casi por completo por los estudiosos como una completa invención.

Sin embargo, es tan emblemático como símbolo de la caída de los troyanos como testimonio de la victoria de los aqueos, y el relato no puede concluirse sin él. Gracias a sus intrigas, logró lo que ni siquiera Aquiles pudo hacer con su fuerza cuando finalmente permitió a los griegos abrir una brecha en las murallas de Troya.

Representación del Caballo de Troya por Giovanni Domenico Tiepolo.[39]

La leyenda del Caballo de Troya

Según la leyenda, Odiseo ideó el plan de construir un caballo de madera gigante y hueco en el que se pudiera esconder una fuerza de élite de soldados aqueos. El truco consistiría en conseguir que los troyanos llevaran este caballo a la ciudad, así que lo primero que tenían que hacer era convencer a los troyanos que se habían ido. Para ello, partieron por la noche hacia la isla de Ténedos, donde su flota podía permanecer cerca sin ser una amenaza presente para Troya. El caballo, por tanto, debía permanecer como regalo para los troyanos, a quienes los aqueos declaraban vencedores.

Los troyanos enviaron una partida para investigar la playa recién abandonada y la gran estructura de madera que quedaba donde —durante una década— habían acampado los ejércitos griegos. Entre los enviados a escudriñar el inesperado trofeo se encontraba un sacerdote llamado Laocoonte. Al llegar al caballo, afirmó: «No me fío de los griegos ni siquiera llevando regalos». Sugirió que prendieran fuego a la escultura equina y acabaran con ella, pero Atenea intervino enviando serpientes que saltaron del mar y mataron a Laocoonte y a los dos hijos que le acompañaban. Temiendo ahora que rechazar o quemar el regalo enfureciera a los dioses, los troyanos decidieron llevar el caballo de madera a través de las puertas y celebrar una fiesta conmemorativa en honor a los dioses y a su victoria. Casandra, maldita con profecías que nadie creería, también aconsejó a su padre, Príamo, que no llevara el regalo al interior de las murallas, declarando que los aqueos los destruirían si lo hacían. Su consejo no fue escuchado, y el caballo de madera siguió siendo objeto de celebración mientras los troyanos comían y bebían hasta bien entrada la noche.

Mientras tanto, Odiseo, Diomedes, Menelao, Filoctetes, Áyax el Menor y unos veinte aqueos más estaban dentro del caballo. Esperaron en un espantoso y estrecho silencio durante días mientras los troyanos se debatían entre quemarlos vivos, sacarlos por las puertas o dejarlos morir de hambre en la playa. Finalmente, los llevaron a la ciudad y celebraron un banquete en honor a los dioses y a su victoria. Al amanecer, las calles finalmente se calmaron y se quedaron solos. Odiseo y su banda no tuvieron demasiados problemas para abrirse paso hasta las puertas a través de los sorprendidos y muy ebrios troyanos. Allí, el ejército aqueo se reunió con ellos tras haber regresado sin ser vistos durante la noche. Una señal de fuego les había avisado de que era hora de volver y habían anclado sigilosamente sus barcos fuera de la ciudad una vez más. Después de diez años, los troyanos habían bajado la guardia durante una noche, y los aqueos, al asalto, se encargaron de que su error fuera fatal.

Una explicación contemporánea

Esta es la historia típica, con versiones ligeramente diferentes que se van fragmentando obligatoriamente hacia el infinito. Los historiadores y los arqueólogos se oponen a ella porque no encaja del todo con lo que saben de la guerra en la región a finales de la Edad de Bronce. Esto no quiere decir que los griegos fueran incapaces de construir el caballo, sino que no era un truco muy bueno; un adversario como los troyanos habría sido muy consciente de las estructuras construidas para ocultar a los soldados y romper las murallas. Desde el punto de vista de los aqueos, el plan conllevaba un riesgo increíblemente alto de fracaso y una muerte horrible para los que intentaran pasar de contrabando.

Sin embargo, cabe señalar que Homero, los dramaturgos e historiadores griegos han tenido un historial sorprendentemente impresionante de pruebas arqueológicas que corroboran sus afirmaciones, por lo que quizá sea prudente no descartar por completo la leyenda del caballo. Si el regalo se hubiera utilizado como señuelo y no como transporte, la mayor parte de la historia seguiría siendo válida. Después de todo, Odiseo ya había conseguido colarse en la ciudad en varias ocasiones. Tal vez podría haberlo hecho de nuevo con algunos de sus amigos mientras el rey Príamo y las fuerzas troyanas estaban completamente preocupados por el elaborado y sospechoso regalo dejado en la playa. En cualquier caso, lo que es generalmente aceptado es que después de una guerra prolongada (que duró hasta una década), los troyanos sitiados fueron engañados para que bajaran sus defensas, y los aqueos les hicieron pagar.

El saqueo de Troya

Las tornas habían cambiado. Las mismas murallas que habían mantenido a los aqueos fuera y a los ciudadanos troyanos a salvo durante muchos años, ahora los atrapaban dentro para la matanza. De acuerdo con la guerra de la época, el saqueo de Troya fue brutal. Los aqueos, alimentados por una década de frustración y derrota, masacraron a hombres, mujeres y niños troyanos mientras dormían. Los que no fueron asesinados fueron violados o secuestrados, y a menudo ambas cosas. Los soldados troyanos, aunque sorprendidos, seguro que presentaron una feroz lucha durante toda la noche y hasta el día siguiente, pero nunca pudieron recuperarse. Los aqueos también estaban contentos de dejar que el fuego hiciera lo que sus espadas y lanzas no podían. El fuego fue su aliado, ya que sacó a los guerreros troyanos de las emboscadas y derribó las estructuras troyanas. Para escapar de los incendios, muchos troyanos acomodados se convirtieron de repente en refugiados sin propiedades. En las ruinas de Troya se han encontrado joyas de metales preciosos en las casas de la gente, lo que indica su rápida e irreflexiva huida para salvar la vida.

Aunque la caída de Troya fue muy mala para los troyanos ordinarios, quizá fue peor para la realeza troyana, que fue señalada para la destrucción y la venganza. El rey Príamo fue encontrado por Neoptólemo, hijo de Aquiles, en el altar de Zeus, donde fue ejecutado sin pompa. Odiseo, temiendo que el mismo ciclo de violencia pudiera repetirse algún día sobre los aqueos, encontró al hijo de Héctor, Astyanax, y lo arrojó a la muerte desde lo alto de las murallas de la ciudad. Andrómaca, la esposa de Héctor, fue raptada por Neoptólemo y su hermana Casandra por Agamenón. Ambas regresaron con los aqueos a Grecia para vivir como concubinas de los guerreros. La princesa Políxena, que según algunos relatos estaba prometida a Aquiles antes de su muerte, fue sacrificada sobre la tumba del semidiós. Helena, por la que se inició la guerra, esperaba al rey Menelao en sus aposentos. Tras la muerte de Paris,

Helena se había casado con uno de sus hermanos, Deífobo, al que Menelao había matado momentos antes durante el saqueo de la ciudad. Sin embargo, al verla, se sintió abrumado por su belleza y dejó caer su espada, y ambos volvieron a Esparta como rey y reina.

La quema de Troya por Johann Georg Trautmann.[40]

La huida de Eneas

Entre los refugiados de Troya estaba Eneas, hijo de un príncipe troyano, Anquises, y de la diosa Afrodita. Hasta la edad de cinco años, Eneas fue criado por ninfas en el monte Ida antes de ser devuelto a su padre, que había jurado no contar nunca que había yacido con una diosa. Se le consideraba uno de los mejores guerreros troyanos de la guerra, aunque no era tan poderoso como Héctor o en las filas de Aquiles, Áyax o Diomedes en el bando aqueo. Una mejor comparación podría ser Odiseo, aunque quizás un poco menos astuto y un poco más honorable.

Al igual que Odiseo, Eneas fue favorecido por los dioses, que lo rescataron dos veces de la batalla cuando parecía que la muerte era inevitable. También, como Odiseo, Eneas se enfrentaría a un largo y arduo viaje después de la guerra de Troya. Con su hogar destruido, huyó de la ciudad con su hijo, su padre y otros muchos compañeros tras recibir instrucciones de los dioses para hacerlo, que no querían ver el legado de Troya completamente olvidado.

Eneas huye de la Troya en llamas, por Federico Barocci.⁴¹

A Eneas y su tripulación se les encomendó la tarea de fundar una nueva ciudad que acabaría dando origen a otra gran civilización: Roma. Como era de esperar, gran parte de esta historia fue desarrollada por un poeta romano y no por uno griego, siglos después de que Homero escribiera sus relatos de la *Ilíada* y la *Odisea*. El poeta romano se llamaba Virgilio y, en la *Eneida*, relató la serpenteante aventura que emprendieron Eneas y su tripulación. Sus viajes les llevaron por todo el Mediterráneo, con paradas destacadas en Creta, Sicilia y Cartago, donde conoció y se enamoró de la reina Dido. Los dioses tuvieron que recordar a Eneas de su misión, y después de huir en secreto de Cartago, una desconsolada Dido pronunció una profecía y una maldición que enfrentaría a sus descendientes en Cartago y Roma en las guerras púnicas (antes de suicidarse con una espada que le dejó Eneas).

Cuando Eneas llegó a Italia, fue recibido inicialmente por Latino, rey de los latinos. Sin embargo, no todo siguió bien cuando Latino recibió una profecía que su hija, Lavinia, se casaría con un hombre de otra tierra. Interpretando que se trataba de Eneas, Latino hizo caso a la profecía, lo que enfureció al vecino rey Turno de los Rútulos. Aliado con los etruscos,

Turno marchó a la guerra contra los latinos y sus nuevos aliados troyanos. El propio Eneas mató a Turno para ganar la batalla final, pero Latino murió en la guerra.

Eneas fundó la ciudad de Lavinio, que lleva el nombre de su esposa, y permaneció allí con su pueblo durante el resto de su vida. Cuando murió, Afrodita negoció con Zeus para que le concediera la inmortalidad. Fue limpiado por el dios del río Númico, y su madre le dio néctar y ambrosía para que pudiera ascender al panteón. Muchas generaciones después, sus legendarios descendientes Rómulo y Remo fundarían la ciudad de Roma, pero son Eneas y Lavinia los que se consideran los progenitores del pueblo romano.

Si se analiza antropológicamente, esta historia tiene mucho sentido. Al ser una historia escrita por romanos, los conectaba con la antigüedad y daba a sus líderes más legitimidad a los ojos de sus súbditos. La alianza con los latinos y los conflictos con los rútulos, los etruscos y los cartagineses sirven para explicar las relaciones históricas entre los pueblos de la región. La relación entre Roma y Cartago, que condujo a las guerras púnicas, es un reflejo de la rivalidad entre griegos y troyanos. Los historiadores romanos incluso escriben con admiración sobre el general cartaginés Aníbal, del mismo modo que los griegos honraban el poder y la dignidad del príncipe Héctor de Troya.

Los aqueos supervivientes

Podría decirse que muchos de los aqueos supervivientes lo tuvieron más difícil que Eneas. Antes del fiasco del género cinematográfico de los viajes por carretera, Odiseo tuvo el mal viaje más famoso de todos los tiempos. Homero relata este mal viaje en su secuela de la *Ilíada*, la *Odisea*.

En la *Odisea* de Homero, Odiseo —aunque todavía protegido por Atenea— había enfadado a Poseidón al derrotar a sus favorecidos troyanos. Como la artimaña del caballo fue idea suya, el dios del mar envió una tormenta para desviar su flota, desembarcando en la isla de los comedores de loto. Al ser alimentados con la hierba mágica, los hombres de Odiseo olvidaron de dónde venían, qué hacían y a dónde iban. Odiseo tuvo que arrastrarlos de vuelta a sus barcos, donde se desviaron de nuevo y desembarcaron en una isla que creían deshabitada.

Allí encontraron una cueva que tenía reservas de carne y queso, y comieron libremente hasta que su habitante regresó. Polifemo, un cíclope e hijo de Poseidón, descubrió a los aqueos comiendo su comida y enseguida comenzó a devorarlos. Hizo rodar una roca frente a la boca de la cueva, atrapando a los aqueos a su suerte. Tras perder a muchos de sus hombres, Odiseo emborrachó al cíclope y lo cegó con una estaca de madera una vez que se desmayó. Al despertarse enfadado y dolorido, Polifemo recorrió a tientas la cueva, pero no pudo encontrar a los aqueos supervivientes, que permanecían sensatamente callados. Sin embargo, seguían atrapados y Odiseo ideó el plan de engancharse a los bajos de las ovejas de los cíclopes que guardaba en su interior.

Finalmente, Polifemo tuvo que dejar salir a sus ovejas a pastar. Inspeccionó cada oveja a su paso para asegurarse que fuera, en efecto, una oveja, pero no comprobó a fondo sus vientres, a los que se aferraban los aqueos. En un intento de ocultar sus hazañas a Poseidón, Odiseo detuvo su huida para llamar a Polifemo, diciéndole que su nombre era «Nadie» y que todo el mundo sabría que *Nadie* había cegado al cíclope.

Así es precisamente como Polifemo respondió a su padre.

«¿Quién te ha cegado, hijo?»

«¡Nadie! Nadie me ha cegado».

Odiseo era alternativamente demasiado inteligente para su bien y no tan inteligente como pensaba. En este caso, fue un poco de ambos. Poseidón era un dios, después de todo, y sabía lo que Odiseo había hecho a su hijo. Aún más enfurecido que antes, Poseidón aceptó la maldición de Polifemo en la que Odiseo y su tripulación vagaran por los mares durante diez años antes de regresar a Ítaca. Toda la flota de Odiseo, excepto su propio barco, fue pronto destruida, perdida o hundida.

Odiseo y Polifemo por Arnold Böcklin.⁴⁸

Cuando volvieron a tocar tierra, todos los hombres de Odiseo fueron convertidos en cerdos por Circe cuando les proporcionó queso y vino drogados. Solo Odiseo permaneció en forma humana, tras ser advertido por Hermes y recibir una hierba llamada *moly* que impedía su transformación. Odiseo consiguió convencer a Circe de que devolviera a su tripulación su forma original, aceptando quedarse con ella como amante. Después de un año, con la ayuda de Circe, pudieron continuar su viaje. Ella les dijo que si comían el ganado sagrado de Helios en la isla de Trinacia, nunca llegarían a casa en Ítaca. También les advirtió severamente sobre lo que iban a encontrar. Les dijo que su viaje les llevaría a pasar por las mortales y hermosas sirenas del mar, cuyos encantadores cantos hacían saltar a los marineros de sus barcos, buscando la fuente solo para encontrar sus propias tumbas acuáticas. Odiseo y su tripulación se prepararon para ello tapándose los oídos con cera de abeja. Es decir, todos excepto Odiseo. Este ordenó a sus hombres que lo ataran al mástil y lo custodiaran, pero quería escuchar el canto de las sirenas por sí mismo. Cuando llegó el momento, Odiseo rogó y suplicó que le dejaran bajar para poder encontrar la música, pero su vigilante tripulación se mantuvo fiel a sus órdenes y le desafió hasta que recuperó la cordura. Después, Odiseo se jactó de ser el único hombre que había oído a las sirenas y había vivido para contarlo.

A continuación, su viaje les llevó a través de estrechos, en los que, por un lado, debían evitar una terrible vorágine llamada Caribdis, que succionaría su barco hasta el fondo del mar, y, por otro lado, evitaron a Escila, un monstruo de seis cabezas que se alimentaba de los marineros que pasaban. Seis miembros de la tripulación fueron capturados, uno por cada cabeza, antes de que el barco pasara a salvo. Como muchos de los obstáculos a los que se enfrentaba el viaje, probablemente representaban algo más realista pero igualmente mortal.

Los naufragios formaban parte de la vida mediterránea primitiva. Los barcos pasaban por muchos aprietos tratando de evitar tanto ser arrastrados a los remolinos como perderse en mar abierto si se aventuraban demasiado lejos de tierra, arriesgando las costas desconocidas y las rocas apenas sumergidas si se acercaban demasiado.

En cualquier caso, los supervivientes buscaron refugio en la isla de Trinacia. Odiseo lo desaconsejó, recordando la advertencia de Circe, pero accedió cuando el resto de su tripulación le instó a ir. Aquí, Zeus envió una tormenta que les impidió salir durante mucho tiempo, y se comieron toda la comida que Circe les había proporcionado. Ante el hambre, la tripulación sacrificó y se comió el ganado sagrado de Helios mientras Odiseo estaba fuera rezando para que la tormenta terminara. Helios exigió que los mataran, por lo que Zeus calmó la tormenta durante el tiempo suficiente para convencerles de que había terminado, solo para volver a iniciarla mientras estaban en el mar. El barco se hundió, ahogando a toda la tripulación excepto a Odiseo, que llegó a la orilla de Ogigia.

Ahora, el único que queda de su propia tripulación, Odiseo permaneció en Ogigia con la ninfa Calipso como su amante durante siete años. Se ha especulado que esto fue realmente todo lo que ocurrió, y que el resto fue un cuento inventado por el siempre (demasiado) inteligente Odiseo para explicar su larga ausencia a su esposa, Penélope.

En cualquier caso, cuando abandonó Ogigia y regresó a Ítaca, habían pasado veinte años desde su partida y diez desde el final de la guerra. Se le había dado por muerto, así que se presentó para encontrar que habían llegado muchos pretendientes que buscaban casarse con su viuda. Para obtener información, se disfrazó de viejo mendigo, un truco que Penélope debía recordar de antes de la guerra. La interrogó sobre los pretendientes y observó cómo respondía ella cuando le dijo que había conocido a un hombre llamado Odiseo en la isla de Creta. Una vez que se convenció de que ella seguía siendo fiel a él, se reveló a su hijo ya crecido, Telémaco. Juntos, idearon una competición entre los pretendientes que solo Odiseo podía ganar, en la que se ensartó su arco y disparó una flecha limpiamente a través de doce anillos. Después de ver cómo cada uno lo intentaba y fracasaba, Odiseo, todavía disfrazado de mendigo, demostró su fuerza encordando el arco y enviando la flecha volando a través de los aros.

Por la supuesta traición de los pretendientes contra Odiseo, este y Telémaco los matan a todos e incluso matan a muchos de los cuidadores del palacio que habían ayudado o se habían acostado con los aspirantes a novios.

Odiseo, gracias a su ingenio perdurable, había desafiado a los dioses, había escuchado el canto de las sirenas, había vencido a un cíclope, era el único superviviente de un naufragio y era amado tanto por una ninfa del mar como por una hechicera. O al menos, eso decía él.

El regreso de Agamenón a Micenas fue menos complicado que el de Odiseo a Ítaca, pero resultó más problemático. Había dejado su trono como el más poderoso de los reyes aqueos, pero los viejos problemas familiares habían vuelto en su ausencia. La disputa entre su padre Atreo y su tío Tiestes resultó estar solo temporalmente resuelta, ya que ahora Egisto, el hijo de Tiestes, se había casado con la esposa de Agamenón,

Clitemnestra, y se había instalado en el trono. Esto reflejaba el romance de Tiestes con Aérope, que era la esposa de Atreo y madre de Agamenón.

Clitemnestra había abandonado a Agamenón por su voluntad de sacrificar a la hija de ambos, Ifigenia, en nombre de su preciosa guerra. Se vengó conspirando con Egisto para asesinarlo, junto con Casandra, que había vuelto como su concubina. Egisto gobernó durante siete años hasta que el ciclo lo reclamó a él también. El hijo de Agamenón, Orestes, regresó del exilio y mató tanto a Egisto como a Clitemnestra (su propia madre) por su traición a su padre. A los ojos de la justicia, Orestes pareció dar un paso adelante y otro atrás al vengar a su padre, pero matando a su madre. Como resultado, fue perseguido por las Furias, que eran diosas de la venganza y la retribución que volvían locos a los hombres.

Sin embargo, Apolo y Atenea se pusieron de su parte, y Apolo les dijo que si iba a la bárbara isla de Tauris a recuperar una estatua de Artemisa, podría acabar con el tormento de las Furias. Fue capturado y llevado ante una sacerdotisa, que resultó ser su hermana perdida, Ifigenia, a la que creía muerta. Ella le dijo que Atenea la había salvado, y luego ayudó a Orestes a escapar y a encontrar la estatua de Artemisa. Este giro de los acontecimientos rompió el ciclo de venganza que había maldecido a la familia, y las Furias dejaron de perseguir a Orestes. Este regresó a Micenas, tomó a Hermione como esposa (la hija de Menelao y Helena) y gobernó como rey.

Esta serie de eventos desafortunados que le ocurrieron a Agamenón y a su familia fue parte de lo que se llama la *Maldición de la Casa de Atreo*. Una maldición «contagiosa» en la antigua mitología griega se llamaba *miasma*. Comenzó con el bisabuelo de Agamenón, Tántalo, que intentó engañar a los dioses para que se comieran a su hijo como prueba de su omnisciencia. Fue descubierto y enviado al inframundo, donde soportó una tortura verdaderamente dantesca por su arrogancia. Se encontraba en un estanque de agua, pero cada vez que se inclinaba para tomar un sorbo, el agua se evaporaba antes de que pudiera alcanzarla. Asimismo, estaba situado bajo un árbol que daba frutos, pero si estiraba la mano para coger uno, una brisa hacía volar la rama justo fuera de su alcance. El miasma se extendió a sus hijos, donde se transformó en fratricidio, parricidio, incesto y sacrificio humano, hasta que fue roto por los hijos de Agamenón, Ifigenia y Orestes.

A otros aqueos notables que sobrevivieron les fue mejor. Néstor, que no participó en el saqueo de Troya, disfrutó de un viaje seguro y rápido a casa. Con el tiempo, volvería a partir para crear la colonia de Metaponto en el sur de Italia.

Diomedes llegó a casa y descubrió que su esposa se había marchado sin él, por lo que también decidió fundar una colonia en el sur de Italia.

Filoctetes también se unió al club de Italia, donde fundó un santuario para Apolo el Errante, dedicándole el arco de Heracles que llevaba desde que fue herido y abandonado.

Neoptólemo regresó a Partia con Andrómaca, donde siguió a Peleo, su abuelo, como rey. La pareja tuvo un hijo llamado Moloso, y se dice que su linaje se remonta a Alejandro Magno de Macedonia. Los reyes macedonios también afirmaban descender de Heracles, pero probablemente sea justo decir que lo que realmente les importaba era vincular a su familia con un semidiós casi invencible, *fuera el que fuera*.

Sin embargo, a Áyax el Menor no le fue bien y fue asesinado casi inmediatamente por los dioses en su viaje de vuelta a casa como castigo por su destrucción del Templo de Apolo y la violación de las sacerdotisas. Los dioses eran muy incoherentes en cuanto a cuándo estaban bien o no, cosas como el incendio, la violación, la esclavitud y el asesinato. En general, no les gustaba Áyax.

TERCERA SECCIÓN: EL IMPACTO DE LA GUERRA DE TROYA

Capítulo 10 - La literatura: Antiguos escritores griegos sobre la guerra de Troya

La *Ilíada* de Homero es el relato más antiguo y completo de los acontecimientos que rodearon la guerra de Troya, y su *Odisea* desarrolla algunos de los acontecimientos después del funeral de Héctor. De hecho, estos dos libros se encuentran entre los textos más antiguos del mundo que aún pueden leerse. Por muy antiguos que sean, se escribieron entre cuatrocientos y quinientos años después de los acontecimientos de la guerra de Troya, un periodo que no deja de ser una época oscura de la historia griega.

Los textos o la información que llegaron a Homero habrían sobrevivido a través de una combinación de tradición oral y algunos registros dispersos. El propio Homero vivió en Anatolia, más cerca del emplazamiento de la antigua Troya que del de la antigua Micenas, Atenas o Esparta. Esto puede ser tanto la razón de la aparente simpatía hacia un enemigo griego en sus poemas como su acceso a mayor información sobre los acontecimientos después de varios cientos de años. Sin embargo, la *Ilíada* y la *Odisea* no fueron relatos completos del conflicto.

La *Ilíada* es especialmente parca, ya que cubre menos de dos meses de los diez años de guerra. En un momento de la serie de libros, existía el ciclo épico, que detallaba toda la prueba de principio a fin en hexámetro dactílico épico. En orden cronológico de la guerra (aunque no necesariamente en orden cronológico de publicación), estos poemas épicos eran *Cipria, Ilíada, Etiopía, Pequeña Ilíada, Saqueo de Troya, Retorno de Troya, Odisea* y *Telegonía*. Los fragmentos que han sobrevivido de los otros libros del ciclo épico suelen ser líneas que se han encontrado citadas en otros lugares, normalmente por historiadores griegos posteriores. Las obras originales se han perdido para la historia.

Cipria

Cipria fue escrita por Homero, Estasino de Chipre, Hegésino de Salamina o Cipria de Halicarnaso. Se conservan cincuenta líneas dispersas que relatan los acontecimientos iniciales que condujeron a la guerra de Troya. Describen el plan de Zeus de despoblar el mundo de sus hijos semidioses, el juicio de Paris, la reunión de las fuerzas aqueas y las profecías de Calcas en Áulide, la muerte de Protesilao a manos de Héctor, y el envío griego para negociar el regreso de Helena y el tesoro robado por Paris.

La *Ilíada* (ver capítulo 6)

Etiópida

El tercer poema del ciclo épico fue escrito por Arctino de Mileto y comienza tras la victoria de Aquiles sobre Héctor. La *Etiópida* narra los continuos desafíos a los que se enfrenta el héroe aqueo y su insaciable deseo de demostrar que es el mejor guerrero del mundo. Al menos, eso es lo que se deduce de las escasas cinco líneas que se conservan sobre sus batallas con Pentesilea y Memnón.

Pequeña Ilíada

Este poema épico se atribuye a Homero, a Lesques de Pirra, a Cinaetón de Esparta o a Diodoro de Eritrea. Se conservan treinta líneas del texto original y, aunque no se cita, es ampliamente referenciado por muchos más textos, lo que lo convierte en una de las obras mejor comprendidas del ciclo épico.

Cuenta la historia de la discusión entre Odiseo y Áyax sobre la armadura de Aquiles, las profecías de Heleno tras su captura, la infiltración en Troya de Odiseo y Diomedes para recuperar el Paladio de Troya, la construcción del caballo de Troya por parte de Epeo y la aparición de los soldados aqueos una vez dentro de los muros de Troya. Dado que esta obra se cita a menudo, pero no siempre, existen muchas discrepancias y contradicciones, sin que exista una única versión definitiva de sus textos derivados. Por ejemplo, la profecía de Heleno según la cual los aqueos deben rescatar a Filoctetes de Lemnos para ganar la guerra, se atribuye en algunos textos a Calcas. Esta llegada de Filoctetes y la muerte de Paris en la historia anterior y deja solo tres profecías para que el vidente troyano dé a los aqueos.

El saqueo de Troya

El saqueo de Troya de Arctino de Mileto retrocede ligeramente en la narración para comenzar con los troyanos descubriendo el Caballo de Troya en la playa y debatiendo qué hacer con él. La muerte de Laocoonte y sus hijos, la huida de Eneas y su grupo, y el destino de la familia real troyana a manos de los conquistadores aqueos. Solo se conservan diez líneas, lo que hace que sea uno de los restos más escasos del ciclo épico.

El regreso de Troya

Escrito por Homero, Eumelo de Corinto o Agias de Trecén, solo se conservan cinco líneas y media de esta contribución a la historia. Se puede inferir más a través de otros textos que no lo citan directamente, y su contenido narra las historias de la mayoría de los aqueos después de la guerra (salvo Odiseo, que tiene su propio libro). Las colonias italianas de Néstor, Diomedes y Filoctetes fueron tratadas en este texto, así como el asesinato de Agamenón y Casandra a manos de Egisto y Clitemnestra.

Odisea (ver capítulo 9)

Telegonía

La última entrega del ciclo épico es Telegonía, de Cinaetón de Esparta, y es un final extraño. Comienza con Odiseo y Telémaco enterrando los cuerpos de los pretendientes asesinados. Sin embargo, la historia se desplaza a un hijo que su amante Circe había dado a luz después de que él y su tripulación abandonaran su isla. Su hijo, Telégono, abandonó la isla tras llegar a la edad adulta y, sin saberlo, desembarcó en Ítaca cuando una tormenta desvió el rumbo de su barco. Sin saber que estaba en la tierra de su padre, empezó a robar y a sacrificar ganado para comer. Un anciano Odiseo acudió a defender su propiedad y fue abruptamente asesinado por Telégono en una pelea posterior. Telégono y Odiseo pudieron reconocerse en sus últimos momentos, y él se lamentó de lo que había hecho.

Telégono encontró entonces a Penélope y a su hermanastro, Telémaco, y regresó a la isla de Circe. Telégono se casó con Penélope, Telémaco se casó con Circe, y Circe los hizo a todos inmortales. Así, cerca de la máxima presunción de burlar a la muerte, Odiseo murió como un mortal mientras su familia vivía para siempre.

Durante la Edad Clásica de Atenas, los dramaturgos griegos también contribuyeron a la creciente cacofonía de relatos heroicos, pero a menudo contradictorios, de la entonces casi milenaria guerra. En este contexto, una obra de teatro sobre la guerra de Troya para los atenienses clásicos era similar a una audiencia moderna que ve Robin Hood. Sin embargo, los personajes, que con el tiempo se habían transformado en más complejos y menos brutales, les cautivaban. Los tres principales dramaturgos cuyas obras han sobrevivido son Esquilo, Sófocles y Eurípides.

Esquilo y la Trilogía de la Orestíada

Esquilo es conocido como el padre de la tragedia griega, aunque solo siete de sus aproximadamente setenta o noventa obras han sobrevivido a los estragos del tiempo. A pesar de que la mayor parte de su obra se ha perdido para la historia, tres de las siete obras supervivientes representan una trilogía sobre los últimos días de la casa de Atreo.

Su obra Agamenón comienza con el regreso a casa del personaje titular tras la guerra de Troya. Sin embargo, Agamenón se ve sobre todo a través de los ojos de otros personajes. Los habitantes de la ciudad temen la maldición que pesa sobre la casa y se preocupan por las consecuencias del sacrificio de Ifigenia. Su esposa, Clitemnestra, se horroriza por el hecho que él haya llevado a casa una concubina troyana. Casandra prevé el asesinato de Agamenón y de ella misma, pero camina hacia su destino, sabiendo que nadie la creerá y que no podrá escapar de él, aunque lo intente.

En el siguiente libro, *La libación de los portadores*, el hijo de Agamenón, Orestes, se reúne con su hermana, Electra, en la tumba de su padre para planear una venganza contra su madre y contra Egisto, al que ha tomado como nuevo marido. Lo consiguen, pero la última entrega, *Las Euménides*, describe su culpa y el tormento que le infligen las Furias por el asesinato de su pariente. Al final, Orestes es perdonado por sus acciones contra su madre, y las Furias pasan a llamarse Las Euménides o *Las benévolas*.

Sófocles: Electra, Áyax y Filoctetes

Aunque Sófocles es más conocido por sus tragedias *Edipo Rey* y *Antígona*, también contribuyó a la leyenda de la guerra de Troya a través de tres de sus obras, aunque estas no son una trilogía. Su obra Áyax intenta rescatar en cierto modo la reputación de Áyax el Grande y de Odiseo, que vivieron momentos confusos tras la muerte de Aquiles.

Electra es otro relato de La libación de los portadores en el que ella y Orestes traman la muerte de su madre y de Egisto, pero con Electra como protagonista en lugar de Orestes.

En la versión de Sófocles, Áyax no se suicidó inmediatamente después de que la armadura de Aquiles fuera concedida a Odiseo, sino que juró vengarse de Agamenón y Menelao, que habían votado en su contra. Enfurecido, reunió sus armas y la armadura que no era de Aquiles y fue en busca de los hermanos calumniados para matarlos. Sin embargo, Atenea le nubló la vista y acabó matando al ganado y a los pastores griegos. Cuando Áyax recuperó el sentido común y se dio cuenta de lo que había hecho, la vergüenza le llevó al suicidio. Aunque esto intenta explicar un poco más lo que llevó al héroe a empalarse a sí mismo, cambia por completo el razonamiento. En el original, eligió la muerte por encima de la deshonra que le suponía el juicio de los demás. Sin embargo, en esta versión, eligió la muerte antes que enfrentarse a la desgracia que él mismo había provocado. Odiseo, por su parte, abogó por un entierro adecuado para Áyax a pesar de sus recientes acciones, a lo que Agamenón y Menelao accedieron de mala gana. Finalmente, *Filoctetes* comienza con Odiseo y Neoptólemo (en lugar de Diomedes) yendo a Lemnos para llevar al arquero herido a Troya después de languidecer durante casi una década en la isla solo con un pie extrañamente supurante. La moralidad y las motivaciones detrás de cada una de las opciones se ponen en juego, ya que Odiseo y Neoptólemo consideran tomar el arco y las flechas, pero dejar a Filoctetes, y él es reacio a unirse a ellos después de saber que la profecía necesita que regrese para que los aqueos ganen.

Las nueve obras de Eurípides

Eurípides fue el último de los grandes dramaturgos de la época clásica, y fue el que escribió más prolíficamente de los tres sobre la guerra de Troya. Sus nueve obras sobre la guerra son Andrómaca (esposa de Héctor), Hécuba (esposa del rey Príamo durante la guerra de Troya), Cíclope, Electra (hija del rey Agamenón y la reina Clitemnestra de Micenas), Las mujeres de Troya, Ifigenia en Tauris, Helena, Orestes e Ifigenia en Áulide.

Andrómaca

En el palacio de Neoptólemo, Orestes ve a su amigo Pílades. Neoptólemo está protegiendo a Astyanax para ganarse el favor de Andrómaca, por lo que los griegos le han enviado a buscarlo. Orestes, quien está locamente enamorado de Hermione, hace sus peticiones a

Neoptólemo, que las rechaza. Pero su negativa está condicionada al amor de Andrómaca. Hermione pretende volver con el rey Menelao, su padre.

Bien, quédese conmigo aquí...

Neoptólemo, irritado por la frialdad de Andrómaca, cede ante Orestes. Enfurecido por el curso de los acontecimientos, Orestes organiza el secuestro de Hermione. Tras fracasar en su intento de persuadir a Hermione para que conserve a su hijo, Andrómaca se dirige a Neoptólemo, que quiere su mano a cambio de su protección.

Andrómaca decide sucumbir ante Neoptólemo tras consultar el espíritu de Héctor en su tumba, pero se prepara para suicidarse inmediatamente después de la ceremonia nupcial. Hermione exige a Orestes que mate a Neoptólemo en el altar en represalia por el rechazo de este. Hermione se debate furiosamente entre el amor y el odio tras la marcha de Neoptólemo. Cuando Cleone, su confidente, le informa de la insultante felicidad de Neoptólemo en la ceremonia nupcial, el resentimiento se impone. Cuando escucha el relato de Orestes sobre cómo los griegos la vengaron matando a Neoptólemo en el altar, lo maldice y se clava en el cuerpo de Neoptólemo. A Orestes le invade la desesperación, seguida de la locura.

(Haciendo honor a su reputación, la mitología griega y romana se lee como episodios del programa de televisión de finales de los 70, SOAP).

Hécuba

Los griegos han conquistado Troya. Las mujeres de Troya se han repartido entre los vencedores aqueos, pero han vuelto a casa. Los fuertes vientos detienen a la flota griega. El fantasma de Aquiles ha pedido el sacrificio de Políxena, la hija de Hécuba y Príamo, el gobernante de Troya. Odiseo, el héroe griego, llega para llevársela. No le conmueve la angustia de Hécuba ni su recordatorio que una vez le debía la vida. Por otro lado, Políxena prefiere morir a ser esclavizada y acepta su destino. Hécuba vuelve a estar afligida mientras se prepara para el entierro. Polidoro, su hijo menor, había sido enviado con una parte de la fortuna de Príamo a Poliméstor, gobernante del Quersoneso tracio (donde ahora se encuentra la flota griega).

Cuando cayó Troya, Poliméstor asesinó al joven, Polidoro, y arrojó su cuerpo al mar para hacerse con el tesoro. Fue lavado y transportado a Hécuba. Ella busca la retribución de Agamenón, el rey griego, pero este se muestra cauto, a pesar de sus simpatías. Hécuba toma entonces cartas en el asunto y busca venganza. Poliméstor y sus hijos son atraídos a su tienda, donde sus sirvientes le cortan los ojos y asesinan a sus hijos. Agamenón envía al rey cegado a una isla aislada y profetiza que Hécuba se convertirá en un perro por lo que ha hecho.

Cíclope

Esta es una versión extrañamente familiar de la versión más común del encuentro de Odiseo con el cíclope en la *Odisea*. Aquí, Odiseo visita a su amigo Sileno en el monte Etna, en Sicilia, y le ofrece comida a cambio de su vino. Como siervo dionisiaco, Sileno no puede evitar obtener el vino, a pesar de que la comida no es de su agrado. Poco después llega Cíclope, y Sileno acusa a Odiseo de haber cogido la comida, jurando a los dioses y a los sátiros cercanos que dice la verdad.

El cíclope lleva a Odiseo y a su tripulación al interior de su cueva tras una disputa y consume a algunos de ellos. Odiseo consigue escapar y queda sorprendido por lo que ve. Idea un plan para emborrachar al cíclope y luego quemarle el ojo con un gran atizador mientras está inconsciente.

Cuando el cíclope se emborracha, afirma estar viendo dioses y comienza a referirse a Sileno como Ganímedes. El Cíclope entonces secuestra a Sileno y lo lleva a su cueva, y Odiseo comienza la siguiente etapa de su plan. Llegado el momento, Odiseo consigue la ayuda de los sátiros, que queman el ojo del cíclope. Su nombre era «Noman», como ya había informado al cíclope. Por eso, cuando el cíclope grita quién le ha cegado, parece que está diciendo: «No Man (Nadie) me ha cegado».

Las mujeres de Troya

Esta obra, una de las tragedias más conmovedoras de Eurípides, describe la situación de las mujeres troyanas después de que sus hombres fueron masacrados y están a merced de sus cautivos aqueos. Esperan su destino, tristes y preocupadas. El heraldo, Taltibio, dice que se repartirán entre los vencedores. La reina troyana Hécuba caerá en manos del despreciado Odiseo; su hija Casandra será entregada a Agamenón, y su otra hija Políxena será asesinada sobre la tumba de Aquiles.

Aparece Casandra, la figura trágica. Como profetisa, predice la perdición del conquistador, pero, como siempre, nadie la escucha ni la cree. Andrómaca llega con su hijo, Astyanax, para ser el premio del hijo de Aquiles, Neoptólemo. Taltibio reaparece para secuestrar a Astyanax, que ha sido condenado a muerte por los griegos.

Menelao y Helena se encuentran a continuación; Menelao está empeñado en destruirla, y Hécuba alimenta su odio. Por otro lado, Helena defiende su caso, y su reconciliación se insinúa cuando Helena y Menelao se marchan. Taltibio reaparece con el cuerpo destrozado de Astyanax y Hécuba prepara el funeral. Troya se incendia y las torres de la ciudad se derrumban mientras las mujeres huyen a la esclavitud.

Ifigenia en Áulide

Cuando Ifigenia iba a ser sacrificada en Áulide, Artemisa interfirió y la sustituyó por un ciervo en el altar, perdonando a la muchacha y llevándola a Tauris. Allí se convirtió en sacerdotisa del templo de Artemisa, donde debe sacrificar ritualmente a los extranjeros que llegan a las costas del rey Thoas.

Ifigenia desprecia su forzada esclavitud religiosa en Tauris y está desesperada por hacer saber a su familia que sigue viva. Además, ha tenido una premonición sobre su hermano, Orestes, que la hace sentir que ha muerto. Mientras tanto, Orestes ha asesinado a su madre, Clitemnestra, y está enfurecido por las Furias. A pesar de haber sido juzgado inocente en Atenas, algunas Furias siguen dándole caza. Por ello, Apolo le ordena que tome una estatua sagrada de Artemisa y la devuelva a Atenas, donde será liberado. Según la costumbre local, es arrestado por los guardias táuricos y llevado al templo, donde serán ejecutados.

Orestes e Ifigenia se reconocen y se alegran, e Ifigenia engaña al rey Thoas para que deje vivir a Orestes diciéndole que el matricidio de su hermano ha contaminado la estatua de Artemisa. Le recomienda que los deje ir a los dos, ya que se ha deshecho de ella misma y también de su familia. Huyen mientras el rey Thoas aún está decidiendo, llevando la estatua con ellos. Thoas se compromete a perseguir y matar a los fugitivos, pero Atenea interviene y les permite escapar.

Helena

En esta historia alternativa, Helena nunca huyó a Troya con Paris, sino que fue llevada a Egipto, donde el rey Proteo la salvaguardó. Tras la muerte de Proteo, su hijo Teoclímeno planeó casarse con Helena, que permaneció fiel a su marido, Menelao. Cuando llegó a Egipto la noticia de que Menelao se había ahogado, Helena se convirtió en candidata al matrimonio. Para asegurarse, visitó a la hermana del rey, Teónoe, que era vidente. Se enteró de que Menelao había sobrevivido y de que pronto llegaría un extraño a Egipto. Este extraño resultó ser nada menos que el propio Menelao. Para salir de Egipto, le dice al rey Teoclímeno que

Menelao ha muerto y que debe enterrarlo en el mar para poder casarse con él. Menelao, todavía disfrazado, se coló en el barco con ella y huyeron de vuelta a Grecia.

Electra

En la versión de Eurípides, Electra se casó con un campesino porque temía que si permanecía en la casa real y se casaba con un noble, sus hijos intentarían vengar la muerte de Agamenón algún día. Electra estaba resentida por su exilio y por la dedicación de su madre a Egisto, a pesar de su bondad hacia ella. Orestes, el hijo de Agamenón y Clitemnestra, fue totalmente desterrado y enviado al rey de Fócida, donde se hizo amigo del hijo del rey, Pílades.

Una vez crecidos, Orestes y Pílades regresaron a Micenas en busca de venganza y encontraron a Electra y a su marido. A pesar de intentar ocultar sus identidades para obtener información, un sirviente reconoció a Orestes por una cicatriz. Electra aceptó ayudar a su hermano en su misión de venganza. Deciden alejar a Clitemnestra de la casa para que Orestes pueda matar a Egisto. Una vez hecho esto, se debaten en la decisión de matar a su madre. En esta versión, tanto Orestes como Electra matan juntos a su madre y ambos se sienten inmediatamente desgarrados por la culpa. Las sombras aparecen para decirles que, aunque su madre merecía la muerte, ellos habían cometido un acto vergonzoso que debían expiar.

Orestes

Orestes y Electra habían huido a Esparta en busca de la protección de Menelao tras el asesinato de Clitemnestra. Helena salió del palacio con el pretexto de hacer una ofrenda en la tumba de su hermana Clitemnestra, culpando a Apolo de las desgracias de la casa de Atreo. Orestes se despertó tras la marcha de Helena, todavía enfurecido por las Furias. Cuando Menelao llegó al palacio, él y Orestes hablaron del asesinato y del tormento que les perseguía desde entonces. Tindáreo, el abuelo de Orestes, y el suegro de Menelao entraron y discutieron sobre la interferencia de la humanidad en la justicia divina.

Más tarde, Orestes y Pílades argumentan su caso ante la asamblea de la ciudad, pero Orestes y Electra son condenados a muerte. En un giro interesante, deciden conspirar contra Menelao, Helena y Hermione, que consideran que les han perjudicado. Helena se desvaneció en el aire cuando los hermanos fueron a matarla, así que se trasladaron junto a Hermione. Menelao entró justo a tiempo, y antes de que pudiera producirse más derramamiento de sangre, Apolo apareció para informar a

Menelao que Helena había sido puesta entre las estrellas y que Orestes debía ser juzgado en Atenas. Le aseguró a Orestes que sería absuelto y que debía casarse con Hermione.

Ifigenia y Áulide

La obra comienza con Agamenón habiendo aceptado sacrificar a su hija, Ifigenia, para apaciguar a Artemisa, pero empieza a tener dudas. Intenta enviarle una carta para que se dé la vuelta y regrese a Micenas, pero Menelao la intercepta antes de que le llegue y se enzarza en una fuerte discusión con su hermano por haber cambiado de opinión.

Extrañamente, como resultado del debate, cada hermano gana haciendo cambiar de opinión al otro, ¡y cambian de bando! Menelao prefiere ahora disolver la fuerza aquea y renunciar a recuperar a su esposa antes que ver morir a su inocente sobrina, y Agamenón refuerza su decisión con respecto a que el sacrificio era doloroso pero necesario para su causa. Todavía en desacuerdo, ninguno de los dos hermanos consigue advertir a Clitemnestra para que dé marcha atrás, por lo que llegan al campamento creyendo que Ifigenia acudía allí para casarse con Aquiles. Esta treta duró poco y sirvió sobre todo para enfurecer a Aquiles. Cuando la esposa y la hija de Agamenón se enteran de la verdad, se aterrorizan y discuten con Agamenón, que a estas alturas está completamente convencido de que es lo correcto. Aquiles estaba dispuesto a defender a Ifigenia, pero la muchacha aceptó ser sacrificada al ver cómo destrozaba al ejército aqueo el quedarse allí sin viento que los llevara a Troya. En el último momento, Artemisa tuvo piedad y cambió a la muchacha por un ciervo.

Sí, estas versiones son muy diferentes, pero así es la mitología. A lo largo de generaciones de relatos, combinados con los cambios culturales que exigen un cambio en la narración, estas historias se convierten en una especie de Frankenstein; se sustituyen trozos aquí y allá y, en ocasiones, se añade un elemento totalmente extraño. Y aunque muchas son difíciles de seguir, los temas que resuenan son los de la conspiración, la venganza, la huida y el perdón.

Capítulo 11 - La leyenda: Cómo veían los antiguos griegos la guerra de Troya

Este capítulo abarcará la época en que se escribieron la *Ilíada* y la *Odisea*, cómo se transmitieron de generación en generación, qué creían los antiguos griegos sobre la guerra (si era un mito o no) y *cuándo tuvo lugar* según los antiguos eruditos.

Todavía se debate mucho sobre las líneas que los historiadores y los estudiosos deben trazar entre la historia, la religión y el puro entretenimiento presentes en estos relatos. ¿Pero qué pasa con los propios griegos? ¿Cuánta importancia daban a sus propias historias y cuánta, si es que la daban, recibían con una mirada de soslayo o la tachaban de adorno?

Evidentemente, no hay una única respuesta correcta a esta pregunta.

Al igual que la gente de hoy, los antiguos griegos no eran un monolito. Los mitos de los antiguos griegos estaban firmemente arraigados en su cultura. Aunque muchos se tomaban sus historias al pie de la letra, otros las buscaban por sus metáforas, su poesía y sus chistes. Para los griegos que vivían en la época de Homero, en la Atenas clásica o en el imperio de Alejandro Magno, la guerra de Troya era antigua. La ciudad de Troya había desaparecido, y los griegos aqueos se parecían poco a su cultura griega moderna. Como se ve en los dramas de Esquilo, Sófocles y Eurípides, gran parte de los retoques de las historias eran para humanizar a los personajes y alinearlos más con sus valores del siglo V a. C.

Así pues, la cuestión se complica: no solo: «¿Creían los griegos sus historias *literalmente*?», sino también: «¿Qué versiones de sus mitos eran más creídas y menos creídas, y cómo cambió eso con el tiempo?». Quizá haya una forma mejor de abordar esta cuestión de forma oblicua, y es preguntar: «¿Qué pensaban los griegos sobre sus héroes?». Se trata de una pregunta mucho más identificable y mucho más fácil de responder.

Al fin y al cabo, no es una tontería preguntar a la gente qué piensa del viaje de Luke en La Guerra de las Galaxias o debatir qué hace «dignos» a Thor y Steve Rogers en la franquicia de Los Vengadores. Reflejan valores, y estos valores pueden hacer que los historiadores se metan en la cabeza de los antiguos griegos. Los mitos griegos sobre la guerra de Troya eran una conversación que todos podían mantener entre sí; no como un idioma, sino como una conciencia.

Así pues, profundicemos en algunos de los personajes (o *figuras históricas*, si así lo creen).

Independientemente de cuál se utilice, lo importante es que para los antiguos griegos representaban arquetipos. Aquiles, Odiseo, Héctor, Agamenón y Helena representaban algo en lo que estaban más o menos de acuerdo, aunque ese «algo» estuviera sujeto a cierta evolución a lo largo del tiempo. Sus historias tratan de muchas cosas, pero giran en torno a la representación de un ideal por parte del personaje, y a cómo su naturaleza es a menudo excusada y, en última instancia, conduce a su caída.

Aquiles

Aquiles era claramente todo lo que un hombre griego de la Edad de Bronce debía ser y es, por tanto, el héroe arquetípico de la guerra. Es fuerte, rápido y hábil en la batalla. Aunque no era demasiado brillante, no era un bruto y siguió siendo su propio hombre durante la guerra de Troya, comandando a sus propios mirmidones y afirmando con frecuencia su independencia, lo que hizo que Agamenón y otros líderes griegos lo cortejaran continuamente en el campo de batalla.

También era guapo y tenía un gran sentido de la justicia. A veces ese sentido de la justicia se manifestaba en forma de equidad tradicional, como cuando estaba dispuesto a defender a Ifigenia de su sacrificio forzado. Otras veces, sin embargo, venía en forma de rabia absoluta y de la justicia irracional que se exhibió cuando exigió no solo la muerte de Héctor por su propia mano, sino también su eterna humillación por haber matado a su compañero de toda la vida, Patroclo. El lector es consciente de que Héctor no hizo nada malo al matar a Patroclo en la batalla, pero aun así, la venganza de Aquiles es terrible. Esto marca uno de los aspectos menos discutidos del héroe arquetípico; *consiguen que la gente haga excepciones por ellos*.

Las acciones de Aquiles no disminuyeron su prestigio ni en las mentes griegas ni en las modernas. Los griegos, especialmente, conocían el final de la historia y no abandonaron a su idílico guerrero cuando arrastró a Héctor tras su carro y dejó su cuerpo para los perros. Por ello, su estatus no decae cuando sacrifica despreocupadamente gente a los dioses, como hizo tras la muerte de Patroclo, o cuando secuestra y viola a las mujeres locales, como hizo al principio de la *Ilíada*.

Sin embargo, Agamenón tiene que rendir cuentas por estas cosas. De hecho, su sacrificio de Ifigenia y su secuestro de Casandra como concubina son las dos razones principales por las que Clitemnestra se volvió contra él en la trilogía de la Orestíada de Esquilo. A lo largo de los relatos de Aquiles, Homero explica repetidamente su arrogancia como si fuera «grande en su grandeza». Esta es una forma elegante de decir que es un arquetipo de la grandeza y de insinuar el aspecto final que completa su arquetipo: su caída.

Aunque es la única persona de la historia que tenía literalmente un talón de Aquiles (frase que ahora se utiliza como sinónimo de debilidad o caída de alguien), esta pequeña y desconocida vulnerabilidad no fue lo que realmente le mató. Para que personajes como Aquiles permanezcan en la conciencia colectiva, es necesario que se complete el círculo. En otras palabras, si es grande por su grandeza, su grandeza también debe deshacerlo. Este aspecto de la historia es lo que hace que la historia de Aquiles sea memorable.

Se le presentó la opción de ser el mejor guerrero del mundo, pero morir joven, o vivir una vida larga y feliz, pero ser olvidado. También se le ofrecieron repetidas oportunidades de cambiar de rumbo, incluso después de haber elegido inicialmente enfrentarse a la grandeza y a la muerte en la guerra de Troya.

En los mitos griegos, las profecías suelen ser ley, pero la situación de Aquiles es algo única en el sentido de que se le dan esencialmente dos profecías entre las que debe elegir. Todavía se puede debatir si realmente tuvo elección (dada su naturaleza), pero sigue siendo una elección narrativa que no es típica del género. Sus duelos con Pentesilea y Memnón —después de matar a Héctor— ilustran aún más que, cerca del final de su vida, demostrar su grandeza se ha convertido más en una obsesión o una compulsión que en una virtud para él.

Habiendo realizado su elección de ser un guerrero, se convierte en un esclavo de esa elección, incluso cuando se le advierte una vez más de su muerte inminente si hiciera una determinada elección, esta vez eligiendo luchar y matar a Memnón. Por supuesto, el gran héroe guerrero no puede morir al ser vencido en la batalla, por lo que su largamente prevista muerte llega a manos de lo que es esencialmente un asesino en la forma de Paris. Además, Paris necesita veneno en su flecha y la guía de Apolo para matar a Aquiles de una manera que él no sabía que era vulnerable y, por tanto, no se había preparado para ello. Al morir de esta manera, todo lo que era se conserva.

Odiseo

El héroe del final de la guerra es, sin duda, Odiseo. Aunque posee muchas cualidades de otros héroes griegos, como la habilidad en la batalla, representa un arquetipo diferente: el inconformista. Al hacer de su astucia y rapidez de pensamiento su mayor atributo, se convierte en una importante representación de la estrategia (y a menudo de la crueldad) necesaria para salir victorioso mediante el robo del Paladio de Troya y el ardid del caballo de Troya.

A través de Odiseo, los griegos vieron los defectos de la fuerza bruta y las costumbres convencionales. Mientras que el deber obliga a Héctor a enfrentarse a su muerte casi asegurada en combate singular, Odiseo no tiene reparos en el sigilo, las puñaladas por la espalda y el brutal asesinato del hijo de Héctor. Al igual que Áyax elige la muerte antes que la deshonra cuando se le niega la armadura de Aquiles, Odiseo se siente muy cómodo con acciones deshonrosas como mentir y engañar siempre que eso signifique que gane.

Por último, el cambio a Odiseo contrasta con Aquiles al elegir una representación diferente de su gloria: su supervivencia. Mientras que Aquiles necesitaba morir para ser grande, Odiseo necesitaba vivir. Su *Odisea* termina con él como único superviviente del viaje de vuelta a Ítaca, y el único pretendiente de Penélope que queda en pie.

Como ya se ha detallado, la astucia de Odiseo y su necesidad de sobrevivir están en su naturaleza, y gran parte de su desagradable comportamiento se perdona en ese contexto. Su asesinato de Astyanax, el hijo de Héctor y Andrómaca, se explica porque evitaría futuras venganzas y más guerras contra los griegos. También se le perdona el abandono total de Filoctetes (casi dos veces) en Lemnos, ya que lo hizo en nombre de la victoria griega y de la prevención de la peste, quizá incluso de la lepra, entre los ejércitos aqueos. Incluso la muerte de toda su tripulación está justificada para mostrar tanto su falta de precaución como el talento de Odiseo para la supervivencia.

Al igual que Aquiles, Odiseo no murió por haber sido superado en sus propias fuerzas, sino por una *debilidad desconocida*. Su desconocimiento de su hijo a través de Circe le llevó a calcular mal quién —y cuán peligroso— era realmente el extraño ladrón de ganado que conoció en Ítaca. Abandonado a una lucha convencional no planificada, muchos años después de su plenitud física, Odiseo fue asesinado.

También es notable que Odiseo solo pudo ser asesinado cuando dejó de aventurarse y se asentó. En otras palabras, murió cuando dejó de ser quien era. Mientras que Aquiles se habría enfrentado a una muerte simbólica al ser olvidado si hubiera decidido establecerse, Odiseo encontró su muerte literal al hacerlo, contrastando aún más a los dos héroes homéricos de la *Ilíada* y la *Odisea*, respectivamente.

Héctor

Héctor es el honorable protector de la epopeya de la guerra de Troya. Aunque posee casi los mismos rasgos físicos y habilidades que Aquiles, los utiliza para defender a su familia y a su pueblo en lugar de buscar la gloria o el recuerdo. Este rasgo de honorabilidad se vio por primera vez en su decisión de apoyar a su hermano, Paris, a pesar de considerarlo un tonto y de no estar de acuerdo con lo que había hecho. Su fuerza como guerrero se perfecciona y se centra en esta lealtad, que le da el poder de luchar contra los aqueos durante una década por algo en lo que estaba de acuerdo con ellos. Así es como Homero (y los griegos que leyeron su obra) pudieron relacionarse con el bando enemigo de la batalla; no los convirtió en antagonistas, sino en arquetipos contrastados.

La *Ilíada* y la *Odisea* son historias que no tienen verdaderos antagonistas, salvo las profecías y quizás los dioses y diosas. Por lo tanto, los griegos podían ponerse detrás de Héctor y sentirse en conflicto por los principios y el resultado de la guerra a favor de los aqueos, sus propios ancestros. Esto permitió que Héctor se convirtiera en un *rival*, o enemigo honorable, para la causa griega. Representaba muchos de sus propios valores, simplemente al otro lado del muro, en lugar de ser un némesis que fuera visto como su opuesto.

Y al igual que sus homólogos griegos, en nombre de su lealtad y honor se cometieron muchos actos violentos que el público se ve animado a pasar por alto. Defender las acciones de su hermano, que sabe que son incorrectas, es quizás su acto más cruel hacia la ciudad de Troya. En esencia, está más dispuesto a ser honorable que a tener razón, y la naturaleza de Héctor es quizá la más trágica porque no solo conduce a su propia caída, sino a la muerte sin sentido de miles de personas. Lucha contra los aqueos por principios, algo que los otros dos héroes nunca habrían hecho.

Así, este trío compite por la corona de quién fue el «verdadero» héroe de la guerra de Troya, que es la parte más importante de las historias para los griegos. Que creyeran que Aquiles era un semidiós o simplemente un guerrero increíblemente rápido y hábil es mucho menos importante que el hecho de que creyeran que eso lo hacía superior a Odiseo y Héctor.

Del mismo modo, el hecho de que fueran más propensos a disculpar sus faltas y su mal comportamiento demuestra el arquetipo con el que se asocian más fuertemente. Si la impetuosidad y la vanidad pueden pasarse por alto por ser alguien absolutamente mejor en lo que hace, entonces eso es un voto para Aquiles. Si la crueldad y el engaño son perdonables cuando van acompañados de astucia y planificación a gran escala, entonces Odiseo es el protagonista elegido. Y si el sacrificio y la muerte de las masas pueden justificarse por el principio por el que se lucha, entonces Héctor es la figura central de la saga. También hay otros personajes importantes que, aunque no se consideran los héroes definitivos de la saga, son importantes para entender el pensamiento de la Antigua Grecia sobre la guerra de Troya.

Agamenón

El más poderoso de los reyes aqueos y líder de los ejércitos griegos durante la guerra de Troya no figura entre los héroes centrales, pero sigue siendo destacado en el pensamiento griego como arquetipo de gobernante y padre (ausente). Incluso la Casa de Atreo; la maldición, aunque lleva el nombre de su padre y fue iniciada por su bisabuelo, pasa por Agamenón. Tántalo, Pélope y Atreo son descritos como sus antepasados, y Orestes, Electra e Ifigenia son sus hijos, lo que le convierte en el centro de la saga de su propia familia dentro de los acontecimientos de la guerra de Troya.

Como arquetipo de gobernante, antepone su propio poder a su familia, lo que se ejemplifica en su disposición a sacrificar a Ifigenia, aunque dudara durante un tiempo. La acción era necesaria para que los aqueos zarparan hacia Troya, y la derrota de Troya era necesaria para que Agamenón y Micenas se convirtieran en la principal sede del poder en las regiones del Egeo. Todo esto se hizo a costa de su familia, lo que hace significativo que la maldición de su casa esté relacionada con la falta de lealtad a la propia familia. El ciclo de venganzas y asesinatos entre sus propios parientes es lo que provoca constantemente su sufrimiento, y solo termina cuando su hijo Orestes se lamenta y busca el perdón por haber matado a su madre.

La naturaleza de Agamenón era buscar el poder, y aunque es el único de su parentela que no mata literalmente a un miembro de su propia familia (por un tecnicismo), ciertamente estaba dispuesto a hacerlo y lo hizo simbólicamente a través de su negligencia y ausencia. No había sentido de familia en sus acciones, lo que contrasta directamente con Héctor, que habría heredado el trono troyano y habría sido considerado el líder más poderoso de los egeos si su defensa de su familia y su pueblo hubiera tenido éxito.

Agamenón, victorioso, vuelve a casa solo para ser asesinado justo cuando alcanza la cima de su poder. Aunque contiene el mismo tipo de defecto trágico que los otros héroes, el público no le concede el mismo perdón a Agamenón. Se considera que ha ido demasiado lejos y que ha dejado que su ambición se apodere de él, por lo que es un ejemplo de advertencia más que un ejemplo a imitar o admirar. Esta caída lo diferencia del trío heroico formado por Aquiles, Odiseo y Héctor.

Helena

Otra historia con moraleja es la de Helena, aunque es muy diferente a la de Agamenón. Su historia comienza en Esparta, con Menelao ganando un concurso para su desposorio, que fue concedido por su padre, el rey Tindáreo. En ningún momento eligió a Menelao, aunque muchas revisiones de su historia, como las de Eurípides, tratan de hacerla más fiel a su primer marido. Tampoco eligió realmente a Paris, ya que no fue prometida a él por su padre, sino por la diosa Afrodita por haberla nombrado vencedora en un concurso de belleza. Para hacer valer el «premio», Helena fue disparada por una flecha mágica de Eros (luego Cupido, para los romanos) para que huyera con Paris a Troya. En el caso de Helena, la interpretación es muy importante y divergente, lo que la convierte en una de las figuras más controvertidas y enigmáticas de la epopeya. Al igual que los tres héroes, la forma en que los griegos decidieron ver a Helena traicionaba sus propios valores, al igual que ocurre en la sociedad actual.

Para los que creen que Helena era una esposa obediente que fue manipulada y encantada por los dioses para hacerla huir y actuar en contra de su naturaleza, representa el arquetipo junguiano de «todo hombre». (O, en este caso, de «toda mujer».) No es tanto que tenga un carácter propio, sino que proporciona un punto de entrada en la historia para el público y una justificación para la guerra que sigue. Esta interpretación se ve apoyada por el continuo tratamiento de Helena como moneda de cambio, empezando por sus esponsales con Menelao y siguiéndola hasta Troya, donde un grupo de hombres discuten sobre ella como propiedad de su marido (cualquiera que sea su bando) y luego toman decisiones en su nombre. No fue su elección casarse con Menelao, no fue su elección enamorarse de Paris, y no fue su elección quedarse en Troya o volver a Esparta.

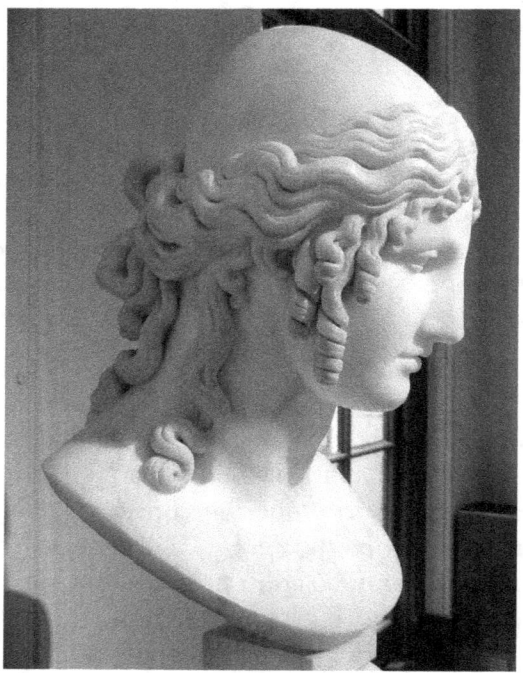

Una representación de Helena.[48]

La segunda interpretación es que Helena se casó con Menelao porque era lo que se esperaba de ella como princesa de Esparta, pero que realmente se enamoró de Paris y decidió marcharse con él por decisión propia. Esta lectura convierte a Helena en el arquetipo del amante, que busca la felicidad, la intimidad y la experiencia por encima de todo. En apoyo de esto está la descripción de Helena como la mujer más bella del mundo, en lugar de la más obediente. Aunque ciertamente podría ser ambas cosas, el énfasis en la primera la mantiene como la más importante e implica que buscaría la belleza y la intimidad en los demás en lugar de limitarse a hacer lo que se espera de ella. El hecho de que ella y Paris estén enfrentados apoya esta opinión, ya que una esposa obediente le habría apoyado sin importar lo que ocurriera en el mundo del antiguo Egeo. Ella se desenamora de Paris por su disputa, lo que sería más coherente con una personalidad apasionada y más probable que la magia de los dioses desapareciera de repente. Esto también haría que su caída estuviera en consonancia con la de los demás personajes. Si su naturaleza apasionada la llevó a huir, también es probable que la condujera a la muerte y la destrucción, y su eventual regreso a un matrimonio sin amor y aprisionante con Menelao en Esparta sería un destino adecuadamente trágico.

Una última interpretación de su carácter es que fue una verdadera actriz en los acontecimientos de la guerra y jugó con ambos bandos para obtener un resultado que fuera para su propio beneficio. En esta narrativa, habría tomado el arquetipo del mago, el tipo de persona que cataliza el cambio y busca la mejora de su estación a través de su propia iniciativa. Sus esponsales no eran necesariamente malos, sobre todo porque su prometido era una especie de imbécil, y la unión le permitiría permanecer en Esparta.

Sin embargo, a través de las visitas diplomáticas de Paris a Esparta, Helena llegó a creer en algún momento que Troya era más prometedora para ella. Tal vez fuera porque los creía más poderosos, o porque vio la oportunidad de aumentar su riqueza huyendo a Troya con la fortuna de Esparta guardada en los barcos, o porque había más equidad para las mujeres en la política y la sociedad —o *todo lo anterior*.

Esta versión no excluye el amor, el poder, la riqueza o la equidad como motivaciones, pero requiere algunos saltos sobre la cultura troyana. Esta última opción es especialmente interesante, ya que Andrómaca es vista como una valiosa consejera de Héctor, y las amazonas del centro de Asia ocupan un lugar destacado como feroces guerreras al nivel de sus homólogos masculinos. Aun así, no son saltos muy grandes. Homero y los dramaturgos griegos escribieron sus historias tras cientos de años de oscuridad, e incluso la Grecia clásica en su época dorada no era tan dorada para las mujeres. No es difícil imaginar que Helena habría sido más agente de sí misma de lo que los griegos posteriores fueron capaces de captar adecuadamente.

En un momento determinado de la guerra, Helena habría tenido que cambiar de bando y volver a los aqueos como su mejor opción. La muerte de Héctor, Pentesilea y Memnón podría haber sido el impulso para el cambio, lo que se confirma por su ayuda a Odiseo cuando este y Diomedes entraron en la ciudad para robar el Paladio. Si se utiliza la traducción simbólica en lugar de la literal del robo del Paladio, entonces eso significa que la aliada que mostró a los aqueos cómo romper las murallas podría haber sido Helena en lugar de Antenor. Si se le da un mínimo de representación, es la opción más obvia, ya que había enviudado recientemente por la muerte de Paris y se la menciona explícitamente en el relato por ayudar con el robo del amuleto protector de Troya. Su manipulación final de Menelao, a quien convence para que la acepte de nuevo en lugar de matarla, es su victoria final, aunque una victoria manchada, ya que habría sido una visionaria privada de sus sueños de autonomía y obligada a gobernar acariciando el ego de un poderoso dopado para el resto de su vida.

Carl Jung escribió sobre muchos de estos arquetipos en el siglo XX, pero no es revisionismo aplicar su pensamiento a personas que vivieron miles de años antes que él. Al fin y al cabo, intentaba llegar a algo que era universal. Era lo mismo que hacían los griegos con sus mitos e historias, independientemente de la superposición de ambos géneros. Entonces, ¿los griegos creían que la guerra de Troya era real? Sí, evidentemente. Y no, por supuesto que no.

Capítulo 12 - El legado: Hallazgos e interpretaciones modernas

A falta de muchas pruebas arqueológicas convincentes, se creía que la ciudad de Troya había existido en la zona denominada «Tróade», situada en el noroeste de Turquía en los mapas contemporáneos. Los entusiastas, fascinados por las leyendas homéricas o las obras posteriores de los dramaturgos griegos, se embarcaban con frecuencia en peregrinaciones para poder pisar la misma orilla en la que Aquiles derramó tanta sangre y por cuya defensa Héctor dio su vida. Sin embargo, hasta finales del siglo XIX no hubo muchos datos que lo corroboraran, hasta que un improbable dúo llevó sus ejemplares de Homero y sus palas a Asia Menor.

Frank Calvert vivía en la Tróade, cerca de la colina de Hisarlik. No era un arqueólogo profesional, pero tenía suficientes conocimientos para ser eficaz en su trabajo arqueológico. Sus investigaciones le llevaron a pensar que este era un buen lugar para comenzar su excavación, y en 1868 reclutó a otro entusiasta convertido en arqueólogo llamado Heinrich Schliemann para que excavara junto a él. Sus descubrimientos fueron asombrosos y dieron la vuelta al mundo. A pesar de ser aficionados, desenterraron a antiguos héroes junto con muros y fragmentos de cerámica y dieron legitimidad a la naciente disciplina de la arqueología. Al encontrar una joya, Schliemann especuló con la posibilidad de haber encontrado el ajuar de la legendaria Helena. Una nueva generación inspirada en las leyendas de Homero no tardó en tomar su antorcha y llevarla a los tiempos modernos para responder a una de las preguntas más persistentes de la historia: ¿Fue real la guerra de Troya?

Las excavaciones empezaron a demostrar que Troya había estado ocupada, de una forma u otra, desde alrededor del año 3.000 a. C. Vivían en una zona difícil que a menudo habría dificultado la vida de sus habitantes. Las pruebas arqueológicas demuestran que tanto la guerra como las catástrofes naturales, tales como los terremotos, fueron responsables de los flujos y reflujos del poderío troyano. En épocas de prosperidad y poder, estas condiciones llevaron a los troyanos a construir fortalezas para protegerse y almacenar alimentos contra la amenaza del hambre o el asedio. De hecho, el noroeste de Turquía habría sido uno de los cuellos de botella más transitados de la antigüedad, y su posición estratégica a la entrada de los Dardanelos probablemente habría sido aprovechada para aumentar su riqueza mediante el comercio y los aranceles. Por supuesto, necesitarían una fuerza militar para que el pago fuera una opción más sensata que la guerra para los comerciantes y las flotas que pasaban por allí. El establecimiento de un mercado en esta encrucijada también habría sido de gran interés para ellos, ya que dicha rentabilidad, en la que todos saldrían ganando, habría desalentado aún más la guerra y la violencia como estrategia viable, al igual que los acuerdos económicos modernos entre los Estados miembros de la UE han desincentivado una tercera guerra mundial.

Lo que queda del templo de Atenea en Troya. Este templo habría sido construido después de la guerra de Troya."

El registro arqueológico, sin embargo, no es de crecimiento constante. Muestra periodos de expansión y contracción a medida que su población crecía en épocas de prosperidad y se reducía en ciclos más destructivos o de privación. Sin embargo, la flecha del tiempo se mueve en una sola dirección. En términos arqueológicos, esto significa «hacia arriba». Cuanto más profundos sean los artefactos, los muros o las pruebas, más tiempo habrá pasado. Troya no se reconstruyó en el mismo lugar, sino cada vez sobre la anterior. Esta estratificación, junto con herramientas como la datación por carbono, ha permitido a los arqueólogos hacerse una idea bastante clara de cuándo Troya era fuerte, débil o estaba en medio. La convención de nomenclatura ha sido utilizar números romanos para etiquetar de abajo a arriba, de modo que el asentamiento más antiguo de Troya es Troya I, el segundo más antiguo Troya II, y así sucesivamente.

Troya I era pequeña pero próspera, y para cuando se convirtió en Troya II, entre el 2550 y el 2300 a. C., se había vuelto muy rica para su tamaño, como lo demuestra la calidad de los materiales y las condiciones de vida en comparación con sus contemporáneos. La construcción de las primeras murallas de la ciudad marca la transición de Troya I a Troya II, con una ciudadela construida en la famosa colina estratégica de Troya, a 30 metros por encima de la llanura circundante.

Sin embargo, incluso con esta característica como constante, gran parte del resto de la topografía habría tenido un aspecto diferente. La mayor diferencia con respecto a la actualidad es que la ciudad habría estado mucho más cerca del mar que en la actualidad, debido a la acumulación de limo en los deltas de los ríos, que han ido alejando la línea de costa. Su posición directamente en la costa era importante, ya que permitía a la ciudad estar junto al mar y mantener una ubicación estratégica a lo largo de las rutas terrestres. En muchos sentidos, Troya era una versión temprana de lo que sería la ciudad que ahora se llama Estambul (la ciudad se llamó primero Bizancio, luego Constantinopla y, finalmente, Estambul). Otra ventaja para los troyanos provenía de la naturaleza de los viajes por mar en su época, en la que los barcos a menudo necesitaban atracar durante días o semanas mientras esperaban vientos favorables. El hecho de proporcionarles un puerto seguro y alojamiento habría creado un mercado cautivo y contribuido a su reputación como centro comercial.

A finales de la Edad de Bronce —cuando aparecieron los aqueos— Troya se había hecho más grande y más rica de lo que los habitantes de Troya II hubieran creído. De hecho, las pruebas sugieren tres cosas. Primero, que Troya era más grande de lo que los historiadores esperaban.

En segundo lugar, que las descripciones de Troya por Homero fueron probablemente muy precisa. Y tercero, *que probablemente fue la ciudad más grande de la Edad de Bronce en el Mediterráneo.* Troya VII fue la iteración final de la ciudad que sería quemada y arrasada por las fuerzas griegas, pero la evidencia muestra cada vez más que los aqueos llegaron en un mal momento. Troya estaba en su apogeo absoluto, sin que se viera mermada por ningún tipo de edad oscura, sequía, guerra reciente o recesión. De hecho, a medida que pasa el tiempo y el lento desenterramiento de la ciudad continúa e incluso se acelera con la tecnología moderna, existe un argumento cada vez más sólido de que los aqueos eran unos desvalidos rastreros que no tenían nada que hacer frente a un centro de comercio tan importante. Esparta, en comparación, se parece cada vez más a un remanso del que Helena podría haber huido para vivir su vida en una civilización más cosmopolita y satisfactoria. Troya no era solo una ciudadela, sino un complejo a escala urbana con murallas exteriores e interiores que protegían no solo a la realeza y la nobleza, sino a toda la población. Este crecimiento y el desplazamiento de las murallas hacia el exterior para abarcar la ciudad baja marcan la transición final de la ciudad, de Troya VII a Troya VII.

La zona agrícola más amplia se había cultivado cuidadosamente bajo la protección del poderío militar de Troya y el liderazgo de Héctor, que era apodado el «Domador de Caballos». Esto también implica que gran parte de la riqueza de los troyanos procedía de la cría de caballos. Los caballos domesticados y criados para la guerra eran mucho menos comunes a finales de la Edad de Bronce de lo que serían incluso en la época de la Grecia clásica y, por tanto, eran mucho más valiosos. La cría de ovejas era la base de una floreciente industria textil centrada en Troya, que exportaba a todo el Mediterráneo y Asia Menor gracias a su doble acceso y control de las rutas marítimas y terrestres. Todos estos detalles han sido revelaciones recientes, ya que los equipos modernos han permitido un análisis de los artefactos que no estaba al alcance de los arqueólogos ni siquiera del siglo XX.

Estas revelaciones pintan un cuadro ligeramente diferente con el telón de fondo de las principales potencias egeas de la Edad del Bronce: los aqueos, los troyanos y los hititas. Mientras que la valoración de los hititas como los más poderosos de los tres ha permanecido inalterada, la nivelación de aqueos y troyanos podría estar en proceso de revisión. El territorio real de Troya era pequeño, sí, pero las crecientes pruebas de su prosperidad, poder e influencia han hecho que muchos levanten una ceja.

Puede ser que los aqueos vieron esto y se dieron cuenta de dos cosas.

En primer lugar, si no se les controlaba, su «rival amistoso» pronto podría superarlos. La neutralidad de Troya entre griegos e hititas les había permitido crecer hasta un punto problemático. Si no hacían algo pronto, los aqueos podrían tener rápidamente dos poderosos enemigos en sus manos. Según esta interpretación, la guerra de Troya se produjo en el momento álgido del poderío troyano por esa misma razón: eran una peligrosa potencia en ascenso a la que había que mantener a raya. La historia no ha enseñado nada si no es que los líderes prefieren el statu quo, y Troya estaba a punto de interrumpirlo para los reinos aqueos.

Además, o tal vez ampliando esta línea de pensamiento, los aqueos pueden haber sido impulsados por la codicia. Al ver la riqueza y el poder que Troya había acumulado gracias a su posición estratégica, codiciaban la tierra que ocupaban y veían el crecimiento de su propio poder si eran capaces de controlarla. Esta línea de pensamiento proporciona una explicación geopolítica mucho más sólida de por qué los líderes aqueos, aparte de Menelao, habrían ido a la guerra. Agamenón, tal vez, podría haber estado vinculado por la lealtad a su hermano, pero la lealtad tampoco era un rasgo comúnmente sostenido por los miembros despiadados de la Casa de Atreo. Todo esto está respaldado por las tablillas hititas que hacen referencia a una guerra en torno al año 1180 a. C. entre los Wilusa, su nombre para los troyanos, y los Ahhiyawa, su nombre para los aqueos.

Como antídoto para dejarse llevar y reclamar pruebas, Troya no fue la única en el mundo egeo que cayó hacia el 1180 a. C. Por razones que siguen sin estar claras, la mayoría de las potencias mediterráneas descendieron a la edad oscura y a la ruina alrededor de esta época, incluidos los aqueos y los hititas. Fue un gran botón de reinicio, y los «griegos» que surgieron de la edad oscura alrededor de la época de Homero eran étnica y culturalmente diferentes de los aqueos, aunque todavía compartieran una lengua común o relacionada.

Del mismo modo, los «hititas» de Asia Menor en la Edad de Bronce no son los mismos hititas que probablemente sean los antepasados de los hebreos bíblicos. Troya, como se ha documentado exhaustivamente, fue la más afectada. El título de «ciudad más estratégicamente situada» pasó a Bizancio, y la única forma de ver una reconstrucción de Troya es situarla en Lavinio con el reasentamiento de Eneas en Italia, aunque la historicidad de esa leyenda es sospechosa en el mejor de los casos.

Si los aqueos hubieran sabido aprovechar mejor su victoria, los historiadores probablemente sabrían más. Pero tras ser saqueada por los aqueos, Troya no fue reconstruida como *ciudad griega*.

La arqueología indica que hubo mucho comercio con los reinos griegos, pero no la sitúa como griega en ninguna de sus iteraciones. Si hubiera habido una guerra de Troya y si una ciudad tan poderosa como la descrita por Homero hubiera sido saqueada por los aqueos, debería haber alguna evidencia de que estos intentaron controlar y repoblar la ciudad y sus tierras circundantes. Quizás la parte más extraña y menos creíble del ciclo épico es que todos se fueron a casa después de la guerra o se reasentaron en Italia.

¿Por qué Italia? Si Néstor, Diomedes o Filoctetes querían crear nuevas colonias, ¿por qué abandonar la increíblemente lucrativa que acababan de conquistar? Al final, algo no huele bien. Lo que parece más probable es que Homero y los poetas épicos se quedaron con la misma pregunta. ¿Qué pasó en el mundo mediterráneo después de la guerra de Troya? Algún acontecimiento cataclísmico habría explicado el descenso sincronizado, pero las pruebas de tal cosa siguen siendo insuficientes. Aun así, si los autores del ciclo épico se quedaron sin material de partida o sin una idea clara de lo que ocurrió, tiene sentido que intentaran mirar hacia adelante en lugar de hacia atrás. La expansión hacia el Mediterráneo occidental era la nueva frontera de la Grecia Arcaica y Clásica, por lo que enviar a sus héroes al «nuevo mundo» tenía más sentido que hacerlos desaparecer con el resto del antiguo.

Estas cuestiones, y otras, dejan a los historiadores en una situación extraña en relación con la guerra de Troya. Existen pruebas arqueológicas abrumadoras de que la ciudad en sí no solo existió, sino que existió al nivel descrito por la leyenda homérica. Sí, la subsiguiente edad oscura borró cualquier evidencia que pudiera haber existido sobre si tal guerra entre los aqueos y esa civilización fue real o inventada. Dicho esto, los historiadores, poetas y dramaturgos griegos han demostrado ser extrañamente fiables a lo largo del tiempo, a pesar de su frecuente inclusión de lo sobrenatural.

Como resultado, la mayoría de los historiadores creen que hubo una guerra entre aqueos y troyanos, una guerra que está respaldada por los textos hititas contemporáneos y los relatos de griegos posteriores. Sin embargo, la magnitud de la guerra, sus participantes y su resultado siguen siendo cuestionados por muchos escépticos. Les parece demasiado improbable que una guerra tan masiva ocurriera sin dejar un rastro de evidencia directa más allá de unas escasas líneas de arameo y una ciudad que cayó en la ruina al mismo tiempo que muchas otras ciudades también cayeron en la ruina. Estos historiadores más conservadores permitirán que se produjera una guerra corta de resultado e importancia desconocidos, y que ambas civilizaciones cayeran en la ruina poco después.

Aun así, es importante recoger todo lo que podamos de las nuevas pruebas arqueológicas. Las ruinas que están siendo expuestas y estudiadas a través de las excavaciones modernas podrían haber resistido efectivamente un asedio de diez años, especialmente si el ejército invasor no era lo suficientemente grande como para rodear completamente la ciudad, un detalle corroborado por los textos del ciclo épico. Además, las batallas y la tecnología descritas coinciden con los relatos de Homero, aunque esto siempre podría atribuirse a la propia comprensión de la historia por parte del poeta.

Las pruebas también han desenterrado una razón más convincente para la guerra que la que existe en el ciclo épico. Una ciudad con la riqueza y la ubicación estratégica de Troya habría creado tanto la dedicación necesaria por parte de los aqueos para tomarla como la inversión en sus defensas por parte de los troyanos necesaria para mantenerla. Además, la importancia posterior de Bizancio y las batallas aún más recientes de la Primera Guerra Mundial ilustran la importancia militar del lugar. Como es sabido, más de 130.000 soldados murieron en la batalla de Galípoli, un equivalente a Troya en el siglo XX, geográficamente hablando. Esta importancia apoyaría de nuevo la necesidad de una civilización concentrada económica y militarmente que probablemente habría tenido muchas «guerras de Troya» además de la librada contra los aqueos. Esto significaría que la gente había estado luchando y muriendo por Troya durante miles de años antes de que los aqueos la atacaran; ¿quién puede decir si los troyanos de su época eran ellos mismos los habitantes originales o simplemente los conquistadores extranjeros más recientes?

Si hubo una guerra de Troya contra los aqueos, mucho de lo que se ha asumido anteriormente podría ser erróneo. Es probable que la guerra no se decidiera por unos cuantos enfrentamientos importantes en los que un guerrero llamara a otro guerrero. Es más probable que fuera una serie de escaramuzas en una historia de escaramuzas rutinarias con ejércitos que intentaban controlar la estratégica ciudad-estado. Habría habido menos asaltos a gran escala que los descritos por Homero y más campañas de guerrilla por parte de cada bando: los troyanos contra los campamentos aqueos y los aqueos contra el campo troyano. En resumen, habría sido más feo que glorioso. En resumen, habría sido *solo una guerra.*

Al igual que muchas guerras, podría haber dependido de algún truco o astucia que diera ventaja a los aqueos en el momento justo o que hiciera que los troyanos bajaran la guardia. Podría haber sido algo tramado por alguien que se pareciera a Odiseo, o podría haber sido la fatiga de la guerra para los troyanos y la buena suerte para los griegos.

En definitiva, es muy tentador creer todo lo posible sobre la guerra de Troya de Homero y sus héroes, pero es tan peligroso como divinizar cualquier esfuerzo bélico. Al ponerla en la llanura de la virtud, sus elementos cancerígenos se barren bajo la alfombra para que hagan metástasis en nuestro mundo tanto como lo hicieron en el suyo. Aquiles es un personaje fascinante, pero sería una persona aterradora. Adorar a alguien como él es tanto una apreciación de la capacidad humana como nuestra tendencia a olvidar el número mucho mayor de «gente pequeña»; los civiles, los campesinos y la gente normal que murieron en nombre de su gloria. Al final, esta fue, en el mejor de los casos, una guerra por el honor de un puñado de personas, y en el peor, *simplemente política*. El heroísmo siempre puede mostrarse, pero como respuesta a la guerra, no como causa de ella.

¿Acaso el rostro de Helena lanzó mil barcos? ¿La ira de Aquiles mató a mil personas? El registro nos dice que probablemente no, en ambos casos y por diferentes razones. Pero es muy probable que siguiera habiendo una guerra terrible, con mucho sinsentido y algo de heroísmo, aunque probablemente por parte de quienes nunca lo buscaron. La triste realidad es que seguimos haciendo las preguntas equivocadas.

¿Qué diríamos de Helena si fuera algo más que un artificio matrimonial? ¿Y qué grandes hazañas podría haber realizado Aquiles si no se hubiera convertido en un instrumento de Agamenón? Estas preguntas ponen a la guerra en su lugar como un obstáculo para actos mayores. Es probable que Aquiles esté de acuerdo, ya que todo lo que hizo al final fue destruir a otros grandes guerreros porque le hizo quedar bien. Sin embargo, tal vez los griegos se encargaron de dar profundidad a sus mitos, y esto era exactamente lo que decía Homero. Aquiles no se hizo grande a través de la guerra; fue disminuido por ella. Le consumió y se convirtió en él. Seguía intentando irse (y queriendo irse), pero la vanidad y la arrogancia le hacían volver.

Recordemos que Aquiles fue uno de los pocos héroes de la mitología griega a los que se les dio la posibilidad de elegir.

Tal vez eligió en contra de su mejor naturaleza, ignorando el consejo de su madre, su propia aversión a Agamenón y la independencia que tanto necesitaba afirmar haciendo lo que todos querían y esperaban que hiciera. Tenía que saber que el talento para la muerte era solitario, y que un legado de muerte no era quizás un logro muy glorioso. O tal vez eso sea simplemente transponer ideas modernas a una mente de la Edad de Bronce que tenía un código moral muy diferente. ¿Quién puede decirlo? La cuestión es que las interpretaciones, el simbolismo y el significado de los mitos griegos son tan variados como los lectores, y *esa es precisamente la razón por la que persisten*. Al igual que las constelaciones griegas, la falta de claridad de los contornos es una característica, no un defecto, y permite que la gente vea lo que vio gracias a su vaguedad, *no a pesar de ella*. O algo parecido, al menos.

Conclusión

A pesar de sus muchas interpretaciones, de las miles de horas de clase o de investigación y de las muchas sorpresas arqueológicas que apoyan su afirmación, la *Ilíada* de Homero sigue siendo una de las obras más leídas y discutidas de todos los tiempos. Aunque muchos evaluarían su importancia desde una perspectiva histórica, un número igual de lectores probablemente extraerían sus conclusiones más importantes desde un punto de vista psicológico.

Independientemente de la perspectiva, la guerra de Troya presentada por Homero sigue siendo debatida desde todos los ángulos en la actualidad. Este simple hecho pone de manifiesto la importancia que sigue teniendo la comprensión de nuestro pasado para evaluar nuestro futuro.

Muchos historiadores sostienen que la guerra de Troya en sí no fue tan importante como la epopeya homérica que la siguió, ya que la *Ilíada* se convirtió en una especie de Biblia para los antiguos griegos. Su relato inspiró a miles de personas —por no hablar del gran guerrero Alejandro Magno— y se convirtió en una de las primeras y más estudiadas obras literarias.

Sin embargo, la historia no se apoya únicamente en esa obra literaria. Tenemos textos contemporáneos que apoyan el hecho de que la guerra de Troya no fue una guerra pequeña, o sin importancia. Griegos micénicos de gran parte del mundo se unieron para atacar Troya, reuniendo entre 70.000 y posiblemente 130.000 hombres, ¡viajando en unos 1.200 barcos! Esta expedición fue una empresa enorme para aquella época de la historia.

La caída de Troya probablemente desencadenó la Edad Oscura griega, que duró desde el año 1200 a. C. hasta el 800 a. C., un hecho nada desdeñable en la historia de Grecia. La *Ilíada* de Homero no fue solo el relato de una historia de guerra, sino que sirvió como llamada unificadora para resurgir de las cenizas, la claridad de objetivos y un patriotismo que prácticamente se había perdido en los 400 años anteriores. La historia, contada por Homero, ayudó a los griegos a recordar los mitos y la historia de su pasado, a la vez que los unía a un enemigo común durante el periodo de las guerras persas. De este modo, la *Ilíada* trajo el pasado a su presente, cosechando el orgullo nacional y un sentido del destino.

A pesar de esta importante influencia, la guerra de Troya inspiró a los griegos a inventar el alfabeto fonético; determinaron qué vocales y consonantes coexisten para reproducir el sonido de las palabras habladas. Sin esto, es posible que la *Ilíada* no se hubiera transformado de su relato oral a su forma escrita. Antes de esta importante época, se utilizaba el cuneiforme o los pictogramas para escribir, y eran incapaces de registrar historias humanas con poder, majestuosidad y emoción. Después de todo, ¿la primera palabra del poema épico de Homero? «Rabia».

Hoy haríamos bien en recordar esa acertada palabra cuando nos acercamos a la posibilidad de la guerra.

Vea más libros escritos por Enthralling History

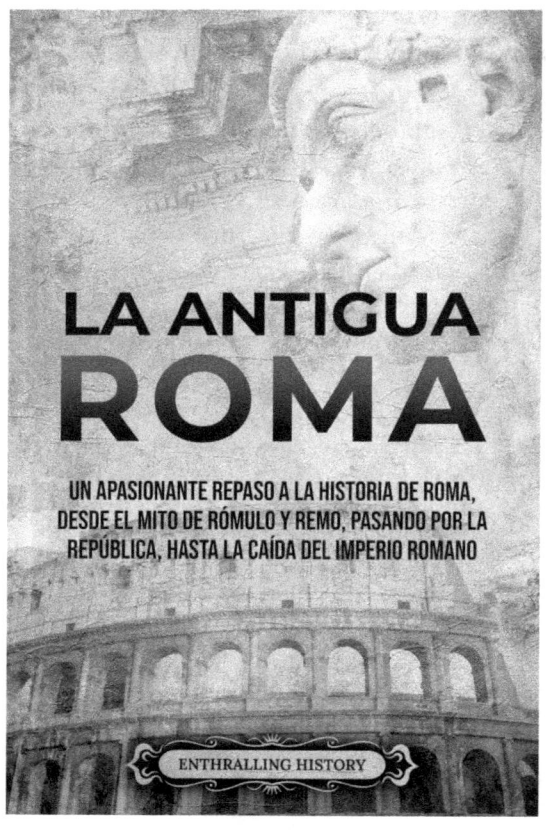

Bibliografía

Primera Parte: Esparta

Herodotus. *The Histories with an English translation by A. D. Godley.* (1920). Cambridge: Harvard University Press. At the Perseus Project of the Tufts University.

Fields, N. *Thermopylae 480 BC.* Osprey Publishing, 2007.

Ctesias. *Persica* (excerpt in Photius's epitome).

Diodorus Siculus. *Library in Twelve Volumes with an English Translation by C. H. Oldfather. Cambridge, Mass.; London.* (1967). At the Perseus Project of the Tufts University.

Herodotus. *Herodotus.* Penguin Classics, 1996.

Hornblower, Simon & Spawforth, Antony & Eidinow, Esther. *The Oxford Classical Dictionary.* Oxford University Press, 2012.

Kinzl, Konrad H. *A Companion to the Classical Greek World.* Wiley-Blackwell, 2010.

Plutarch. *Aristides.*

Xenophon. *Anabasis.*

Burn, Andrew Robert. *The Pelican History of Greece.* Penguin. 1974.

Aristotle. *Politics.*

Berve, Helmut (1937). *Sparta.* Meyers Kleine Handbücher, 7. Leipzig: Bibliographisches Institut AG.

Cicero. Tusculan Disputations.

Delbrück, Hans. History of the Art of War Vol I. ISBN 978-0-8032-6584-4.

Holland, Tom. Persian Fire. Abacus, 2005. ISBN 978-0-349-11717-1

Campbell B. (ed). The Oxford Handbook of Warfare in the Classical World. OUP, Oxford, 2013.

Kinzl K.H. (ed). A Companion to the Classical Greek World. Wiley-Blackwell, 2010.

Salisbury, J. E. Encyclopedia of Women in the Ancient World. ABC-CLIO, 2001.

Snyder, J. M. The Woman and the Lyre. Southern Illinois University Press, 1989.

Spencer, C. Homosexuality in History. Harcourt, Brace & Company, 1995.

Simon Hornblower. The Oxford Classical Dictionary. Oxford University Press, USA, 2012.

William Shepherd. Plataea 479 BC. Osprey Publishing, 2012.

Xenophon. Constitution of the Lacedaemonians.

Burg, B. R. Gay Warriors: A Documentary History from the Ancient World to the Present. NYU Press, 2001.

Cahill, T. Sailing the Wine-Dark Sea: Why the Greeks Matter. Anchor Books, 2004.

Cartledge, P. The Spartans: The World of the Warrior-Heroes of Ancient Greece. Vintage Books, 2004.

Crompton, L. Homosexuality and Civilization. Belknap Press: An Imprint of Harvard University Press, 2006.

Forrest, W. G. A History of Sparta: 950-192 BC. W. W. Norton & Company, 2000.

Thucydides & Strassler, R. B. et. al. Thucydides Histories. Cambridge University Press, 2013.

Xenophon. The Whole Works of Xenophon. Andesite Press, 2015.

Aristotle & McKeon, R. Aristotle's Politics. Clarendon Press, 1999.

Cartledge, P. The Spartans: The World of the Warrior-Heroes of Ancient Greece. Vintage Books, 2004.

Lefkowitz, M. R & Fant, M. B. Women's Life in Greece and Rome. Johns Hopkins University Press, 2016.

Plutarch. Plutarch's Lives. Palala Press, 2016.

Plutarch. The Age of Alexander. Penguin Classics, 2012.

Xenophon. The Landmark Xenophon's Hellenika. By Robert B. Strassler. 2010.

Segunda Parte: La guerra de Troya

(2021). Extraído el 23 de octubre de 2021, de https://www.theoi.com/articles/what-was-the-cause-of-the-trojan-war/

(2021). Extraído el 23 de octubre de 2021, de https://www.greekmythology.com/Myths/Mortals/Philoctetes/philoctetes.html

(2021). Extraído el 23 de octubre de 2021, de https://www.greekmythology.com/Myths/Heroes/Achilles/achilles.html

(2021). Extraído el 23 de octubre de 2021, de https://www.greekmythology.com/Myths/Figures/Amazons/amazons.html#:~:text=The%20Amazons%20were%20a%20race,the%20god%20of%20war%20Ares.

(2021). Extraído el 23 de octubre de 2021, de https://www.masterclass.com/articles/writing-101-the-12-literary-archetypes#12-archetypal-characters-to-use-in-your-writing

(2021). Extraído el 23 de octubre de 2021, de https://www.baltimoresun.com/news/bs-xpm-1993-02-22-1993053194-story.html

Achaeans (Homer) - Wikipedia. (2021). Extraído el 23 de octubre de 2021, de https://en.wikipedia.org/wiki/Achaeans_(Homer)

Achilles - Wikipedia. (2021). Extraído el 23 de octubre de 2021, de https://en.wikipedia.org/wiki/Achilles#Death

Achilles | Myth, Meaning, Significance, & Trojan War. (2021). Extraído el 23 de octubre de 2021, de https://www.britannica.com/topic/Achilles-Greek-mythology

Aeneas - Wikipedia. (2021). Extraído el 23 de octubre de 2021, de https://en.wikipedia.org/wiki/Aeneas

Agamemnon - Wikipedia. (2021). Extraído el 23 de octubre de 2021, de https://en.wikipedia.org/wiki/Agamemnon

Amazon Warriors Did Indeed Fight and Die Like Men. (2021). Extraído el 23 de octubre de 2021, de https://www.nationalgeographic.com/history/article/141029-amazons-scythians-hunger-games-herodotus-ice-princess-tattoo-cannabis

Amazons - Wikipedia. (2021). Extraído el 23 de octubre de 2021, de https://en.wikipedia.org/wiki/Amazons

Ancient Troy: The City & the Legend. (2021). Extraído el 22 de octubre de 2021, de https://www.livescience.com/38191-ancient-troy.html

Apollo - Wikipedia. (2021). Extraído el 22 de octubre de 2021, de https://en.wikipedia.org/wiki/Apollo#Anatolian_origin

Brouwers, J. (2021). The suicide of Ajax. Extraído el 23 de octubre de 2021, de https://www.ancientworldmagazine.com/articles/suicide-ajax/

Cassandra - Wikipedia. (2021). Extraído el 22 de octubre de 2021, de https://en.wikipedia.org/wiki/Cassandra

Epic Cycle - Livius. (2021). Extraído el 23 de octubre de 2021, de https://www.livius.org/sources/content/epic-cycle/

Epic Cycle - The Center for Hellenic Studies. (2021). Extraído el 23 de octubre de 2021, de https://chs.harvard.edu/primary-source/epic-cycle-sb/

Epic Cycle - Wikipedia. (2021). Extraído el 23 de octubre de 2021, de https://en.wikipedia.org/wiki/Epic_Cycle

Expedition Magazine - Penn Museum. (2021). Extraído el 23 de octubre de 2021, de https://www.penn.museum/sites/expedition/the-hittites-and-the-aegean-world/

Fall of Troy: the legend and the facts. (2021). Extraído el 22 de octubre de 2021, de https://theconversation.com/fall-of-troy-the-legend-and-the-facts-92625

First Sacking of Troy in Greek Mythology. (2021). Extraído el 22 de octubre de 2021, de https://www.greeklegendsandmyths.com/first-sacking-of-troy.html

Geology corresponds with Homers description of ancient Troy. (2021). Extraído el 22 de octubre de 2021, de https://www1.udel.edu/PR/UDaily/2003/troy030303.html

Greek & Roman Mythology - Homer. (2021). Extraído el 23 de octubre de 2021, de https://www2.classics.upenn.edu/myth/php/homer/index.php?page=trojan

Hancox, D. (2021). The Archetypal Father. Extraído el 23 de octubre de 2021, de https://corecounselling.ca/the-archetypal-father/#:~:text=The%20Father%20archetype%20combines%20the,to%20put%20ideas%20into%20fruition.

Hector in Greek Mythology. (2021). Extraído el 22 de octubre de 2021, de https://www.greeklegendsandmyths.com/hector.html

Hercules' Ninth Labor: Hippolyte's Belt. (2021). Extraído el 23 de octubre de 2021, de http://www.perseus.tufts.edu/Heracles/amazon.html

Hippolyta in Greek Mythology. (2021). Extraído el 23 de octubre de 2021, de https://www.greeklegendsandmyths.com/hippolyta.html

Idomeneus of Crete - Wikipedia. (2021). Extraído el 23 de octubre de 2021, de https://en.wikipedia.org/wiki/Idomeneus_of_Crete

Iphigenia - Wikipedia. (2021). Extraído el 23 de octubre de 2021, de https://en.wikipedia.org/wiki/Iphigenia

Judgement of Paris - Wikipedia. (2021). Extraído el 23 de octubre de 2021, de https://en.wikipedia.org/wiki/Judgement_of_Paris

Lindberg, T. (2021). Achilles and Patroclus: Archetypal Heroes. Extraído el 23 de octubre de 2021, de https://warontherocks.com/2015/12/achilles-and-patroclus-archetypal-heroes/

Memnon: the African warrior who made Achilles bleed. (2021). Extraído el 23 de octubre de 2021, de https://thinkafrica.net/memnon-african-in-troy/

Menestheus - Wikipedia. (2021). Extraído el 23 de octubre de 2021, de https://en.wikipedia.org/wiki/Menestheus

Mike Greenberg, P., Mike Greenberg, P., & Mike Greenberg, P. (2021). Diomedes: A Hero of the Trojan War. Extraído el 23 de octubre de 2021, de https://mythologysource.com/diomedes-trojan-war/

Mycenaean Greece - Wikipedia. (2021). Extraído el 23 de octubre de 2021, de https://en.wikipedia.org/wiki/Mycenaean_Greece#Political_organization

Neill, C. (2021). Understanding Personality: The 12 Jungian Archetypes. Extraído el 23 de octubre de 2021, de https://conorneill.com/2018/04/21/understanding-personality-the-12-jungian-archetypes/

Nestor | Greek mythology. (2021). Extraído el 23 de octubre de 2021, de https://www.britannica.com/topic/Néstor-Greek-mythology

NPR Cookie Consent and Choices. (2021). Extraído el 23 de octubre de 2021, de https://www.npr.org/templates/story/story.php?storyId=6117459

Original Sources - Discover Trojan War. (2021). Extraído el 23 de octubre de 2021, de https://www.originalsources.com/Discover.aspx?ID=363

Original Sources - Fragment #1. (2021). Extraído el 23 de octubre de 2021, de https://www.originalsources.com/Document.aspx?DocID=SFSAGL8BJN6SDXM

Original Sources - Fragment #1. (2021). Extraído el 23 de octubre de 2021, de https://www.originalsources.com/Document.aspx?DocID=HNLSDCYI215BPWW

Original Sources - Fragment #1. (2021). Extraído el 23 de octubre de 2021, de https://www.originalsources.com/Document.aspx?DocID=CFYALH4C4RY16CA

Palladium (classical antiquity) - Wikipedia. (2021). Extraído el 23 de octubre de 2021, de https://en.wikipedia.org/wiki/Palladium_(classical_antiquity)

Peleus - Wikipedia. (2021). Extraído el 23 de octubre de 2021, de https://en.wikipedia.org/wiki/Peleus

Penthesilea. (2021). Extraído el 23 de octubre de 2021, de http://www.hellenicaworld.com/Greece/Mythology/en/Penthesilea.html

Philoctetes - Wikipedia. (2021). Extraído el 23 de octubre de 2021, de https://en.wikipedia.org/wiki/Philoctetes

Priam - Wikipedia. (2021). Extraído el 22 de octubre de 2021, de https://en.wikipedia.org/wiki/Priam

Scythians. (2021). Extraído el 23 de octubre de 2021, de https://www.worldhistory.org/Scythians/

Strauss, B. (2006). Strauss Offers Fresh Look at 'Trojan War'. Extraído el 22 de octubre de 2021, de https://www.npr.org/templates/story/story.php?storyId=6117459

Strauss, B. (2008). *The Trojan War*. London: Arrow.

The Final Labors of Heracles. (2021). Extraído el 23 de octubre de 2021, de https://www.greecetravel.com/greekmyths/argos8.htm

The Mythology of Tenedos. (2021). Extraído el 23 de octubre de 2021, de https://www.cointalk.com/threads/the-mythology-of-tenedos.332304/

The search for the lost city of Troy - British Museum Blog. (2021). Extraído el 23 de octubre de 2021, de https://blog.britishmuseum.org/the-search-for-the-lost-city-of-troy/

There could be surprising findings in Troy: Excavation head. (2021). Extraído el 22 de octubre de 2021, de https://www.hurriyetdailynews.com/there-could-be-surprising-findings-in-troy-excavation-head-136425

Thetis - More than Achilles's Mom. (2021). Extraído el 23 de octubre de 2021, de https://www.thoughtco.com/thetis-not-just-a-greek-nymph-116707

Trojan War - Wikipedia. (2021). Extraído el 23 de octubre de 2021, de https://en.wikipedia.org/wiki/Trojan_War#Gathering_of_Achaean_forces_and_the_first_expedition

Trojan War - Wikipedia. (2021). Extraído el 23 de octubre de 2021, de https://en.wikipedia.org/wiki/Trojan_War

Who Was Agamemnon? (2021). Extraído el 23 de octubre de 2021, de https://www.thoughtco.com/agamemnon-116781

Winkle, C. (2021). The Eight Character Archetypes of the Hero's Journey. Extraído el 23 de octubre de 2021, de https://mythcreants.com/blog/the-eight-character-archetypes-of-the-heros-journey/

Fuentes de imágenes

1. Sparta territory.jpg: MarsyasTerritorioEspartano.svg: Rowanwindwhistlerderivative work: Péter Gulyás, CC BY-SA 4.0 <https://creativecommons.org/licenses/by-sa/4.0>, via Wikimedia Commons https://commons.wikimedia.org/wiki/File:Sparta_Territory.svg
2. https://commons.wikimedia.org/wiki/File:Leda_-_after_Michelangelo_Buonarroti.jpg
3. https://commons.wikimedia.org/wiki/File:Dante_Gabriel_Rossetti_-_Helen_of_Troy.jpg
4. Sharon Hahn Darlin, CC BY 2.0 <https://creativecommons.org/licenses/by/2.0>, via Wikimedia Commons https://commons.wikimedia.org/wiki/File:%C3%87anakkale,_Turkey_-_Trojan_Horse,_March_2022.jpg
5. https://commons.wikimedia.org/wiki/File:Lycurgus_of_Sparta,_Merry_Joseph_Blondel.jpg
6. https://commons.wikimedia.org/wiki/File:Greek_Phalanx.jpg
7. Ionian_Revolt_Campaign_Map-fr.svg: Eric Gaba (Sting - fr:Sting)derivative work: MinisterForBadTimes, CC BY-SA 3.0 <https://creativecommons.org/licenses/by-sa/3.0/>, via Wikimedia Commons https://commons.wikimedia.org/wiki/File:Ionian_Revolt_Campaign_Map-en.svg
8. The original uploader was Hammer of the Gods27 at English Wikipedia., CC BY-SA 3.0 <http://creativecommons.org/licenses/by-sa/3.0/>, via Wikimedia Commons https://commons.wikimedia.org/wiki/File:Statue_of_Pheidippides_along_the_Marathon_Road.jpg
9. EcoChap, CC BY-SA 3.0 <https://creativecommons.org/licenses/by-sa/3.0>, via Wikimedia Commons https://commons.wikimedia.org /wiki/File:Isthmus_of_Corinth.svg
10. Fkerasar, CC BY-SA 3.0 <http://creativecommons.org/licenses/by-sa/3.0/>, via Wikimedia Commons https://commons.wikimedia.org/wiki/File:Thermopylae_hot_springs.jpg

11 https://commons.wikimedia.org/wiki/File:Scene_of_the_Battle_of_the_Thermopylae.jpg

12 This image has been created during "DensityDesign Integrated Course Final Synthesis Studio" at Polytechnic University of Milan, organized by DensityDesign Research Lab in 2015. Image is released under CC-BY-SA licence. Attribution goes to "Nicolo Arena, DensityDesign Research Lab"., CC BY-SA 4.0 <https://creativecommons.org/licenses/by-sa/4.0>, via Wikimedia Commons https://commons.wikimedia.org/wiki/File:Nicolo_arena_battleofthermopylae.svg

13 User:Bibi Saint-Pol, CC BY-SA 3.0 <http://creativecommons.org/licenses/by-sa/3.0/>, via Wikimedia Commons https://commons.wikimedia.org/wiki/File:Map_Greco-Persian_Wars-en.svg

14 Map_athenian_empire_431_BC-fr.svg: Marsyasderivative work: Once in a Blue Moon, CC BY-SA 2.5 <https://creativecommons.org/licenses/by-sa/2.5>, via Wikimedia Commons https://commons.wikimedia.org/wiki/File:Map_athenian_empire_431_BC-en.svg

15 https://commons.wikimedia.org/wiki/File:Pelopennesian_War,_Walls_Protecting_the_City,_431_B.C.,JPG

16 https://commons.wikimedia.org/wiki/File:Spartan_King_Agesilaus.jpg

17 https://commons.wikimedia.org/wiki/File:Boeotia_ancient-en.svg

18 https://commons.wikimedia.org/wiki/File:362BCThebanHegemony.png

19 Map_Macedonia_336_BC-es.svg: Marsyas (French original); Kordas (Spanish translation)derivative work: MinisterForBadTimes, CC BY-SA 2.5 <https://creativecommons.org/licenses/by-sa/2.5>, via Wikimedia Commons https://commons.wikimedia.org/wiki/File:Map_Macedonia_336_BC-en.svg

20 MapMaster, CC BY-SA 3.0 <https://creativecommons.org/licenses/by-sa/3.0>, via Wikimedia Commons https://commons.wikimedia.org/wiki/File:Map_Cleomenean_War-en.svg

21 https://commons.wikimedia.org/wiki/File:Sparta_Ephoren_(WMH_11-1861-62_S_48_LLoeffler).jpg

22 G.dallorto, Attribution, via Wikimedia Commons https://commons.wikimedia.org/wiki/File:3196_-_Athens_-_Sto%C3%A0_of_Attalus_Museum_-_Spartan_shield_(425_BC)_-_Photo_by_Giovanni_Dall%27Orto,_Nov_9_2009.jpg

23 Phokion, CC BY-SA 4.0 <https://creativecommons.org/licenses/by-sa/4.0>, via Wikimedia Commons https://commons.wikimedia.org/wiki/File:Xiphos_2.jpg

24 Phokion, CC BY-SA 4.0 <https://creativecommons.org/licenses/by-sa/4.0>, via Wikimedia Commons https://commons.wikimedia.org/wiki/File:Kopis_2.jpg

25 © Marie-Lan Nguyen / Wikimedia Commons https://commons.wikimedia.org/wiki/File:Caryatid_Erechtheion_BM_Sc407.jpg

26 https://www.google.com/maps/place/Gallipoli+Peninsula/@42.7867119, 22.0686044,5z/)
27 https://en.wikipedia.org/wiki/File:Mycenaean_World_en.png
28 Bilipados, CC BY-SA 4.0 <https://creativecommons.org/licenses/by-sa/4.0>, via Wikimedia Commons https://commons.wikimedia.org/wiki/File:Acropolis_of_Athens_28Mar2020.jpg
29 https://commons.wikimedia.org/wiki/File:Francesco_Primaticcio_003.jpg
30 https://commons.wikimedia.org/wiki/File:Dish_Thetis_Peleus_Louvre_CA2569.jpg
31 https://commons.wikimedia.org/wiki/File:Golden_Apple_of_Discord_by_Jacob_Jordaens.jpg
32 https://commons.wikimedia.org/wiki/File:Helene_Paris_David.jpg
33 https://commons.wikimedia.org/wiki/File:The_Sacrifice_of_Iphigenia.jpg
34 https://en.wikipedia.org/wiki/File:Triumph_of_Achilles_in_Corfu_Achilleion.jpg
35 GFDL, CC BY-SA 3.0 <https://creativecommons.org/licenses/by-sa/3.0>, via Wikimedia Commons https://commons.wikimedia.org/wiki/File:Amazzone_ferita_-_Musei_Capitolini.jpg
36 rob koopman, CC BY-SA 2.0 <https://creativecommons.org/licenses/by-sa/2.0>, via Wikimedia Commons https://commons.wikimedia.org/wiki/File:Combat_between_Achilles_and_Memnon,_Grave_amphora_southern_Italy,_330_BC.jpg
37 Dr.K., CC BY-SA 3.0 <https://creativecommons.org/licenses/by-sa/3.0>, via Wikimedia Commons https://commons.wikimedia.org/wiki/File:Closeup_of_Achilles_thniskon_in_Corfu_Achilleion_autocorrected.JPG
38 Metropolitan Museum of Art, CC BY 2.5 <https://creativecommons.org/licenses/by/2.5>, via Wikimedia Commons https://commons.wikimedia.org/wiki/File:Philoktetes_Lemnos_Met_56.171.58.jpg
39 https://commons.wikimedia.org/wiki/File:The_Procession_of_the_Trojan_Horse_in_Troy_by_Giovanni_Domenico_Tiepolo_(cropped).jpg
40 https://commons.wikimedia.org/wiki/File:J_G_Trautmann_Das_brennende_Troja.jpg
41 https://commons.wikimedia.org/wiki/File:Aeneas%27_Flight_from_Troy_by_Federico_Barocci.jpg
42 https://commons.wikimedia.org/wiki/File:Arnold_B%C3%B6cklin_-_Odysseus_und_Polyphemus_(1896).jpg
43 Yair Haklai, CC BY-SA 3.0 <https://creativecommons.org/licenses/by-sa/3.0>, via Wikimedia Commons https://commons.wikimedia.org/wiki/File:Antonio_Canova-Helen_of_Troy-Victoria_and_Albert_Museum.jpg
44 Carole Raddato from FRANKFURT, Germany, CC BY-SA 2.0 <https://creativecommons.org/licenses/by-sa/2.0>, via Wikimedia Commons https://commons.wikimedia.org/wiki/File:Troy_(Ilion),_Turkey_(7446501008).jpg

www.ingramcontent.com/pod-product-compliance
Lightning Source LLC
Chambersburg PA
CBHW072104050526
44107CB00099B/423